King Icahn
The Biography of a Renegade Capitalist

华尔街之狼

金融之王卡尔·伊坎传
—— 修订版 ——

[美]马克·史蒂文斯（Mark Stevens）◎著
刘骏◎译

浙江大学出版社

译者序

关于卡尔·伊坎其人

1987年美国电影《华尔街》里的主角哥顿·盖柯说过一句话:"我的使命不是创造,而是占有。"这反映了华尔街世界闻名背后的实质只是资本再次分配的一个场所。在那个时代中,活跃了大批当时乃至现在都十分有名的投资银行家和金融大鳄,比如布恩·皮肯斯、詹姆斯·戈德史密斯、索尔·斯坦伯格、迈克尔·米尔肯,当然也包括卡尔·伊坎,这些人还有另外一个名称——"企业掠夺者"(corporate raider)。这个时代以20世纪90年代米尔肯的坠落和为这些掠夺者们提供资金安排的投资银行德崇证券的关张开始而终结了"咆哮的80年代",直到今天,只有卡尔·伊坎一人仍然活跃在资本收购和兼并市场上。

所谓"企业掠夺者",他们之所以被这么称呼而不同于一般意义上的收购者,在于他们通常只是把收购作为获利的手段,而对企业经营本身并无太大兴趣(他们也不同于被动投资者,即持有一定股份而不介入经营),正因为此,他们也更容易被人认为是"空手套白狼"。他们在确定目标企业的时候往往带有价值投资者的眼光,一旦开始收购,他们会通过各种方法和手段迫使被收购企业做出回应以获利。这些回应包括但不限于:以高价收购之前被掠夺者们以较低市场价格吸纳的股份,以阻止收购;寻求"白衣骑士"施以援助;收购其他"坏"资产以降低掠夺者的收购胃口;法律诉讼;等等。有些时候,即便企业把该做的都做了,依然无法抵御掠夺者的进攻。掠夺者在获取企业以后,通过分拆企业的优良资产高价出售也可以获利而脱身。我们可以看到,成为掠夺者目标的企业最终不是正常经营被搅乱,就是企业资产支离破碎甚至最后消失。可见掠夺者似乎是个市场的破坏者,可是掠夺者仍然是个充满争议的话题,这是由于掠夺者有个十分响亮的口号,即"为投资者说话和为投资者争取利益"。这又是为什么呢?

在美国企业治理机制上,"委托代理"一直是个问题,企业所有者依赖管理者的经验来为自己的财富增值,但企业的管理层很多时候却并不从企业所有者的角度出发,而是以自己的利益为重。尤其是当企业所有者是分散的投资者的时候,所有者对管理者的干预能力是相对薄弱的,毕竟所有者和管理者对企业的信息获取是不对称的。于是,分散的股东相对一个强大的内部人的管理者而言是乏力的,甚至是无能为力的。这个时候,掠夺者的出现恰恰符合了所有者的这一需要,掠夺者可以通过市场收购客观上抬高企业的股价;一旦收购成功可以更换整个管理层,精简企业运营成本;更重要的是,掠夺者的存在可以随时提醒企业管理层,一旦企业经营不善,缺乏效率,就很可能成为掠夺者的下一个目标!最后这点可以说是有一定意义的,因为这是以一个市场行为来约束和规范另一个市场行为,是值得监管者注意的。

当然,中国和美国的法律基础不同,企业的运行机制也有差异,投资者的监管也存在差异,但是从普遍意义上看,20世纪80年代美国所发生的收购风暴在现在的中国也存在发生的土壤,这是因为:(1)中国经历了十年的高速发展,社会财富急速增加,形成富余资本,这些富余资本为收购家提供了资金的保障;(2)中国存在一定数量的没有国家背景的上市企业,这些企业在运行中存在不完善的地方,容易成为收购方的目标;(3)涉及敌意收购(hostite takeover,又称恶意收购)的法律和执行实际案例不多,这就给如何解释和判定造成了不确定。

不可否认,在敌意收购中往往伴随着一定程度的欺诈行为,这是市场经济的一个副产品,因此对于政府或者监管者来说,如何对这样的收购加以鉴别,以鼓励真正的可以改善投资者地位的收购行为,限制打着"改善地位"的幌子而其实损害企业正常经营的收购行为,是个难题。平衡的监管可以促进长期的资本市场繁荣,吸引更多投资者,盘活资金;反之,则会破坏稳定的市场和企业经营!

关于写作本书的一场战役

卡尔·伊坎第一次出现在我的视野中是在1992年春天。我曾经在无数新闻报道中听说了他在华尔街的所作所为,但是当我看到这个瘦高个在我家乡纽约贝德福德的乡间草坪上走过的时候,突然萌生了一种说不清道不明的亲切之情。

我的大脑开始转了起来。

"那个穿着褪色的网球短裤和皱巴巴的上衣,走进乡村酒店的人,就是那个传说中让人畏惧的企业掠夺者,还是只是一个长得像他的人?如果他真的是伊坎本人,他待在如此宁静的贝德福德干什么?"

我想去接近这个人,但是还是犹豫了,因为我想这多半是一个长得像他的本地人,他可能对伊坎没有任何兴趣，或者和他毫无瓜葛。但是，那张脸依然打动了我。回家以后，我给一个对贝德福德的所有事情都了如指掌的邻居打了个电话。他立刻做出了回答，正是此人。

"哦，我敢肯定他就是卡尔。你难道不知道他住在这里吗？他的家很大——两百英亩（约合81万平方米）大，就在郎美度路那边。他穿的衣服看上去像是睡衣吧？那就是伊坎的风格。"

于是我的这一段历程就开始了，首先是去郎美度路，一直开车来到他家的生铁大门门口。我对大门后面那个神秘男人的好奇心被激发了起来，我很想知道他是谁，从哪儿来，到底有多少财富，又是如何成为美国最富有的人的。我开始翻阅所有和他有关的资料，试图寻找这些答案。

我发现他有点像投机分子，绝对是一个金融天才，但是同时也是一个喜欢威胁别人的人。他曾经和大企业组织斗过法，迫使他们不得不根据他的要求来做事。实际上在每个案例里，这些行业翘楚都曾经用律师作为防火墙试图保护自己，凡是能够阻挡伊坎步伐的事情也都做了，但是最终，他们还是不得不撤退或者听命于他。他的那些财富就是这么来的。在我脑海中，伊坎仿佛是一只猎狮犬，一下子就跳到那些公司首席执行官（CEO）的身上，用牙齿咬住他的血管，把他当成自己的猎物撕烂。

关于他的交易的具体细节非常少，即便有，也都只是个大概。最耐人寻味的是，我找不到关于他自己的任何内容，比如是什么带给了他激情，他又是从哪里来的，谁在背后支持他，他为什么要住在贝德福德，他的家庭生活怎么样（如果他有妻儿的话）。鉴于他成了美国商界的一个重要力量，一个令高管胆寒的人，没有这方面的更多细节，本身就让人觉得很奇怪。

我决定改变这个现象。

就在那时，我成功拿到了他的家庭电话，并给他家打了个电话。让人惊讶的是,接电话的居然是他本人。

"卡尔,我是你在贝德福德的邻居马克·史蒂文斯。"

就在他沉默的时候,我可以猜得出来,他心里一定在想:"这个马克·史蒂文斯是谁?"

"如果这是和马有关的话,"卡尔突然说道,明显带有怒意,"我已经决定了。我的庄园里不要马道。"

贝德福德是个骑马爱好者的天堂,当地人以拥有一条昂贵的骑马游览路线为荣。镇上是允许贝尔福德人骑马从私人土地上穿行过去的。但是伊坎从来都不大推崇骑马,特别是由于这是一种典型的白人精英的活动,而伊坎恰恰对所谓精英的活动有一种与生俱来的反感。

"不,和马一点关系都没有。"我说,"我打算写一本关于你的书,觉得你应该知道这件事。或许有机会可以对你做个采访。"

电话那头又出现了沉默。我就像一个在别人门口徘徊的不速之客一样。

"绝对不行。"伊坎最后回答道。

"你不同意让我采访你吗?"

"我不是指那个。"

"那么能否解释一下你指的究竟是哪个?"

根据我之前对他的研究,伊坎绝对不是那种"和气"的类型,但是我还是把谈判的难度想得过于小了。

伊坎很快变得不耐烦:"你没明白我的意思,那个谁谁谁。"

"那么你的意思是什么?"

"不要出书。零可能。没有可能。别打这个主意。"

我觉得到了我扮演掠夺者角色的时候。

"那你错了,卡尔。"我很平静地说,故意用他的名来称呼他,"我在给你写传记,有你没你都要写。"

又是沉默。然后伊坎明显勃然大怒了：

"哪怕你只写一句话，我都会毫不留情地起诉你，大规模起诉你，让你今后没饭吃，只能喝汤。"

"哇哦，卡尔，你就是这样对待邻居的？"

我等了10秒左右，对他放出了第一箭："那好吧，我希望等书出版的时候，你至少可以来参加出版社的派对。"

就这样，为期5个月的拉锯战开始了，其间充斥了无数次的威胁，无数个深夜的电话，各种恐吓和马上提起诉讼的威胁。但是有两点始终没变：我决定写这本书，伊坎决定阻止我。

就在这些事情发生的过程中，我已经开始采访一群当年在华尔街的相关人员——律师、投资银行家、套利者和委托代理公司——很多人对伊坎都没什么好感。实际上，不管是出于嫉妒还是对他毫不留情的手段，人们都憎恨他。

正如一个并购公司的CEO所说："卡尔生命里的梦想是拥有镇上唯一的一台救火车。然后当你的房子着火的时候，他可以要挟你，并从你身上榨干每一分钱。"

在我们马拉松式的谈话中——事实上所有伊坎发起的谈话无非就是一个威胁接着一个威胁——我已经清楚地表示，如果他不想配合的话，我是不会写他自己的私事的。但是他决定把这本书扼杀在萌芽状态，因此无论我说什么，他依然不改初衷。

直到有天，他在凌晨2：43给我打电话。

"这样吧，史蒂文斯，我们为什么不试试以合伙人的方式来写这本书呢？"

没听错吧，居然有突破？或者那只是我的一厢情愿。

卡尔的意见是签订一个合伙人协议，他承诺会跟我讲述他自己的生活，作为回报，他要预支费用并和我版权三七开，猜猜谁会得到那"七"。

我当然反对，又经过数周在"公平"交易上的你来我往，我们从三七开谈到了65%/35%，四六开谈到58%/42%到55%/45%，最后能让我同意的分成只有五五开。

这个确定之后，卡尔让他的律师将这个协议弄成一份37页纸的正式书面协议。我在浏览这看上去厚厚的一沓文件时，让我吃惊的是，整份协议都出自这个当年的国际象棋高手之手，而且还是在其所就读的普林斯顿大学最好的一位国际象棋高手。

我想，为什么伊坎会这么在意预支费用的分配？即便这本书成了畅销书，这点费用按照他的标准来衡量也是微不足道的。起初，我把原因归结为他对每一块钱的贪婪，但是有一天晚上我和他打网球直落两局取胜后，发现他在晚餐时还对失利耿耿于怀，这让我有了点头绪。卡尔对和别人在什么时间分享什么是丝毫没有任何兴趣的。他想的是，借助这个协议，他就可以对书稿有一定限度的审阅权，可以暂停书的写作，对文字做出修改或者索性把这本书直接扼杀了。这都是为了证明他远比我聪明，而且从一开始就是正确的：不应该写什么传记。

还有一次在郎美度路打网球输掉一局后，卡尔和我坐下来，在他家一起享用晚餐，我们已经习惯了在凌晨一点吃晚餐。佣人对其主人奇怪的作息时间习以为常，随便给我们弄了一盘分量很小的沙拉，加了点冷菜和烧鸡。说来也怪，伊坎从演员珍妮弗·奥尼尔手里买下了现在住的这个庄园，后者当时被其雄伟的核心建筑所吸引——石制的英式豪宅像极了20世纪早期的一部英国电影《长日将尽》里的一座建筑。但是卡尔却决定把这栋房子空着，住在庄园里建的另外一栋很普通的中上层阶级风格房子里。他对我说："这个大屋子需要做些修缮，大概要花费600万美元。我根本不想花这么多钱来修缮这个房子。"（这段话来自一个当时净资产有12亿美元的人嘴里。）

晚餐后，我把一个事先准备好的消息告诉他，我知道他一定会为了这个消息发怒。

"我决定不签这个协议，卡尔，我打算自己独立完成这本书。"

伊坎于是开始滔滔不绝，说一大堆虚头巴脑的话来掩饰其真实的用意：什么我们一起工作会很有趣啊，我们已经达成了协议啊，法律诉讼会花费他一点点钱啊，他应该要对我再强硬一些，一定要诉诸法律，这本书写不出来的，等等。他太生气了，以至于他大声说话把他的妻子丽芭都吵醒了——他们的关系不能算好，最多就是凑合。她警告伊坎："声音小点，卡尔，我要睡觉。"

我知道伊坎的一个屡试不爽的手段是和对方纠缠到底（他一个人就能顶一个拷问队），如果我不制止他的话，他可以和我下一整晚的象棋，但是我却毫无兴趣（这让他抓狂了），跟他道了个别，就径自离开了。

事实上，我已经下定决心了：不管伊坎说什么，怎么威胁和诱骗，我都不会和他一起写这本书。我知道拥有创作的自由和独立是十分重要的。不管卡尔怎么做，我都相信我可以应付。

有趣的是，卡尔一开始对待我的时候很强硬——这个宇宙间最傲慢的人永远都会按照他的想法来——最后却变成一个讲道理、很灵活甚至高度配合的人。在一个月的横眉冷对后（他拒绝和我打网球或者和我在尼诺餐厅享用固定的晚餐），他在一个星期天早上的9：30给我打电话，向我发出了令人意外的邀请。

"让我们开始吧，马克。"

我在猜这是不是他的另一步棋。

"开始什么？"

"你不是想写这本书吗？"

"我已经在写了，卡尔。"

"好吧，好吧。但是你想要内幕，或者你已经改变主意了？"

"当然没有改主意，我肯定想要内幕啊。但是卡尔，是无条件的哦。"

"我唯一的条件是，你要做到公正。"

在很多场合，卡尔告诉我他不相信"公正"真的存在，尤其是在商场上。

"如果谈判的双方坐下来准备拿出办法，比如怎么分配1个亿，通常状况下，公正的方法是最好的，即最理想的五五开。"伊坎说，"但是我想要获得100%。我为什么要对任何低于100%的分配感到满意呢？"

在我决定抛开和卡尔的那个合伙人交易之后，我后来想到了这个因素。他在谈版权的分配只是个幌子，其用意是为了掩盖其真实的目的，那就是阻止该书出版，获得100%的利益。

但是当伊坎说"让我们开始吧"的时候，让人惊讶，真的让人惊讶，这次他是说真的。他已经决定向我讲述他全部的背景、动机、目的、发生过的争执甚至是大量关于私生活的事情，让他失望的婚姻和他对他当时私人助理的私底下的感觉。

问题是为什么？虽然在刚开始的几个月里，我们在不同场合——在尼诺餐厅、郎美度和棕榈滩的水边——进行开诚布公的交谈时回避了这个问题。但当我领略到我们谈话的强度和他讲述的深度后，我开始意识到是什么让他做出了这样的改变。面前的这个男人平时穿着和说话从来不在意别人对他的看法，其实内心深处却真诚地希望有个独立的作家可以为他写一本关于他生平的书，然后让全世界的人都能读到。

我想，面对这样突增的虚荣心，卡尔·伊坎本人也会感到很吃惊吧。

最后一点需要注意：这样一个超然的、相对缺少爱的男人有很多特质，但是他是迄今为止我有幸认识的最聪明的人。这本书记录下了这一切。

目 录

第一章
亿万美金的商业模式初见端倪 001

第二章
从湾水到普林斯顿:"意义的实践标准" 013

第三章
我的儿子是个期权交易经纪人 027

第四章
第一击:"主宰公司的命运" 047

第五章
说话的时候像个普通人,真干起来却毫不手软 073

第六章
利用"对上帝之惧"遭遇"顽强抵抗" 089

第七章
在80年代致富,就如同从小孩手里抢糖吃 103

第八章
当菲利普石油遇上"来自地狱的野蛮人" 133

第九章
伊坎对洛伦佐:获得环球航空 163

第十章
伊坎董事长:模范榜样还是"劫贫济富"? 191

第十一章
伊坎对战德士古:又是一年,又一个5亿 215

第十二章
冷钢:美国钢铁马拉松集团和一个时代的结束 257

第十三章
王的战马和骑士 275

尾 声 293

第一章
亿万美金的商业模式初见端倪

> 我曾经说自己是个富舅舅,现在反过来要说自己有个富外甥了。
> ——艾略特·希纳尔(伊坎的舅舅)

1979年夏天，卡尔·伊坎来到迈阿密看望自己的母亲贝拉和舅舅艾略特·希纳尔。这时候的伊坎还只是个在华尔街小证券公司工作的默默无闻的小人物，在期权交易领域仅仅是略有建树而已，而伊坎的舅舅希纳尔早已经是个成功的商人了，他在伊坎心目中一直是人生的榜样。一天，在和舅舅一起吃晚饭的时候，伊坎宣布了一个让大家备感吃惊的决定：他打算创业，而创业的模式就是投资和收购那些被市场低估了的公司或企业。

对于擅长社交的希纳尔来说，他自己也曾经通过变卖分拆其他公司而迅速使自己的腰包鼓起来，现在才可以很潇洒地在棕榈滩和南安普顿[①]的豪宅里过着优哉游哉的生活。在得知伊坎的决定后，他大吃一惊，毕竟在他看来，年轻的伊坎舍弃刚刚起步的事业而转向一个自己从未涉及过的领域是很冒险的。

"当伊坎告诉我他要开始收购那些被低估的企业时，我对他说：'什么？你在华尔街干得好好的，为什么要进入一个你不了解的领域呢？你

---

① 这两处都属于美国富人购房的集中地区。——译者注

不知道管理一家公司有多难。我过去就管理过两家,可以说,十分伤脑筋。'"

大多数生活在20世纪70年代的美国人尚能用单纯来形容,当然包括希纳尔。对他们来说,收购公司的目的很简单,就是经营和管理好这家公司,以后可以传给自己的后代。所以当伊坎准备开始收购位于俄亥俄州的一家叫作塔潘(Tappan)[①]的公司,希望希纳尔可以投资支持的时候,希纳尔犹豫了。截然不同的是,之前伊坎为了谋求在纽约证券交易所的一席之地向他借40万美元时,他二话不说立刻掏了钱。这次,希纳尔思考再三,最终还是拒绝了伊坎的请求。"无论如何,我也不会搬到俄亥俄州去的!"因为希纳尔认为,如果你收购了一家公司,那么你怎么也得搬到公司所在地去吧?

尽管被拒绝了,伊坎仍然耐心地做舅舅的工作。他一再强调:"整个80年代最流行的一个词必定是:被低估,被低估,被低估!"可是希纳尔始终不为所动,他终究还是无法摈弃企业收购的传统理念。

"我对卡尔说:'就算你收购成功了,你打算拿塔潘这个公司来做什么呢?你对炉灶一无所知。我知道的可能都比你多,至少我管理过类似的一家企业。我可以告诉你,塔潘的那些店实在太糟糕了。'

"卡尔说我'没说到点子上',我当时马上反击:'我说的没错,塔潘的店真的很差劲。'但是对于卡尔来说,他的赚钱方式和企业生产什么基本上没什么关系。可是我当时怎么可能认识到这一点呢?"

希纳尔又去征求了另外一位朋友的意见,这位朋友曾经为另外一家野心勃勃的工业巨擘立顿工业(Litton Industries)[②]设计过收购策略。鉴于立顿也曾经有过收购塔潘的意向,希纳尔希望立顿之前所做的尽职调查和资料可以为伊坎提供很大的帮助。而这位朋友对于伊坎的忠告却是:"塔潘这个公司很糟糕,告诉你外甥,还是老老实实待在华尔街吧,别到

[①] 塔潘:美国一家生产厨房设备的公司,比如电炉。——译者注

[②] 立顿工业:美国一家制造商集团。——译者注

最后没收购成，华尔街的金饭碗也保不住了。"

于是希纳尔把朋友的意见转达给了伊坎，希望能够借此阻止伊坎看似鲁莽的决定，可是他发现，伊坎根本没有把人家的意见听进去。恰恰相反，伊坎淡淡地回应道："他们知道什么？"

正如事情后来发展的那样，这个意见没有对伊坎产生任何作用。不久以后，伊坎就开始了对塔潘控制权的敌意收购争夺战，迫使公司管理层不得不求助于一个"白衣骑士"[①]来拯救这个"困兽"。但是在这场争夺战中，伊坎还是成了大赢家，他最后将塔潘的股票以高于买价的价格卖给了"白衣骑士"，赚得270万美元的净利润。

对希纳尔舅舅来说，这是终生难忘的一课。

"伊坎当时还很年轻，却在短短几个月时间里就通过一笔交易赚了将近300万美元。"希纳尔说，"我只能说，当时我认为即便是商场上的聪明人，一辈子也赚不了这么多钱！"

"我真的被震撼到了。"

可是对于伊坎而言，塔潘收购的胜利只是证明了他之前对于企业管理者的一些理论与想法。在不远的将来，有的管理层面对他的敌意收购找不到更好的办法，只能不惜以高价从他手上把股票买回，这也让他初尝所谓"绿票讹诈"（greenmail）[②]的味道。当时，伊坎首先从建仓开始吸纳某个公司的股票，然后通过柜台交易不断吸纳股份，直到有一天积累到足够多的股份。这个时候，作为公司的主要股东，伊坎向公司管理层提出建议，要求公司在经营管理上做出重大的调整。尽管公司一千个、一万个不愿意，他们还是答应给伊坎一个面谈的机会。

---

① 白衣骑士：通常是企业为反收购而使用的一种手段，即为了避免本公司被敌意收购方收购，而宁愿寻找另一家企业展开对本公司的收购，以阻止敌意收购方的完全吞并。——译者注

② 绿票讹诈：是众多"讹诈"中的一种，指单个或一组投资者大量购买目标公司股票，目的是迫使目标公司溢价回购上述股票。另外比较常见的是黑票讹诈（blackmail），就是我们通常说的敲诈勒索。——译者注

到了面谈这天，伊坎一出现在公司的行政办公室里，就被邀请到公司总裁的办公室，和总裁及其下属开始了闭门会议。会议一开始，伊坎就不断地抱怨，认为公司应该按照他指出的方向做出一系列的改进和提高，以提高公司的销售收入和利润。尽管伊坎有意透露了他的打算——"如果公司不做出这些改变，那么他作为公司目前最大的股东，很可能会为了推动这些改变而谋求公司的控制权"——但他并没有把这样的意思直接表达出来（在这一阶段他更多的仍然是在试探）。

总裁和他的下属并没有打断伊坎，而是在静静地听完伊坎喋喋不休的发言之后，请伊坎在休息区等待，之后便单独和应邀前来的一位投资银行家交换意见。伊坎这个时候仍然满怀信心，认为自己已经成功说服管理层对企业进行重组，事情会像他预期的那样发展。当投资银行家走出来的时候，伊坎热情地向他打招呼，同时问道："他们怎么说？他们怎么说？"

可是事情完全出乎伊坎的意料。接下来的交谈是这样的。

银行家："你知道吗？伊坎，他们不喜欢你！"

伊坎："是吗？我还以为我已经说动他们了呢！"

银行家："是的，他们就是不喜欢你，你没看出来而已。你猜下一步我们会怎么做？我们知道你很难对付，也知道你过去对别的公司做了什么，不过我们还是打算让你知道我们下一步怎么做。"

银行家接着说："我也不想吓唬你，但是我们已经决定从你的声誉入手来对付你。我们已经找了三家公关公司合作，要知道，这三家公司可是纽约最负盛名的。也许你不会被吓唬住，但是从明天开始，我们就会开始破坏你的声誉。我们会叫你'骗子'，想必你太太也不愿意和一个骗子去餐厅用餐吧？这可不是什么好名声，也许你的朋友也会在一边窃笑呢。所以好好考虑一下吧。但是事情到这里还没完，如果你继续购买股份，我们就会稀释你所购买的这些股份，我们肯定会这么做。我们会面向公众，面向我们的亲朋好友，公开发行大量的股份。这就像是你不停地购买股票，而我们不停地印刷股票那么简单。"

银行家继续说道："这就好像过去那些强盗资本家那样，你应该也知道的，范德比尔特①在购买股票的同时，其他人比如菲斯克和古尔德却在自己的地下室不停地印刷股票卖给他。而我们现在也会这么做来对付你。我们会不停地发行新的股票，然后把这些新股票到处分发给其他人。这只是我们计划的一部分，我们还有别的招数来对付你，但我现在还不会告诉你！"

正当伊坎以为他的对手不会轻易屈服的时候，对方突然又掏出了他们的"蜜罐"，代替了刚刚的"当头一棒"。

"另一个可能性，"银行家接着说，"则是我们愿意马上给你1000万美元利润，然后你同意放弃这次收购。另外，我手上还有其他10家公司的信息可以告诉你，你可以去收购它们。你看怎么样？需要24小时考虑一下吗？"

显然，对于一个期权市场出身的交易员来说，伊坎深知落袋为安的道理，并不需要深思熟虑。

于是，伊坎说："我不需要24小时，我现在就答应你。"

这次对于伊坎这个聪明而又野心勃勃的年轻人来说，不只是一次财务上的收获，它还给伊坎打开了一扇门，使他在接下来的10年时间里撼动美国企业界，赚个盆满钵满。

如今的伊坎企业，包括了证券交易、铁路货箱租赁、房地产业、航空业、垃圾债券交易和良种马养育。其总部坐落在纽约芒特基斯科的一个低矮却现代的办公楼里，离伊坎那120英亩（约合48.6万平方米）的庄园只有几分钟的距离。伊坎的办公室虽然仿照了英国公爵的客厅的样式来修建，却有一个板球场②那么大，里面铺着精致典雅的东方地毯，摆满了各式各样的古董，屋内的一切都展现着主人的财富和权力。走廊

---

① 投资银行家所说的是发生在19世纪美国的一次涉及伊利铁路公司控制权的一场金融战，简单地说，由于菲斯克和古尔德两人不停地发行股票，给雄心勃勃、正在收购伊利铁路公司的范德比尔特造成了超过700万美元的损失。——译者注

② 板球场通常为圆形，直径一般在137~150米。——译者注

的尽头是内阳台，环绕着整个办公室，整齐地摆放着一排排的书籍。办公室里有个私人电梯，就在伊坎那巨大的办公桌旁，伊坎可以直接坐电梯去楼下的私人餐厅就餐。就餐的环境也很奢华，餐厅正对着下面的池塘和岩石花园，可以令伊坎缓解疲劳，放松心情。

众所周知，伊坎素来习惯于马拉松式的谈判，谈起来往往不分昼夜，因此办公楼里奢华的会议室也散发着权力的味道。会议室里 12 张米黄色的绒皮沙发围绕着巨大的会议桌，会议桌的主位手边有个电话控制台，边上还放了个遥控器，可以控制窗帘后面遮光帘的升降。红木墙壁上镶嵌着一幅油画，画的是一匹 1957 年获胜的纯种马，叫"勇敢的统治者"①。伊坎通过自己旗下的福克斯菲尔德纯种马养育公司也培育了一匹令他自豪的大奖赛母马，叫"草原之星"。

当一位德崇证券（Drexel Burnham Lambert）② 的高管来参观伊坎的公司总部时，他和下属开玩笑说："天呐，我们为这家伙赚了太多钱了。我们有必要回去考虑一下对他提高收费。"

伊坎常用的交流方式是电话，可以说是整天与电话为伴。每次打电话的时候，他手边控制台上的灯光就闪烁个不停，提醒着他有很多来电在等待接入。这些电话无非是那些律师、投资银行家或是其他各种人士打来的，告诉他哪些航空公司运营不佳，哪些赌场可以便宜买进，有哪些被低估的公司……总之就是告诉伊坎哪些企业可以成为下一个收购目标，就像买鱼时在水桶里挑鱼一样。

他说起话来，也夹杂着纽约客独有的风格，看似天马行空，说话很感性却又不时夹杂几句骂人的话。谈话的时候，他会完全沉浸其中，闭上双眼，一只手挠抓着他略显稀疏的头发，盘算着如何在这场他最擅长的智慧较量中取胜。作为一个谈判大师，他只相信自己，不相信其他任

---

① 该马赢得了1957年的普利克内斯大奖赛，后来于1971年去世。——译者注

② 德崇证券：20世纪 80年代最负盛名的华尔街投资银行之一，在最顶峰时期是美国第五大投资银行，90年代时因为在垃圾债券业务中从事非法交易被迫破产。这家公司也曾经为伊坎的收购提供过资金支持。——译者注

何人，他对别人的期望总是做最坏的打算，无论是对自己的对手还是盟友都是这样，没有丝毫的掩饰。

"如果你想在华尔街交到真心的朋友的话，"伊坎曾经说，"你还不如养条狗！"

尽管伊坎身边不乏领着高薪的公司高管和各种阿谀奉承者，伊坎只对一个人的意见较为在意，这个人就是他长期的工作伙伴和密友——阿尔弗雷德·金斯利。作为伊坎的早期追随者，金斯利一直在伊坎身边帮他辨认收购中可能出现的陷阱，设计具体的收购策略，向伊坎指出收购的利弊。金斯利很有金融头脑，对企业财务报表十分熟悉，可以从一大堆枯燥的数字中发现大好机会。通常金斯利在后台处理和准备好数据，然后将他的发现传达给伊坎，最终由后者将这些发现转化为实际成果。

"伊坎和金斯利就像街边的一对小摊贩。"约瑟夫·科尔，环球航空（现被伊坎收购）的前任总裁评价道，"伊坎经常冲着金斯利大喊大叫，但是金斯利似乎并不在意。他很聪明，他会用伊坎更容易接受的方式来阐述问题。比如我过去经常用现金流来说明问题，可是金斯利在向伊坎解释的时候会说：'你投入这些钱，那么你将得到如下的这些。'伊坎更接受金斯利的解释方法。"

很多熟悉他们两个的人都认为金斯利必定为伊坎赚了不少钱。可是伊坎从来没有把金斯利当作他的合伙人。在卡尔·伊坎的王国里，是不允许出现合伙人的，所有的一切都要由伊坎国王说了算。

"伊坎对每个人都很苛刻。"伊坎早期收购案的代表律师马尔文·奥尔山这么评价，"伊坎玩的游戏一般人玩不了。"

"伊坎不会照顾任何人。那些和巴斯、米尔肯、佩雷曼合作过的人都或多或少能靠他们的权力分杯羹，可是和伊坎合作却什么也分不到。如果金斯利赚了些钱的话，那也是靠他自己的投资能力赚来的，伊坎是不会和任何人分享成果的。"

伊坎对自己的金融策略有个正面的总结，这可以从他和一位联邦法官杰拉德·高特尔的谈话中看出端倪。1984年，伊坎被指控在购买和出售萨克森工业的股份的过程中有不当行为。当伊坎解释他的股票操作思路时，他说："如果价格合适，我们就会出售。我想，这适用于其他的一切东西，当然你的孩子和夫人就未必包含在内了。"

当法官惊讶地问："未必？"伊坎肯定了法官的疑虑："是的，未必！"接着伊坎又加了一句，"请别告诉我的太太！"

伊坎身高近一米九，略显笨拙，走路还有点内八字，他很难找到合身的衣服，简直就是拉长版的梅尔·布鲁克斯①。他穿的蓝色西装根本不合身，就像是从罗伯特·豪尔②的破产清仓大甩卖里淘来的一样，怎么看都不像是一位能排进《福布斯》富豪榜前400位、坐拥6.5亿~10亿美元资产的大亨穿的。

"伊坎的行为总是有一些古怪。"一位德崇证券的前银行家这么评价道，他曾经参与过伊坎1985年对菲利普石油的收购案，"有很多次，我正在伊坎的办公室和他谈事情，突然他说抱歉要打断一下，因为他要去换个袜子。换袜子？为什么他非得现在换？而且这不是一天只发生了一次，而是许多次！我从来没直接问过他——你肯定不会去问你的客户这种问题——但是我还是觉得这个人做事有点不合常理。"

虽然伊坎一般都能够非常专注地处理手头上的收购案，但是他还是常常会跑题。有这么个经典的事情，当伊坎正在和曼哈顿一位非常著名的律师讨论策略问题的时候，他突然紧紧盯着手里的圆珠笔。在咕哝着表达了他对这个圆珠笔品牌的不满之后，他把他一直以来的秘书盖尔·高顿喊了进来，大声说他多么多么不喜欢这个牌子的圆珠笔，质问他为什么公司要采购这个牌子的笔，难道就买不到更好的笔了吗。整整15分钟里，伊坎就圆珠笔的话题喋喋不休，直到把他要说的话说完了，才再度回到手头的案例上来，好像刚刚什么都没发生过一样。

当你近距离接触伊坎，看到他廉价的西装、笨拙的步伐，见识到他

---

① 梅尔·布鲁克斯：美国演员。——译者注
② 罗伯特·豪尔：美国服装零售商，于1977年破产。——译者注

时不时的跑题，你会怀疑眼前的这位真的就是传说中那个可怕的企业掠夺者和金融策略家伊坎吗？这不会是从布鲁克林跑出来给人看店的伙计吧？

但是一段时间之后你就会意识到，这的确是真正的伊坎。在现实版的"大富翁"游戏中，智慧、创造力和魄力永远比衣着光鲜更加重要，而像伊坎这样的人寥寥无几。正是在这样现实的游戏中，伊坎证明了自己的能力，从一个纽约皇后区中产阶级出身的普通小孩转型成为资本运作体系下的一位强人。仅仅用了10多年的时间，伊坎就将他过人的智慧和敢作敢为的性格完美结合，充分利用了美国企业界所暴露出的漏洞，从中赚取了大量的利润。被他"进攻"过的公司数不胜数，包括塔潘厨灶、马歇尔·菲尔德百货、美国罐头公司、缝纫花纹、菲利普石油、切斯堡旁氏、欧文–伊利诺斯、ACF工业、环球航空、德士古石油和美国钢铁马拉松集团。

"跟随伊坎这么多年，我觉得他就像一头在铁丝围墙外咆哮着、时刻准备着的公牛。"盖尔·高顿——一位从1978年就开始跟随伊坎的秘书说，"他总是在想办法突破那个铁丝网，就算其他人都觉得这不可能，伊坎总能想办法做到。"

尽管很享受那种可以让其他公司总裁不寒而栗的感觉，他还是一如既往地喜欢融入各种主张和概念中，并从中尝试去创新。他坐在办公桌前的时候，还是会花时间用剪刀把图表、文章和股票走势图等都剪下来，粘贴在他的记事本里。在家工作的时候，他会听音乐——柴可夫斯基的《D大调小提琴协奏曲》和《弄臣》是他最喜爱的两首。他总是能想办法把信息整合起来，然后捕捉到别人没有觉察到的信息。他很少依赖他手边那些律师和投资银行家的建议，伊坎本人对这些所谓的"专家"是很不屑一顾的——他更愿意自己独立思考，自己主导谈判。

"伊坎喜欢跟着自己的感觉走，然后根据自己的想法决策。"曾经在丹河公司、菲利普石油和缝纫花纹的几个收购案里代表过伊坎的律师西奥多·奥特曼评价道，"我们就算把世界上所有知名的专家集中起来提出个方案，伊坎还是会说：'不如我们再换个思路看看。'"

"他一定会按照自己的想法来。"

显然，伊坎的想法总是十分出彩，作为投资银行家的布莱恩·弗里曼曾经说过："如果伊坎活得够久的话，他可以把这个世界上的钱全都收入囊中。"

然而近些年来，即便是伊坎最坚定的支持者也意识到，如果伊坎对对手的打压太过头的话，最终难免会惹祸上身。

第二章
从湾水到普林斯顿:"意义的实践标准"

> 在伊坎的普林斯顿的毕业年鉴中,他提到他的人生目标是"医学院、婚姻和孩子"。如果这是他的目标的话,他并没有完全按照他的目标去做。
>
> ——某位普林斯顿大学行政人员

和其他生活在20世纪40年代的犹太孩子一样,伊坎只是一个出生在纽约湾水区中产阶级家庭的普通小孩。湾水区位于皇后区的东端,介于较富有的五镇①和蓝领聚集的法洛克威的中间。

人们居住的地方,通常是由收入和职位所决定的。比如说,外科医生一般住在公园大道,设计师则大多住在第七大道,而华尔街附近住的大多是投资银行家,这些人都住在英国都铎样式的砖墙结构的小院落里,他们的院落也经常被那些介绍别墅花园的杂志当成样板。普通医师、自由执业的律师和小店店主们则都住在样式结构较为呆板的小区,伊坎就住在这样的小区里——席律大道2408号。餐厅里的服务生、市政公务员和各种各样的服务阶层则住在法洛克威那些档次再低一些的出租屋里。

这给了年幼的伊坎一个契机。在出生(伊坎出生于1936年2月16日)这一年,从布鲁克林搬家到湾水之后,他可以更深刻地认识到纽约经济社会"阶层"的缩影。

长岛铁路将法洛克威一分为二,形成了湾水区和波峰区。波峰区的

---

① 这五个镇相对较富裕:劳伦斯、伍德米尔、西达赫斯特、休利特和英伍德。——译者注

房子看上去像是属于中产阶级里的下层人家的，房子很小，房前的园艺设计显得稀松平常，道路也裂开了。

"可是在铁路另一侧的湾水区，则明显高了一个档次。"和伊坎生活在同一年代的莫里斯·辛格从小在波峰区长大，后来成了环球航空公司[①]的一个飞行员。他回忆道："尽管房子本身并不那么奢华，却维护得很好，园艺景观也是专业水平。不过，湾水区和五镇比起来还是差了一大截。五镇住的毕竟都是各行各业的顶尖人物，比如生产宝路华手表和凡赫辛衬衫的工厂主，一个人就拥有两英亩（约合8094平方米）的庄园。这中间的差别还是挺大的。"

对于湾水区的人来说，最大的愿望就是可以跨过皇后区的边界，搬入他们的梦想之地。在他们当中，很多都是第一代或者第二代美国移民，他们普遍志向远大，任劳任怨，充满斗志地一步一步往上爬。他们梦想着有一天能住在配备着瓦格纳牌游泳池的豪宅里，车道上停着凯迪拉克的 Coupe de Villes 敞篷车，手腕和脖子上则挂满了蒂芙尼（Tiffany）的珠宝首饰。

与其他人不同的是，伊坎的父母迈克尔·伊坎和贝拉·伊坎却很排斥五镇，排斥他们的浪费、金钱至上和精英主义。贝拉在湾水的一所公立学校做老师，为人严格也很有主见，她对所谓上层阶级特权的抵触来自其平等的思想。

"我向来很讨厌五镇那些人谈论他们佣人的那个样子。"贝拉回忆道，"他们会说：'你知道吗？你一定要把冰箱门锁好，否则这些佣人就会把你冰箱里的食物都给偷光。'他们总是这么谈论其他人或者把别人当作二等公民对待，我觉得这种行为简直让人恶心。"

"我还在教书的时候，我们请了个叫亨丽埃塔的阿姨来照顾伊坎。她把卡尔从3个月大一直带到15岁。她的工钱是每个月45美元，邻居们都对我们出的这个价格很不满，因为这比市场价高了10美元。但是我并

[①] 正是后来被伊坎收购的环球航空公司。——译者注

不理会他们,我自己觉得合理就行了。"

对于贝拉而言,五镇的人们大手大脚的花钱和生活方式,反而让一味追求地位的他们迷失了自我,错过了生命里最好的东西。"我先生有位兄弟是个很富有的医生。但是这难道就意味着他比我们过得好了吗?人们可能都会觉得是,可是事实却不是这样。我先生过去常常对他兄弟说:'劳,你是很富有,可是我们却生活得很富有。'"

"事实上,我们的生活不奢华,但我们喜欢那样。"

贝拉从小就是个对弹琴很有天分的小姑娘,但是为了让母亲满意,她选择了更为安稳的教师行业。在她逐渐长大后,她便把当初对音乐的热爱转移到了戏剧上。

"那个时候,教师的收入已经很不错了。"贝拉说,"足够让全家一起去看戏剧,就算我想买件貂皮大衣也够了。不过做这些并不是为了去显摆,我也没有什么可以显摆的,我那辆破旧的雪佛兰已经开了12年了。"

和她丈夫相比,贝拉十分反对自由市场主义。而她丈夫迈克尔·伊坎则猛烈抨击自由资本主义及其带来的收入不均和过度消费,他总是不停地抱怨着劳伦斯、伍德米尔、格林尼治和斯卡斯代尔的庄园里的那些"强盗资本家"安逸的生活和他们不断扩大的庄园。

"卡尔来斯卡斯代尔看我的时候,他也留意到了我们富足的生活。"伊坎的舅舅艾略特·希纳尔这么说。艾略特娶了个富商的女儿,也因此被其岳父捧上了科尔钢铁公司总裁的位置。"那次是伊坎第一次见识到什么是上层生活,他马上就被那高雅的生活方式、漂亮的住宅、汽车和佣人所吸引住了。"

"但是卡尔的父亲从来没有认同过我的生活方式。他对此很不屑。他觉得外面还有那么多孩子在挨饿,而我却在享受这些,拥有着游泳池和女佣。"

对于迈克尔·伊坎来说,这是他看待这个世界的基本态度,他认为一切事物非黑即白,非正即邪。

"我的父亲很固执。"卡尔后来回忆,"他对任何事物都坚持自己的老观念，一个他最为坚定的看法就是，拥有大量财富是不对的。可以说，他对这个问题已经不是仅仅停留在发表一下意见了，他甚至对那些富人深恶痛绝。一小撮人生活得光鲜亮丽，而更多的人则生活在水深火热之中，对他来说是无法接受的事情。"

迈克尔对他唯一的儿子也是冷淡和疏远的。"他从不和我打球或者做其他活动，所以我八九岁的时候，我们就会都坐在家里，一坐就是几个小时，做的也仅仅就是交谈而已。他会读叔本华的书给我听，有时候我们会开始争论，就像成年人之间的那种争论。他这个人非常教条主义，每次表达他的观点时总是带着一丝怒气。"

迈克尔的不满很大程度上来自他对生活的失望。和他的太太一样，迈克尔也曾经梦想着可以从事音乐道路，可以在纽约大都会歌剧院恢宏的舞台上扮演帕里亚奇①的歌剧角色。但是不同的是，贝拉是为了让母亲安心而放弃了音乐梦想，而迈克尔则是因为他根本没有歌剧这方面的天赋。

"这并不意味着他就放弃了他的梦想。"艾略特·希纳尔说，"虽然迈克尔在福坦莫大学修了个法学学位，但是这个学位对他毫无意义，因为他从来就没有打算过进入法律行业。就算进不了大都会歌剧院，他还是会抓住每一个演唱的机会。有一次，他接受了份工作，在电台里唱爱尔兰歌曲。我还记得某个圣帕特里克节，在我从布鲁克林的艾拉斯姆斯公立高中回家的路上，电台里就在播放他唱的爱尔兰民谣《丹尼少年》。"

对于一个即将被西达赫斯特犹太教堂聘为领唱的人来说，在电台里唱歌是个让人感到稍稍有点奇怪的工作。不过可能他自己不这么认为吧。尽管迈克尔是个犹太人，却是一个坚定的无神论者，对一切有组织的宗教活动都持怀疑态度。所以，做教堂的领唱对他来说更像是一份音乐差事而不是宗教工作。

"那座教堂的人过去常常把我的丈夫称作异类领唱者。"贝拉回忆道，

---

① 列昂卡瓦洛的歌剧《丑角》中的名字。——译者注

"他们知道迈克尔对宗教的态度,迈克尔也从不掩饰自己的真实想法,但是他们最终还是睁一只眼闭一只眼,让他继续领唱,因为他唱得很好。"

"迈克尔也不是没有做出任何妥协。卡尔刚成年的时候,就是在犹太教堂里参加成人礼的。这并不是因为我们多么固守这个传统,只是如果领唱自己的孩子都不参加(成人礼),似乎有点说不过去。"

作为一个思想活跃的性情中人,迈克尔一直在思想上和那些与他格格不入的人针锋相对。即便是对自己家里人,他也总是各种发问:"最大的行星是哪个?""最近的星星在哪里?"他甚至诘问犹太教堂里的讲师,声称唯一神论才是最好的,并且要求这些讲师维护犹太教的信条。

迈克尔大部分时间都活在自己的世界里。他可以一连几个小时坐在他自己的房间里听音乐,整个人处于一种半梦半醒的状态。谁要是打扰到他,一定会被骂得半死。

有一次,一位访客正和卡尔的母亲吹嘘她女儿即将举行的婚礼。说话间,迈克尔直冲了出来,恶狠狠地冲到那位客人面前。"你这个蠢瓜!"迈克尔叫道,"谁在乎你女儿的婚礼?你怎么可以在我播放舒伯特的曲子的时候谈这么无聊的事情呢?你看你都干了什么?你怎么敢这么干?"

卡尔是个聪明的孩子。他天赋异禀,不仅热爱读书,充满好奇心,更是有着出众的数学能力。当他还在读小学的时候,伍德米尔学院就已经向他发出了入学的邀请并且提供奖学金。但是卡尔一直以来接受的平民化思想却在他与私立学校之间划了一道鸿沟。

"犹太教堂里有位工作人员在伍德米尔学院颇具影响力,他非常希望卡尔可以在那里就读。"贝拉回忆道,"他们知道卡尔学习很好,很想招一些像卡尔这样的来自公立学校的聪明学生,来提升学院的学术档次。"

卡尔的父母思之再三。他们参观了学校,并且通过和学校老师谈话,了解了一些情况。最终,他们还是决定不让卡尔去伍德米尔学院。"学校里总有些地方让我们觉得不对劲,比如学校里的气氛。我们担心卡尔接触到的价值观可能有问题。"贝拉提到,"那些被宠坏的孩子也许只会互相吹嘘'我妈妈刚买了辆新的凯迪拉克',而我们是极其厌恶这些的,所以我们还是决定把卡尔留在湾水。"

从某种程度上说,卡尔在纽约公立学校的成长经历,恰恰帮助了他。因为在之后的收购活动中他所表现出来的特质,都和他出生在布鲁克林和在皇后区长大,有着脱不了的干系。他生来就属于纽约这座城市,是个天生的街头霸王。

在洛克威尔及其周围的那些地铁站、学校操场和街边肉铺摸爬滚打多年,这个年轻人学会了如何抢在别人之前发现并且抓住机会。同时他也认识到,永远不要相信任何人——尤其是在他们发誓说他们在讲实话的时候。他切身地体会到,在这个拥有 800 万人口的大城市,一天到晚都会遇到想把什么卖给你的人。在纽约的成长经历可以让人学到在世界上其他地方无法学到的一课,那就是怀疑一切。而卡尔·伊坎就将这门课学得特别好。

在卡尔的成长时期,母亲贝拉对他的影响非常大。作为一个典型的犹太人母亲,贝拉很强硬,对卡尔的要求也很严格——爱的同时也包含着压力,引导的同时也带有惩罚,这都让卡尔备感压力,有时甚至喘不过气来。但是这样的压力也起到了正面的作用,激励着卡尔不断为自己设置更高的要求,不断突破自我。

"可以说,我的母亲向我灌输了一种思维模式,或者说是一种人生哲学,那就是没有什么是已经做得足够完美的。你总是可以再多做一些,你也总是可以做得更好一些。"

卡尔永远不会听到别的父母那样的谆谆教导:"做你想做的事情,把它做好就行了。"在他的母亲贝拉看来,对于年轻的卡尔来说,唯一可以让他出类拔萃的出路是医药行业。在卡尔甚至还是个懵懵懂懂的孩子的时候,他母亲已经做了一个决定,那就是卡尔今后要读医学院。

对于当时纽约的犹太人家庭来说,医生几乎是可以和神职人员等同的一个职业。能够骄傲地说"我的儿子是医生",是每个犹太中产阶级人士的梦想,这源自人们对高专业性职业的敬畏,也因为医生这个职业本身收入稳定，即便遇上经济大萧条也没什么可担心的。

在贝拉看来，经济上的安全保障十分重要。"我母亲总是没有安全感。"伊坎说，"她总是在担心'他们会夺走我们的一切'。她坚信，如果你是犹太人，又是中产阶级，还没有什么积蓄，那么你就是个彻底的失败者。"

尽管卡尔是个聪明人，但是早期那些接触到他的人还无法预知到，这个看起来瘦瘦弱弱的"书虫"今后会成为财经界的巨子。因为他待在湾水的所有时间里，只是个偶尔做做木工活的小人物。

"我是和卡尔同时进的法洛克威高中，我姐姐那个时候正好也在那里教书，但是无论是她还是我，都对卡尔没有任何印象。"卡尔的高中同学莫里斯·辛格说，"事实上，了解他的人们并不会对此感到很惊讶。有一次，我在驾驶 L-1011 型号的飞机时，乔·科尔（前环球航空公司高管）走进驾驶舱来观摩飞机着陆。当我告诉他我和卡尔一起长大却对他没有任何印象之后，乔说：'这听上去就是他的风格。他在学校里不会是啦啦队队长那样的人，他应该是国际象棋队的一个安静的队员。'"

在法洛克威高中的早期，卡尔就决心要申请常青藤联盟的那些大学，他的首选是普林斯顿大学，第二志愿是哈佛大学。对于一个伍德米尔学院的全优生来说，从预备学校到学术精英的转变是很自然的过程。但是对于一个来自皇后区的中产阶级犹太人，申请入读普林斯顿存在着社会阶层上的障碍。伊坎的同学和学术导师都认为伊坎的申请肯定会失败。

"很多在法洛克威高中就读的同学都选择了申请市立学院。"辛格回忆道，"哈佛和普林斯顿是我们想都不敢想的，这些学校对我们来说是可望而不可即的。"

尽管法洛克威高中的学生从来没有被普林斯顿大学录取过，但卡尔决心要成为第一个，不仅如此，他还要争取全额奖学金。他的身上开始展现出那种敢于突破传统、挑战权威的精神，而这些品质在日后也成为了伊坎的"标志"。

"卡尔对普林斯顿的印象很好，"贝拉回忆道，"他读了很多关于普林斯顿大学的书。毕业考试他的成绩在班里排名第二（拿第一的女生的分数仅仅比他高了一点点），因此他觉得他有权接受美国最好的教育。但是当他去见一个指导老师时，这个有着薄薄的嘴唇，崇尚反犹太主义的老巫婆看到卡尔的申请材料上第一个学校就是普林斯顿大学。'不行，不行！'她说，'普林斯顿看都不会看你的申请。'卡尔回答道：'我已经贴好邮票准备寄出去了，我不想浪费。'"

他的确没有浪费这张邮票，因为在第二年的春天，卡尔被普林斯顿大学录取了。

1953年的秋天，卡尔来到了普林斯顿，一个对他而言完全陌生的地方。3个小时的车程，他离开了纽约，离开了他熟悉的学校操场和棍子球馆，来到了这个富有田园气息却又庄严神圣的教育殿堂。普林斯顿曾经在1783年的5个多月里被作为美国的首都，学校里也培养了诸多名人，其中包括詹姆斯·麦迪逊、艾伦·伯尔、伍德罗·威尔逊和约翰·福斯特·杜勒斯。

和其他常青藤盟校相比，普林斯顿洋溢着更浓厚的精英文化气息。"20世纪50年代的普林斯顿充满了南方的色彩。"彼得·列波特博士如此回忆，"虽然学校坐落于北方，但是却录取了许多从南方来的学生。这些人人数众多，以至于大家都把普林斯顿大学说成是'最北部的南部学校'。"

普林斯顿大学当时只收男生，他们中的大多数人都是特权阶级，都曾经在贵族学校里上过预备班，把自己当成"贵族绅士"。而那些从公立学校里靠自己的努力一步步走上来的学生，则被认为是"笨蛋"和"老土"，不仅出身低，智商也低。

普林斯顿的社交活动是围绕"餐厅交际"展开的，这种交际在这些才十七八岁的本科生里相当普遍。他们在聚餐的时候会讨论校园政治，身旁则是那些穿着白色制服的侍应生为他们上餐，偶尔也递上根古巴雪茄。在这种袖珍版兄弟会的氛围中，学校各个协会之间也在暗中较劲，争取为各自的协会招收到最出色的新生。所谓出色，看的当然是财富、社会地位、穿衣打扮和运动天赋之类的。在类似古印度婆罗门的筛选机制下，却有个协会公然挑战传统，公开招收那些没有被其他所谓高等协会招收的"不幸者"。这个协会叫作"希望协会"，它正是我们的卡尔迈入普林斯顿大学社交圈子的第一站。

"普林斯顿并没有其他常青藤盟校那样的兄弟联谊会，因此如果你没能够加入一个协会，那就意味着你被孤立了。"约翰·威顿博士，昔日"希望协会"的会长（现在是洛斯阿拉莫斯国家实验室的副教授了）说，"这样的游戏规则其实一直以来都是一成不变的。各个协会都会有个'遴选期'，和兄弟会的选人期类似，在这个阶段，各个协会会集中发展会员，直到有一天，'游戏的音乐戛然而止'。总有一部分人什么都没落到，无处可去。不用说，这种结果是很让人难堪的。"

那些被"剩下"的往往就是犹太学生，当时能上普林斯顿大学的少数民族学生中人数最多的就是犹太学生了。威顿这位"希望协会"当时的会长在对这种公开的歧视感到惊愕之余，做出了一个决定，即实行"来者不拒"的招人政策。在这样的政策下，"希望协会"不仅吸收了犹太学生（其中不乏像卡尔这样的医学预科生）、20世纪60年代前期的那些反抗普林斯顿阶层体系的学生们，还有那些出身草根的"笨蛋"和"老土"，那些在其他协会都吃了"闭门羹"的学生。

尽管卡尔的犹太出身限制了他进入那些高层次协会的机会，可是他的老同学都认为，如果伊坎真的努力争取的话，他是完全可以进入精英圈子的。但是他本人却更喜欢"希望协会"。这个协会本身混合了社会的各个阶层，和宗教的联系也不是很紧密，更符合卡尔的草根性。它不像那些传统意义上的上流协会，会员打扮如一，穿着也类似，家庭背景都十分显赫。这种主流协会的"贵族气质"，和伊坎是背道而驰的。对于总是把自己当成"局外人"的伊坎来说，他已经下定决心，要在这些人可以打倒自己之前先把他们打倒，抢占先机。

卡尔在普林斯顿的校园生涯中十分勤奋，没有人会把他错当成一个沉浸于校园政治和新生舞会的常青藤预科生。卡尔读的是哲学专业，大部分时间里，他都会躲在自己的宿舍里，沉浸在苏格拉底、柏拉图、马基雅维利、尼采和叔本华的书中。在闲暇的时间，他也会和他"希望协会"的朋友们打个篮球，或者来场排球比赛。卡尔也喜欢钻研国际象棋，他后来成了学校里棋下得最好的一个。

"在普林斯顿的日子，我觉得卡尔就是一个聪明的思想家。他有着强大的分析能力，贪婪地攫取着哲学书中的养分，与作者的思想和观点交战，迸发出激烈的火花。"利波特说道，"他是个开朗的人，很容易打交道，你绝对不会认为他是会把世界搅得一团糟的家伙。"

"卡尔唯一谈论过的职业选择就是医学了。如果他朝着这个方向发展的话，比起私人职业医生，我觉得他最终成为医学院老师的可能性更大。因为他看起来更像是个思想家，而不是实干家。"

和其他那些不知道自己究竟应该向哪个方向发展的学生一样，卡尔也不确定自己今后到底想要做些什么。一次，他这么说："我以前考虑过当一个国际象棋大师，但是当我意识到我根本不能靠那个来吃饭的时候，我就放弃了那样的想法。"尽管没有一个明确的努力方向，他还是努力做到优秀。他对自己承诺："无论选择做什么，我都要做到最好，总有一天我要让自己出名。"

这样坚定的信念，很快就在卡尔高年级的时候得到了体现。这个时期，卡尔的主要精力花在一个独立的研究上，研究结果最终将体现在他自己专业领域内的一篇学术论文里。按照惯例，高分学生之间将展开最佳学术论文奖的激烈竞争，而卡尔决定拿下这个奖。

他选择的主题既复杂又有意思：对意义的实践标准如何做出充分解释。这篇文章展示了他孜孜不倦的求知欲和反思精神，他试图去验证这样一个命题：那些人们所认定的事实是否真的是事实呢？论文的字里行间都可以感受到这个年轻人缜密而专注的思考过程。

"另一种可以导致验证失败的情况是，当一个句子包含了数段没有意义的文字，但是只要其中一段文字有意义，那么整个句子依然会被当作有意义。比如，如果N代表这样一个句子：'绝对就是完美。'单从这个句子本身看，并没有包含任何现象，也无法用逻辑推理出什么，句子本身也没有分析的成分。因此，从验证标准看，这个句子本身无论是从认知的角度还是实际意义的角度看，都没有任何意义。"

"他在图书馆里一待就是好几个小时，也不出来透口气。"贝拉回忆道，"他可以一直专注在一件事情上，总是在不断地添加、修改和润色他的想法。快到学期末的时候，他把论文带回家，打算最后结稿，结果一直到最后几天还在修改。想到万一他把写了这么长时间的论文带回家而遗失了，我就会觉得很不安。我对他说：'天哪，卡尔，你要是把这篇论文落在火车上，你就毕不了业了。'"

最后，《对意义的实践标准的解释》一文获得了一等奖，卡尔把这篇文章献给了他的父母——为了让他获得良好的教育机会而默默付出的两个人。这次获奖是卡尔在学校的巅峰时刻，也让他第一次品尝到"比其他人做得更出色"的成功滋味。但是更重要的是，通过自己的研究和写作，卡尔为他今后的生活奠定了一个坚实的哲学思维基础，使他能运用自己的才智来面对现实生活的挑战。

"实践论说，知识是基于观察和经验的，而不是感受。"卡尔说，"有趣的是，读了那么多 20 世纪的哲学书，反而使我发展出了收购的思维。每件事背后都会涉及战略问题，每件事都是如此。这个想法让我在很多方面学会如何去竞争，不仅是收购，下棋和套利方面也是如此。"

这个哲学思维框架最终成了伊坎在商场上打拼的利器。尽管华尔街上擅长数据处理的精英和对市场有敏锐直觉的交易行家数不胜数，但是很少有人可以把自己的思想融入他们的工作中。在不远的将来，伊坎的才智和他想要弄清楚"所有事情背后的战略"的决心，以及他对于这些战略如何整合的逻辑剖析，都将使他成为业界最可怕的对手。在学习实践主义哲学中所获得的这些本领，都应该被视为伊坎成长过程中的重要转折点。

现在想来，其实普林斯顿大学为伊坎这样的年轻人提供了最理想的学习环境。其坚实的人文艺术教育丰富了学生的知识面，学生可以在包罗万象的知识世界里思考和探索，而不是仅仅为他们将来的就业做准备。基于这种理念，学校在课程的设置上没有开设传统的商业管理课程。普林斯顿大学相信，那些最伟大的思想家，依靠汲取的广博的知识，不会把自己局限在几个仅有的职业中，反而可以在他们所选择的任何职业道路上都获得成功。我们可以通过一些数字来看看这样的思想付诸实践的效果：在1990年对《福布斯》财富500强公司的1500位在职和前任总经理的一次调查中，有32位来自普林斯顿大学，数量仅次于耶鲁大学。

在卡尔就读于普林斯顿大学期间，贝拉还是希望卡尔可以向医学方向努力。正如她母亲迫使她从事安稳的教师职业那样，贝拉也试图把儿子推向医学领域。卡尔天资聪颖，对化学和数学都很擅长，而这两门课都是迈入医学院的必要科目。因此，在贝拉看来，卡尔学医是天经地义的事情。卡尔对肿瘤或是心率之类的医学内容都没什么兴趣，可这些对贝拉来说并不是什么大事。她始终坚信，总有一天，卡尔会感谢她现在的坚持。

"我母亲的性格很坚强，不服输。"卡尔说，"她千方百计想让我去读医学院。她认为凭我的天赋，学医是最好的出路。她那时常说：'你今后可以去辉瑞工作，一年能赚7万美元。关键是这个工作十分稳定。'"

"她说得很绝对，似乎没有任何反驳的余地。已经决定了，就是这样。"

贝拉现在回想起当初自己的坚持，是这么解释的：

"因为我们没有什么产业可以给他继承，所以对于卡尔来说，学医是最好的出路。当然，其他一些职业也可以，比如律师，但是卡尔的父亲不想让他当律师。因为他在福坦莫大学的教授告诉过他：'看看那些走在华尔街上的人吧，十个里有九个都是律师，没什么好稀罕的。'"

迫于无奈，卡尔最终还是在1957年的夏天到纽约大学医学院报到了。或许对于贝拉来说，这一天是那么的光彩，但是对于她的儿子而言，这一天却是磨难的开始。这种折磨主要来自他内心的纠结，一方面，他不想让他母亲难过；另一方面，他并不喜欢这个被迫选择的专业。

"我对学业还是很在行的,尤其是化学这样的课程。"伊坎回忆说,"我可以找到那些互相之间可以产生化学反应的元素,也知道如果把两种元素混合在一起,你就可以得到什么化合物。但是这并不代表我喜欢医学院。"

"也正因为如此,我开始对自己懈怠了。如果有谁说要去酒吧,我一定会加入。于是对医学院我也愈发厌恶起来,甚至开始想逃跑。我曾经试着离开过几次,但是后来我还是选择了回来,因为我知道我母亲有多想看到我拿到医学学位。"

如果进入医学院以后的学业完全只有脑力劳动的话,那么卡尔很有可能真的就待在纽约大学完成学业了,毕竟他的宗旨是要么不做,要做就做到最好。可是,一旦离开教室开始具体临床运用的时候,他发现自己再也忍受不了了。晕血的同时,他也确信自己肯定会把他在病房里接触到的所有疾病都感染上,他无法再这样继续下去了。在一次巡视肺结核病房的时候,他下定了决心要放弃。

"住院医生说:'你能给那家伙再做个病因诊断吗?'"卡尔回忆道,"我回答说:'你什么意思,墙上不是明摆着写着了吗?这里是肺结核病房。'"

"可是后来我还是走到病人那里,用手轻轻拍打了病人的胸口。结果他咳嗽了起来,咳出来的东西还溅了我一身。我想:'天哪,我肯定也感染了肺结核。我得离开那里。'"

伊坎决定要逃离之后,就头也不回地离开了纽约大学医学院。对于贝拉而言,她毕生的梦想随之破灭了。"当卡尔最终选择离开医学院的时候,"贝拉说,"我们几乎失望透顶。"

但是对于卡尔而言,这是一场解放。他有生以来第一次感受到掌控自己命运的滋味。离开医学院30多年后,在他接受美国有线新闻网的采访时,他谈到了当年在医学院的经历,说道:"我为人类做过的最大的贡献就是我没有去当医生。"

第三章
我的儿子是个期权交易经纪人

如果敌友都无法对你造成伤害，如果众人对你信赖有加却不过分依赖，如果你能惜时如金，利用每一分钟不可追回的光阴，那么，你的修为就会如天地般博大，并拥有属于自己的世界，更重要的是：我的儿子，你成为了一名真正的男人！

——鲁德亚德·吉卜林[①]，《方头鞋兄弟》

（伊坎认为在自己的商业生涯早期就对其产生影响的诗歌）

---

① 鲁德亚德·吉卜林（1865—1936），英国作家、诗人。这首诗的中文译文作者佚名。——译者注

1960年春,卡尔·伊坎是一个处于失业中的普林斯顿毕业生和医学院辍学生,既没有家庭财产可以继承,也没有事业上的野心,身上的技能也对求职毫无帮助。虽然能够从母亲贝拉的"医学梦"里解脱出来让他十分兴奋,可是他还是不知道自己今后可以干些什么。

关于自己的未来,伊坎决定先不匆忙做抉择。于是在1960年4月,他选择了加入预备役服役。"参军的一个原因是你一旦进去了,就不能说走就走了。"他说,"这就意味着我母亲再也不能来说服我回医学院了。从这个角度上看,军队是我能够找到的最安全的地方。"

毫无疑问,对于一个智力超群又痴迷于阅读和国际象棋的人来说,伊坎的军旅生涯是不太可能像奥迪·墨菲①那样精彩的。他一直处于调动中,先是在新泽西的迪克斯堡接受了2个月的基础训练,然后又被转往圣安东尼奥的山姆休斯顿堡,在那里接受医务专业工作者的高级培训。伊坎的军旅生涯中唯一值得一提的是,他在这个时期开始对扑克产生了浓厚的兴趣,有时在得克萨斯军营里一玩就是几个小时。他对数字很敏

---

① 奥迪·墨菲,美国二战战斗英雄。——译者注

感，而且有着不管是好牌还是坏牌都能操纵自如的天赋，这让他成为军营里有名的"牌霸"。1960年10月9日，在得克萨斯州待了5个月之后，伊坎结束了服役。在接下来5年半的时间里，他仍然是预备役人员，隶属于302医疗营A连，其驻地在曼哈顿42大街西529号。

一回到纽约，伊坎就决定要像他舅舅艾略特那样赚钱，不过还没有确定要怎么赚。

"有一天，我突然想到我应该从事市场营销行业。"伊坎回忆道，"我也不知道为什么，仅仅是因为这看上去比较容易起步。所以我就开始在梅西百货担任管理见习生，那时刚好碰到圣诞节旺季，我每周的工资是100美元。"

"我知道，按照那个工资水平，我不可能很快致富，因此我开始涉足股票市场，资本就是我在军营里靠打牌赚来的4000多美元。我有个朋友是证券分析师，我会阅读他的分析报告，和他讨论投资机会，然后买50股或者100股股票。我每天都会看报纸，检查我选择的那些股票表现如何。事实证明，我总是能选对。

"于是我对自己说：'如果你作为一个业余人员都可以做得那么好，为什么不去华尔街试试呢？'"

对于一个有着非凡的数学能力，又对股票和债券有着浓厚兴趣的年轻人来说，华尔街有着无法抗拒的魅力。但是股市潮涨潮落，极不稳定，这也恰恰是贝拉最不愿意看到伊坎工作的场所。

"我不是专业的心理医生，但是卡尔在经历过医学院之后，知道我们总是在强调生活的安稳，我想他是想证明给我们看，他在高风险的领域也可以有所建树。"贝拉说。

伊坎和华尔街的"初次约会"是由艾略特舅舅安排的，他打电话给当时在德拉弗斯公司的一个合伙人，给卡尔安排了华尔街的第一个面试。很快，伊坎开始了他一周100美元的经纪见习生的工作。

伊坎在1961年去德拉弗斯的时候，华尔街正处于飞涨的大牛市，道琼斯指数刚刚猛涨了200点，逼近730点。每日都创新高的形势让股票经纪公司的人都开始相信自己是个股市天才，随便买什么股票都不会出差错，并且相信这样的好运可以一直持续下去。

24岁的卡尔·伊坎也不例外。

"我是个很好的股票推销人员，我有办法让我的客户依据我的推荐来购买股票。"伊坎回忆道，"我动作很快，告诉我的客户应该买进哪个，卖出哪个。因为整个市场都在上升，我感觉自己像个先知，而且看起来还挺有模有样的。"

随着伊坎的金融事业有了起色，他也第一次在人生中尝到了快乐的滋味。

"我从来就不是个适应能力很强的孩子——我也从来没有真正开心过。"伊坎说，"我想大多数事业有成的人们都是如此。他们时时刻刻都在面临困局，思索解决方案，这样的压力是他们必须学会面对的。当我终于找到自己喜欢做的事情，并且钱也源源不断地进入我的口袋时，我第一次感受到了自由和独立的滋味。我知道我已经彻底摆脱了医学院的束缚，这对我来说如同一次解放。"

为了庆祝他刚获得的独立，伊坎不再居住在父母的屋檐下，而是搬到了37街和莱辛顿大道交叉口的一个出租公寓里。尽管公寓面积不大，仅有的一扇窗户还正对着外面被油烟熏染的红砖墙，家具和摆设也都是七拼八凑的。但对于这个年轻人来说，这个医学院的辍学分子才刚刚踏入东区的大交际场，而这个公寓是唯一属于他自己的宝座。这时的伊坎，似乎拥有一切：金钱、自由和光明的前途。

可是，泡沫的破灭也随之而来。1962年，市场的表现可以用一泻千里来形容。六月份道琼斯指数下挫到535点，基本上跌回到了两年前的水平。

"股市暴跌的时候，我把以前挣的钱全赔了进去，大概5万到10万美元的样子。损失的数目很大，我不得不把自己的福特银河以2500美元的价格贱卖了，才可以勉强维持温饱。"

更糟糕的是，伊坎没有足够的钱来支付房租。他曾经一度想过搬回自己在湾水的家。"我母亲曾经说过，什么时候重新回医学院，什么时候才可以回家。"卡尔当然不想回医学院，于是他和一个熟人达成了协议，这个中年男人需要一个隐秘的地方来见他的"浪漫情人"，所以伊坎每次都把自己的公寓"出租"给这个男人几个小时，以换取租金收入。

"有时候，这个家伙也会在公寓里打很长时间的扑克牌。"伊坎回忆道，"每次我回到家里，空气中就弥漫着呛人的烟味，我不得不把窗子一连开三天才把味道去干净。这样的生活很憋屈，但是我的'室友'承担了一半的房租，也正因为此，我才可以继续住在那里，所以这点牺牲还是值得的。"

伊坎与华尔街"从繁荣到毁灭"周期的第一次亲密接触，可谓是失望连连，但是他也从中学到了两点教训。首先，市场投机是赚不了钱的。一个小的投资者相较于那些资金庞大、实力更为强大的力量，总是处于势单力薄的地位，最终将随着时间的推移而被淘汰。

其次，如果伊坎自己想成为这个"强大的力量"的话，仅仅依靠做经纪人的经验是远远不够的。大多数经纪人都满足于成天在话筒边接单，而在被他们所不屑的利基市场里，伊坎必须获取更多的经验。他早前对于实践哲学的研究让他明白了"万事背后都有规律可循"的道理，现在到了他来探索这些规律的时候了。很多股市经纪人都把股市的风云变幻看作是不可避免的，伊坎却与他们不同，作为一个实践主义者和象棋高手，他下定决心要超越这个市场规律，即便无法超越，至少也要找到可以利用的机会。

虽然先前股票市场的下挫击败了伊坎，但这也恰恰让他因祸得福。投资市场中盈利亏本之间的瞬息万变，让他意识到这是个非常复杂的行业，但是那些能够掌握其运行规律的人却也同样可以获得巨大的回报。要想成功，必须有耐心，勤动脑筋，当断则断，并且能够制定复杂且相互联系的精明策略——简单来说，这些也都是卡尔·伊坎向来最享受的那种过程。

带着这样的想法，伊坎意识到，期权业务才是他的职业生涯最理想的出发点，而不是传统的股票和债券经纪人。他的这个想法来自两个方面，一方面因为期权交易属于利基市场，里面并不存在传统经纪行业里的激烈竞争。另一方面，作为一个复杂的金融工具，期权可以衍生出更多创新性的投资技巧和方法。伊坎作为期权专家，可以不用从事简单的选股业务，而是更深层次地探索金融市场。

在德拉弗斯开始期权交易不久，伊坎就跳槽到了另一家更小型的公司——提塞尔·帕特里克公司。在那里，他和另外两个经纪人约瑟夫·福利里奇和丹尼尔·卡米纳搭档。在另外一家古伦特尔公司筹划建立期权部门的时候，伊坎再一次跳槽，还把福利里奇和卡米纳也挖走了。这个时候的他已经开始在期权行业小有名气。

"那个时候，在像提塞尔·帕特里克这样的小公司工作，人们会有点担忧。"福利里奇说，"华尔街上到处都充斥着某某公司财务薄弱之类的小道消息。提塞尔·帕特里克很多年以来一直都是通过规模较大的公司对交易进行清算的，当公司的一个合伙人亚瑟·帕特里克提出要自己来清算交易的时候，我们都觉得是时候离开这个公司了。"

在古伦特尔公司，伊坎很快就让期权部门一跃成为公司最大的收入来源，这个时期，期权交易市场混乱无章，只有几个经纪公司在从事交易，很容易从客户身上获取十分可观的差额。

"当伊坎刚进入期权交易市场的时候，还没有类似芝加哥期权交易所这样的中央清算机构。"罗伯特·兰格——位于圣路易斯的投资公司的林德纳管理公司的高级副总裁——说，"当时只有一个具有很高流动性的柜台交易市场。如果你想卖出，只能通过为数不多的几个经纪公司寻找买家。这些经纪公司都相当红火，毕竟整个市场就这么几家公司。"

"当伊坎开始创建期权业务部门的时候，他其实就加入了期权精英的群体。在我看来，这从一开始就显示出伊坎的天赋。他对发现机会和赚取利益有着异常敏锐的直觉。"

"进入期权业务领域之后，伊坎就逐渐把自己变成了一个寡头。"

为了使自己在市场上可以独树一帜并且通过价格优势建立一个全国

范围内的客户网络，伊坎开始发布时事通讯，叫《周中期权报告》，它成了期权市场柜台交易的基础读物。谈到自己这些早年的事情，伊坎说："我刚进入期权业务的时候，这个市场被少数人所把持。他们做的那些事情也不能说是违法，只是通过他们买卖期权收费太高了。"

"我觉得有必要让全国范围内的期权投资者可以知道他们所买卖的期权价格到底是几何。换句话说，当时一个人如果要卖 IBM 公司的期权或者要卖出一个买权，这些从事买卖的交易商就会打电话给一个经纪，而这个经纪可能也不是很懂。交易商会说：'听着，给我买这些买权。'然后他就支付这个经纪 400 美元的费用，而其实这个买权本身值 500 美元。

"所以我的建议是发行这个《周中期权报告》，在其中会负责任地告诉人们这些东西的交易价格究竟是多少，本身值多少，这是一个很好的业务。

"我是这么操作的——比如说在堪萨斯有这么个人，告诉我他想出售福特汽车的买权。于是我会从中间商那里询个价，比如 400 美元。这样，这个在堪萨斯的人往往会说：'那好，卖吧，这个价格很不错。'

"而我会再和交易商谈判，把价格谈到 500 美元，因为我知道这个买权值 500 美元，即使我可以以 400 美元的价位成交，然后这个交易商可能还很感激我，我还是会等上两三个小时，有的时候交易就泡汤了，但是一旦成功了我就会告诉堪萨斯的这个人：'看，我给你拿到了 500 美元，而不是 400 美元。'很显然，这个人肯定会因此非常喜欢我。有个纽约的家伙，他还不知道我给他多赚了 1000 美元呢。"

伊坎的战术激怒了那些老资格的期权交易员，他们秘密制订了一个计划来排挤伊坎，就是让所有的期权公司都拒绝跟伊坎进行期权的买卖交易。但是这个计划最终并没有成功，因为这些阴谋者中还是有人把自己的利益放在了前面，背叛了其他期权公司，而伊坎也从中学到了重要的一课。

"每个参与这场阴谋的期权经纪都悄悄给我打电话。他们压低了声音说：'看，卡尔，你现在找不到其他人做交易了吧。但是我觉得你是个不错的家伙,所以我可以和你交易,但是不要让其他人知道。'这听上去真的很滑稽。"

那个时候,伊坎忙于建立自己的业务,每单必追,不管成功概率有多大。有一天,他收到一封信,字迹潦草,很难辨认。这封信来自一个叫 H.B. 琼斯(这里用的是假名,为了保护客户的真实身份)的人。他居住在西南地区,需要一个期权经纪。于是,伊坎回电了不下 6 次,但每次收到的都是同样的回复:"琼斯先生现在无法接听电话,他在外面。"对方语音里带有浓重的南部口音,说完就挂了电话。

第 10 个电话之后,当伊坎再次听闻琼斯先生"在外面"时,伊坎终于问出了几周来萦绕在他心头的那个问题:"琼斯先生到底在哪个'外面'"?

电话另一头出现了一段沉默,然后回答道:"为什么这么问?当然是油田了。"

"当然是油田了。"卡尔重复道,"当然是油田!"

凭借直觉,伊坎觉得这个神秘人身上有机会可寻,于是又打了两次电话,终于接通了琼斯先生。

"伊坎先生,"琼斯慢吞吞说道,"我很喜欢菲利普石油这个公司,我想让你卖给我一些这个公司股票的期权。"

琼斯的第一个交易是 10 万美元的菲利普石油公司的期权,这对于 20 世纪 60 年代的伊坎来说是个非常庞大的交易。伊坎迅速执行了交易,然后致电琼斯先生,让他汇一张 5 万美元的支票来作为保证金。然而,接下来客户的回答让刚刚还沉浸在获得新客户的兴高采烈中的伊坎,心情一下跌到了谷底。

"我很抱歉,伊坎先生,但是我只能支付 30% 的保证金。"琼斯说。尽管伊坎一再强调 50% 是保证金的基本要求,琼斯仍不愿意妥协,并说:"我在杜邦也有经纪账户,你可以向他们查询我的信用记录。"

伊坎一边和琼斯通话,一边悄悄地让一个助手去打电话给杜邦公司,确认琼斯在那个经纪公司的信用记录。当伊坎仍然在试图让琼斯支付全款的 50% 时，一边的助手惊呼了起来。伊坎找了个借口暂停了通话，把电话听筒贴在胸口上，这时候助手立刻说道："我才问过杜邦，琼斯先生是他们最大的客户。"伊坎立马拿起听筒，告诉电话那头："琼斯先生，30% 就 30%，没有任何问题。"

数月之后，琼斯在伊坎这儿的账户交易数目已经有数百万美元了，他邀请伊坎来他的家乡见面。当伊坎抵达这个小机场的时候，他发现琼斯看上去并不像个石油商人，他正坐在一辆已经磨损生锈、至少开了有 10 年的克莱斯勒汽车里握着方向盘，车此时正发动着。琼斯挥手让伊坎上车，然后就挂了一挡，向北开回他家。这真是两个着装奇特的家伙，伊坎穿着西装，琼斯则穿着满是油污的牛仔裤和破衬衫，车在满是尘土的道路上颠簸，把一个个油井甩在身后。经过一段漫长的行驶，伊坎问琼斯什么时候到他家，琼斯回答道："我们已经在我家里开了半个小时了。"

当伊坎提议请琼斯吃午饭的时候，琼斯把车停在了小镇上唯一一条街道上的一家餐馆前。伊坎建议说应该吃得更好一些，但琼斯坚持道："就这个吧，挺好的。"伊坎想把客人的单一起买了，于是在自己取餐之后跑在琼斯前面。当他到柜台买单的时候，这位来自纽约的期权经纪才发现这可能是他有生以来吃过的最便宜的一顿商业午餐——两盘牛肉和菜豆，才 2.69 美元。

在午餐过程中谈论完股票，伊坎和琼斯离开了餐馆。正走在路上，一个高大英俊、身着西部牛仔装的男士向他们打招呼。他很快跑到琼斯面前，说道："琼斯，琼斯，你最近怎么样啊？你怎么也不回我的电话？"琼斯明显对这个男士有点抵触，并不想多言，仅仅是挥了挥手。对方很泄气地离开之后，伊坎问琼斯他是谁。

"州长。"琼斯说。

伊坎震惊了，接着问："什么州长？"

"这个州的州长。"琼斯慢吞吞地答道。

"你为什么对他如此冷淡呢？"伊坎问。

"这么说吧，"琼斯说，"明年11月他要竞选连任，他肯定不会赢。知道为什么吗？因为几个月前他对我撒了谎。"

"我知道你说的什么意思了，琼斯。"伊坎说。

"我喜欢你，伊坎先生。我真的很喜欢你这样的人。"

尽管伊坎作为一个期权经纪的日子开始风光起来，但他的事业在华尔街的商业大戏中仍然只是个助兴表演，而他那想"做得比其他人都好"的愿望，看上去依然是个遥远的梦。基于这样的想法，伊坎决定迈出更大的一步，以获得事业上的更上一层楼——他决定在纽约证券交易所买个席位。

这个时候的艾略特舅舅扮演了另外一个关键的角色——伊坎的投资人。

时机是完美的。"1967年，迪克塔芬公司找到我，想要收购位于新泽西州克利夫顿的另外一家叫作美国活页的办公文具公司，我在1965年离婚之后就买下了这家公司。"希纳尔回忆道，"原本我赚了很多钱，管理公司事务也很有趣，所以并不想卖，但是后来情况发生了变化。1967年前后，我开始面临工会的烦恼，而且麻烦不断，很让人头疼。我猜迪克塔芬公司洞悉了这一情况，否则他们也不会再次登门，而这次，我决定将公司出售。"

卖了公司之后赚取了一大笔钱，希纳尔的生活过得很惬意，在曼哈顿过得很舒服。就是在这段时间里的某个傍晚，他和卡尔在21俱乐部吃晚餐时，卡尔告诉他，自己想在纽约证券交易所买一个席位，希望希纳尔这个富舅舅出资帮忙。希纳尔听了吃了一惊。

"卡尔说：'你现在这么有钱，到底打算怎么花呢？'显然，他知道我将怎么处置这笔钱，因为他帮我把这些钱都存在了我在古伦特尔开的账户里。然后卡尔继续说：'我想在交易所买个席位。'当我问他这要花多少钱的时候，他说：'在30万到50万美元之间吧。'"

作为回报，伊坎向希纳尔支付8%的利息，再加每年额外支付2万美元，同时希纳尔在即将成立的伊坎公司里将享有股份。虽然希纳尔之前从来没有对谁放过贷（"我向来对贷款很排斥。"他回忆道），但是伊坎的提议看上去很合理，同时也由于伊坎已经为希纳尔在期权交易上赚了不少钱，希纳尔对伊坎还是很有信心的。因此，在希纳尔出发去棕榈滩和他的子女一起度春假之前，他给了伊坎一张空白支票。根据协议，伊坎会竞拍这个席位，然后在支票上填上所需金额。直到今天，希纳尔还记得他的外甥打电话给他告诉他拿到了席位，花了40万美元。他至今仍然保留着那张撤销的支票。

伊坎拥有了交易所的席位之后，在百老汇大街42号开办了他自己的小经纪公司。福利里奇和卡米纳作为持有少数股份的合伙人也加入了这个公司，很快，另一个古伦特尔的经纪人杰瑞·戈德史密斯也加入了。每个人都在公司拥有股份，他们把宝押在了一个聪明的金融家身上，他在不远的将来注定会获得成功。

然而他们很快就意识到，和伊坎合伙虽然回报很丰厚，但是相处起来却很难。伊坎顽固、自我，任何事情都要自己拍板，是个绝对的独裁者。

"伊坎很聪明，容易兴奋，固执己见——但是这样的人也往往很难相处。"戈德史密斯说，"基本上每件事都要按照他提出的意见进行才可以。问题是，没有人可以永远正确，但是他是老板，只能听他的。好比房子里就那么多氧气，伊坎却有着巨大的肺活量。"

"但是如果你看在那个时期和伊坎一起工作的那些人，会发现大多数人都在那里待了相当长的时间。伊坎是个睿智的老师，虽然过程艰辛，这样的体验总体来说还是很值得的。"

1968年，又一位古伦特尔的雇员加入了伊坎的公司——阿尔弗雷德·金斯利。金斯利给伊坎做了七年的副手，他长得很胖，又邋遢，穿着也一般，却在金融方面十分有天赋。金斯利从沃顿商学院毕业之后，又去纽约大学修了个税收方面的硕士。正是在就读于纽约大学的日子里，他开始在古伦特尔兼职工作。很快，伊坎对金斯利的能力留下了深刻印象，金斯利能够解读复杂的金融业务，对证券交易有着特别的创新思维。

当金斯利加入公司全职工作的时候，伊坎正在考虑把他的期权经纪业务拓展到证券交易的其他方面。

"有一天我们正在忙着买权卖权交易的时候，卡尔对我说：'金斯利，你对套利了解多少？'我说：'一无所知。'"金斯利回忆道，"但是我知道卡尔非常有兴趣，他说：'我听说那行赚钱很多。'"

伊坎和金斯利决定亲身实地探索一下这个未知领域，于是他们开始了最简单的套利操作：买入一些公司的证券，比如 LTV 和美国汽车公司的股票、债券、认股证和可转换债券，买这个的时候同时卖出那个，以此来规避其中的风险。

"依据我们对自己交易的公司证券的判断，我们会做空全部或者部分的证券。"金斯利说，"如果我们不看好股票，我们会做空部分的股票，仍然获得持有债券的利息收入，可能还会赚点做空的收入。如果我们看好股票的话，我们就只会做空较少的股票。"

通过专注于利基市场，伊坎在期权和套利上获得了成功，在 20 世纪 60 年代后期已经可以创造年收入 35 万美元的可观业绩了。取得成功之后，伊坎也从他狭小的公寓里搬了出来，先是搬进了位于纽约上城区第三大道和 63 街交界的公寓里，后来又搬入了较为昂贵的萨顿广场的公寓。在这里，伊坎住在东河旁的一个两居室里。

在为公众所熟悉之前，伊坎早已经成了一个成功的企业家、期权交易员和华尔街的操盘手。很明显，他已经完成了从湾水的小中产阶级到曼哈顿大亨的飞跃。

"人们总以为卡尔是和 80 年代那批公司掠夺者一起出现的，"兰格说，"但是他早在 60 年代中期就已经事业有成了。伊坎不仅仅是选择公司来收购这么简单，在开始这项事业之前，他在股市上早已经小有成就。早年那些让他取得成功的特质，使他后来在成功之路上越走越远。"

也正是在这个时候——在伊坎事业上升期的早期，他和父亲之间却陷入了尖锐的矛盾。迈克尔之前是如此地确信伊坎离开了医学院后将一事无成，于是他三番五次警告伊坎，以他的性格是无法在商界立足的。

而事实恰恰相反，这让迈克尔有点困惑，特别是关于这个年轻人是如何通过看起来扑朔迷离的"套利"赚了这么多钱的，他完全无法理解。

有一次来到伊坎住的萨顿广场的公寓看儿子的时候，他有点拘谨地把一张便笺纸和一支笔放在伊坎面前。"让我见识一下，卡尔，"他说，"你是怎么做到这些的？"

尽管伊坎很乐于回味当年自己是如何夜以继日地工作闯出一番天地的，但是随着钱赚得越来越多，他也尝到了成功的滋味，他开始出现在曼哈顿的各种公众场合，在南安普顿度周末，接二连三地和美女们约会。在这个领域，希纳尔一直是他的导师。他带伊坎见识了何为享乐主义，这是他之前作为一个孤僻的书呆子完全不了解的。不过，虽然他也沉醉于这种纸醉金迷的生活，他还是无法完全融入其中。在他的性格里，低调还是占据了更高的地位。

"我当时赚了很多钱，住在第五大道730号一个很棒的顶层公寓里。"希纳尔回忆说，"晚上我经常会和卡尔在21俱乐部一起喝酒、吃晚餐。我们经常带着女人来约会，卡尔总是能够约上漂亮的女人。那个时候的生活真的很惬意，即便卡尔和我在年龄上差了15岁，可是我们就像好哥们一样。"

那些年里，希纳尔在离南安普顿海滩边不远的地方有幢豪华别墅。每当春天的时候，卡尔来南安普顿寻找夏天和朋友一起度假的场所，艾略特就会和卡尔一起四处转转，找当地的房地产经纪看看出租的房屋。卡尔的第一个夏天度假屋是在阿默甘西特的一个简朴的住所，一个夏天的租金是1000美元。

"卡尔喜欢海滩，但是他并不是很喜欢汉普顿的派对场面。"希纳尔说，"我记得有次带卡尔去一个盛大的鸡尾酒会，那是杰瑞·芬克斯坦主办的，在他的一个很棒的海滨别墅里进行。我在派对中的人群里到处走动，和每个人都攀谈一二。可是卡尔找到一个人说话之后，就一直待在那里，他从来就不会在人群里穿梭自如，那样就不是卡尔了。"

尽管伊坎在经济领域越来越成功，但他从不试图改变或者掩饰他古怪的孤僻性格，即便这样的性格可能会妨碍他发展事业的野心。这从一件事上就能看出来。伊坎在20世纪70年代中期推出了一项经纪折扣的服务，他想做市场宣传，却进行得很糟糕。有人向他建议请一家公关公司来为他的新业务做媒体宣传，这个时候的伊坎对媒体还不熟悉，也不是很放得开，于是他自己成了这次宣传过程中最大的障碍。

"有人建议卡尔去讨好媒体，可是他在这方面真的一点天赋都没有。"纽约一家公关公司的合伙人说（这家公关公司在20世纪70年代中期曾经代理伊坎公司），"他懂数字，却不懂人。他对那些记者完全没有耐心。"

"有一天，我给卡尔安排了和一位商业周刊的知名编辑的采访活动，目的是让卡尔宣传一下他旗下的经纪折扣服务和他从事的其他一些事业。

"我们是在伊坎的办公室见面的，伊坎坐在我的同侧，而那位编辑坐在另一侧。办公室的一端可以俯视整个交易大厅，计算机屏幕上跳动的是股票的价格。当记者打破沉默，开始问问题的时候，伊坎却不说话。于是记者重复了一下他的问题，伊坎依旧像块石头一样一言不发。

"这个时候，我说：'卡尔，能否请你回答一下这个问题？'我感到非常尴尬，因为卡尔的眼睛看上去有点呆滞，他正注视着电脑屏幕。我们能看出来，卡尔对这个采访真的连一丁点的兴趣都没有。他看上去毫无波动，要么是他无动于衷，要么他是个死人，又或者他神游去了。

"就当我觉得事情再糟也糟不到哪里去了的时候，伊坎突然恢复了神志，说他不会回答记者的这个问题，因为他'有更重要的事情要去做'，说完就傲慢地走了出去。一句道歉也没有，什么都没有。"

另外一起事件，是公关公司在确认伊坎已经改变了其处事方式的情况下，又为伊坎安排了另一个采访，这次采访者是《巴伦》杂志的一个作家。但是事情只是变得更加糟糕罢了。这次，伊坎在采访中居然睡着了。"当我问记者是否愿意再约个时间的时候，他差点没当面嘲笑我。"公关公司主管回忆道，"你必须明白，相对而言，伊坎当时还是个小人物，无足轻重，所以媒体是不可能容忍他的这些行为的。"

甚至在伊坎和公关公司的关系破裂时，他也展现出了他性格中古怪、极其注重个人的一面。"有一次我在伊坎办公室的时候，留意到他桌子后面挂的银色画框里有幅照片，照片拍的是个非常漂亮的年轻女人。"这个公关公司的主管说，"这个女人看上去很面熟，但是从我坐的地方看过去没法确认。因此当卡尔离开办公室的间隙，我走过去想看清楚一些。于是我认出了她，她是苏联的一个政治流亡者，之前是个芭蕾舞演员，在几个月前给我当过秘书。"

"当卡尔回到办公室的时候，我指着那幅照片问：'那不是维多利亚吗？'伊坎的脸顿时煞白，问我是怎么知道她的。我告诉他，她曾经为我工作过。听到这个，伊坎看上去十分不爽，似乎我和他认识同一个女人是一件让他感觉非常难堪的事情。我不知道他这是傲慢还是嫉妒。

"不管怎么样，在这件事情过去一周后，卡尔给我寄来一封信，告知我要取消我们之间的工作协议。我事后一直后悔，为什么当时我要提起那个姑娘呢？"

这时，按照华尔街的标准来看，伊坎的公司仍然是个小公司。它的交易办公室坐落在百老汇大街 25 号的地下室，是在 1972 年 5 月份搬进来的。这个房间看上去像是个锅炉房，到处散落着成堆的文件，空间被几张旧铁桌挤得满满当当。卡尔通常在临时的交易间买卖期权，然后在狭窄的私人房间里处理文件。显然，他看起来更像是个交易员，一个策略家和一个投机者，而不是一个职业经理人。

这导致了他和纽约证券交易所之间的冲突，这是他和市场监管者之间的第一次较量，随着他在华尔街声名鹊起，这样的冲突后来还有很多次，并且不断升级。

1974 年 10 月，证交所认为伊坎公司违反了美国《1934 年证券法》的第 10 条 B 项和 B 项下的第 4 款（关于做空证券的），同时也违反了交易条款 342 条 A 项（没有对商业行为进行合理的监督和控制）。证交所同时认为，卡尔·伊坎个人也违反了 342 条 A 项，因为他"没有能够合理地承担监督和控制雇员的责任和义务"，"没有建立对员工行为的适当控制和设立规定,也没有建立跟踪和重审的机制"。这些违反事项并不严重,主要是因为伊坎更重视促成交易,而不会思索如何去建立一个各方面控制平衡完备的组织。

执行处罚的时候,证交所的听证委员会对伊坎公司做出批评并罚款25000美元,而对卡尔·伊坎本人则提出批评并罚款10000美元。

在外界看来,伊坎公司虽然努力想做大并成为资本市场的中心,但它始终是家小公司而已。但是一场巨大的改变即将到来。当伊坎思索着华尔街以外的世界时,他意识到,好几股力量正在横扫整个经济领域,给那些有洞察力、有能力的商人提供了不同寻常的机遇。伊坎意识到,现在正是勇敢放弃套利,去展开冒险的大好时机。放弃这个稳定而缓慢的财富积累方式,去大步寻求下一个机会。

这一切都源自金斯利,他1973年时曾离开伊坎公司,1975年又回来为伊坎工作。尽管有传言说金斯利的离开是因为伊坎不愿意让他当合伙人,金斯利自己却说之前离开是因为在伊坎公司干腻了。

"我离开之前一直在做套利交易,围绕IT&T公司的二十几个证券展开交易。"金斯利说,"他们的优先股、债券、可转换股票都有各自的字母来标识,我过去经常要在这些证券中开展交易。一天中的大多数时间里,我都得和交易大厅联络:'那些字母表现怎么样?'这真的非常枯燥乏味。

"更糟糕的是,IT&T公司当时在智利卷入了某些丑闻,所以我每天都要盯着新闻报道,看看事态有什么新的进展。我会一直坐在办公桌前,戴上耳机听新闻报道,然后根据我听到的消息来进行交易。前一分钟我要卖出,后一分钟就得买进,然后再卖出。一段时间以后,我实在无法再忍受下去了,我太需要一段时间来调整自己了。所以我去了F.L.所罗门,一家专门发行新证券的小经纪行。我只是需要换个节奏罢了。"

当金斯利回归伊坎公司的时候,"独行侠"和"印第安人"(伊坎这么称呼他自己和金斯利)开始寻找那些"被低估的机会",即那些交易价格低于他们的资产价值的证券。刚开始,他们投资那些封闭性的共同基金，这些基金的价格远远低于基金里所包含的证券的价值。

那些日子里，伊坎和金斯利会一起在百老汇大街26号地下室的自助餐厅吃午饭（他们把餐厅戏称为"地牢"），讨论他们的策略。很快他们意识到，他们可以采用一个更广泛且更有利可图的办法——这个办法将对美国的企业界产生深远的影响。

金斯利回忆道："我们开始问自己，'如果我们可以投资被低估的封闭式共同基金，以实现其真实价值，那么我们为什么不能投资一个资产价值被低估的企业，来帮助企业实现它的价值呢？'"伊坎和金斯利所构想的内容被准确地记录在一份备忘录里，他们将这份备忘录发给了那些潜在投资者，以实施他们的计划。

"我们认为，总体来说，现今经济环境里的各种因素为我们创造出了一个十分良好的环境，即创造获得高利润机会的同时，风险也不高。我们国家对能源的庞大需求导致了巨额美元的外流。巨额的财政赤字和生产率的下降，造就了今天的高通胀和美元急剧贬值。这些带来的结果是黄金价格和其他商品的价格暴涨。显而易见，美国很多企业的真实价值或是清算价值在过去几年都有了显著提高。但是有趣的是，这并没有反映在这些公司的股价中。因此我们所面临的是一个十分特殊的环境，如果能够合理地利用它的话，我们就可以从中获得丰厚的利润。获取这些利润的方式如下：

"大量的美元囤积在国外。美国是为数不多的拥有稳定政治保障的国家之一，可以保障如此之多的美元。当美国企业的有形资产价值继续不断攀升的时候，它们就激发了投资者的兴趣——这些投资者不仅有来自国外的美元持有者，也有手里积攒了巨额美元的美国本土大企业。

"然而，这些成为被收购目标的公司虽然拥有富裕的资产，但通常持有的自己企业的股票并不多，因此对被收购没有什么兴趣。他们会充满戒备，为了保障自己的特权而建起'长城'，期望能够把企图入侵市场的国内外投资者阻挡在外面。尽管这些'长城'还是可以攻破的，但是大多数国内的企业及几乎所有的外国企业，都不愿意采用敌意收购的方式来收购目标公司。而且，关于控制权的战斗一旦打响，从中受益的通常是企业的股东。目标企业在受到严重威胁的时候，往往会寻求另一家'非敌意'的企业以更高的价格提出善意收购，这些企业通常被称作'白衣骑士'。这样一来，竞购就开始了。另外一种常用的反敌意收购的方式是目标企业尝试反向收购自己的股票。或者如果两种方式都行不通，那么目标公司就可以申请破产清算。

"我们认为，通过大量持有那些'被低估'的企业股票，然后争取对企业的控制权，是可以带来相当可观的利润的。具体可以依靠以下几个途径实现：(1) 说服企业管理层进行破产清算或者将公司出售给'白衣骑士'；(2) 争夺企业的代理权；(3) 提出股权收购；(4) 将股份以高价卖还给目标收购企业。"

通过这样的一个"伊坎宣言"，这个来自皇后区的曾经的书呆子开拓了一条威胁美国企业界的道路，把《财富》500强公司的首席执行官们都逼到了墙角，用他们本身的贪婪和专制来击败他们。

有趣的是，伊坎的这个思想的基础可以从他在普林斯顿大学的那篇毕业论文中找到源头。

"对我来说，要探索对意义的实践标准的解释，可以用这么个例子具体说明：一个城市的人们突然发现土地里蕴藏了大量的黄金和黄沙，但是它们完全混合在一起。如果能够把黄金从黄沙中分离开来，那么这对于这个城市里的人们来说就是一大笔财富。因此，一些聪明人开始积极地寻求可以分离金和沙的办法。这种积极的探索不仅极大地促进了人们对黄金和黄沙属性的了解，还促使人们研究出了一系列潜在的方法，把黄金从沙子中分离出来，取其精华，去其糟粕。"

这些首席执行官们，连同那些董事会里的溜须拍马者，都拥有权力和财富，而且依托着庞大的企业作为后盾。但是伊坎有的是战略，是胆识，他威胁着这些公司居高位者和他们所捍卫的权势。这样的角色，伊坎是很乐意担当的。一直以来，伊坎都是一个勇于挑战既有体制的外来者。当年被告知常青藤盟校不会录取湾水区的犹太人时，他依旧申请了普林斯顿大学，还获得了奖学金。当被邀请加入一个主流的精英餐会俱乐部时，他反而选择了"希望协会"这样反主流的社团。当年他也可以继续沉浸在期权交易中，不断挑战权威，改写旧规，为自己树名。一直以来，能够击败那些轻视他的人，或是击溃那些身居高位却极度自满的人，都给伊坎带来最大的满足。

如今，根据他的作战计划，为了可以"主宰"那些目标公司的命运，伊坎将会扮演一个无情、自私自利的角色，他毫不关心企业的历史、文化或是员工的未来。作为马基雅维利的信徒，伊坎坚信，只要可以给自己带来财富，"目的正确即手段得当"。

尽管这帮首席执行官们都很憎恨伊坎，但事实上在20世纪80年代，正是他们自己为伊坎这样的人创造出了一条成功之路，其他类似伊坎的人物还有布恩·皮肯斯、索尔·斯坦伯格、詹姆斯·戈德史密斯和他们的伙伴们。

位列《财富》100强公司的首席执行官们都暗自过着非常富足的生活，根本不需要担心企业的经营情况。更有甚者，随着企业的不断扩大，越来越远离股东们的控制，这些执行官就把自己当成了企业的"所有者"，把他们个人的利益（比如个人的权力、地位和财富）放在了股东利益（即投资最大化）之上。企业的管理层根本不会考虑收购对企业的股东是好还是坏，而是一味地抵抗和拒绝，因此伊坎认为这些企业管理者绝对不会和他站在同一边。当他们优越的生活方式受到威胁的时候，他们会用股东的钱来买通那些收购者，要不然就是"绿票讹诈"或者寻找"白衣骑士"以高于现价的价格来收购自己公司的流通股票。无论哪种方法，提出收购的一方总能迅速地获得可观的利润。

既然伊坎已经察觉到了资本体系中的这个薄弱环节，在接下来的10年时间里，在那个"咆哮的80年代"，他将充分地利用这个环节来获得巨大的成功。

第四章
第一击:"主宰公司的命运"

> 在收购战中,我往往会越过线,并会很强势,连我自己都觉得吃惊。我在这样的"作战"中经常是到了某个阶段就走不了回头路的。
>
> ——卡尔·伊坎

到了1977年，伊坎已经准备好从"不为人知"的角落走向华尔街的舞台中央了。20年间的思索和观察最终汇聚成了一幅完整的蓝图。通过"主宰别的公司的命运"，他为自己树名，成就了自己的财富——他的成功并非依靠蛮力或者财力（说老实话，当时这两样他都没有），而是依靠一个在华尔街屡试不爽的收购战技巧——委托代理权[①]争夺。

一直以来，争夺股权委托代理都被企业界的刺头和各式各样的捐客加以运用，来获得股东的支持，以驱逐现在的管理层，使他们自己成为公司管理层。这些斗争有点像政治竞争，双方都宣称自己更适合管理公司，能使其盈利，达到提升股东利益的目的。

伊坎认识到，虽然委托代理权的争夺可以用来获得对公司的控制权（从而最终使企业盈利更多），然而仅仅通过表现出有争夺控制权的意向，就已经能够带来相当可观的利润了。对那些资产价值远远超出其股价的公司，伊坎会大量吸纳它们的股份，到一定程度之后，就提出争夺委托

[①] 委托代理是在公司股权结构下的一种股东投票表决的方式，企业分散的股东往往通过选择代理人来投票表决公司事务。通常是由于股东对现有董事会决议有不满意之处，通过委托书让某个代理人来"代表"自己进行投票表决。——译者注

代理权。伊坎往往会提醒股东们注意公司内在价值和市值之间的显著差异，成百上千的上市公司都存在这样的差异，因为华尔街给股票估值的基础是公司盈利的潜在能力和资产价值。在伊坎看来，应为这种差异承担责任的是公司的管理层，他们不是过于傲慢，就是能力不足，无法让企业的财务业绩达到最优。

如果一切都按照计划进行的话，手头有大量现金的收购者会看到伊坎确定的收购目标的内在价值，于是就会参与收购战，把目标公司的市值迅速抬升起来。或者出现另一个同样吸引人的局面：被收购的企业管理层在受到威胁的情况下，选择支付远高于伊坎收购价的价格来回收股票。无论是哪种局面，伊坎这个始作俑者总能斩获数百万美元的战利品。

在这样的思想指引下，伊坎开始了其生涯中第一场对企业控制权的重要争夺战，并且赚取了可观的利润，他相信这些财富是给那些有才华的战略家所准备的，他们不仅能够发现行业中的机会，更有充分利用这些机会的魄力。伊坎现在站在新型金融工程的最前沿，而这种新型金融工程足以给美国的资本社会带来翻天覆地的变化。他首先向拜尔德华纳公司发难，这是家迅速衰退的不动产投资信托（REIT）；同时还有另一家公司遭殃，这家公司位于俄亥俄州的寂静小镇曼斯菲尔德，是家用炉灶和烘箱的生产厂——塔潘。

伊坎准备展开收购的对象拜尔德华纳信托，是一家位于芝加哥的企业，由约翰·拜尔德执掌大权，他本人在当地的商业圈子里十分有名。在芝加哥，拜尔德家族几代以来一直十分受人敬重，不仅是因为这个家族的经商头脑，也因为他们广泛参与各种市政和慈善机构活动。由于这个传统，约翰·拜尔德在当地也是个有头有脸的人物，被认为是当地社区的一项财富。

可是这些对于卡尔·伊坎来说，都无关紧要。

就像20世纪60年代和70年代早期的一系列不动产投资信托那样，拜尔德华纳广泛地投资办公大楼和购物中心，一开始也受人追捧，股票价格一路高歌猛进。可是当1975年房地产市场泡沫破灭之后，不动产投资信托的股票价格也急转直下。1978年5月，伊坎开始吸纳拜尔德华纳的股票的时候，每股价格是8.5美元。

事实上，并非只有伊坎一个人看出了这里的门道——趁低吸纳不动产投资信托的股票，抄底捞鱼一网打尽。房地产市场已经明显呈现复苏的迹象，在信托的价格依然低迷的情况下购买，基本可以保证在短期内一定会有明显的收益。鉴于市场价格被严重低估，投资者可以放心的是，价格继续下跌的风险基本为零。理论上，他们只需要等到这个被低估的价格被市场纠正的时候，"低买高卖"从中获利就行了。

"作为一个不动产投资信托方面的专家，我也购买了大量的信托股票。"律师马尔文·奥尔山说，"有段时间，我是通过伊坎公司来购买这些股票的。因为这个公司的规模很小，我总感觉不是很放心，所以我总是要求他们把股权凭证直接邮寄给我。

"然而4个月过去了，我也打了数通电话，却还是没收到凭证。所以我直接打电话给伊坎本人索要凭证。我们谈论了很多话题，他问我为什么要买不动产信托的股票，说他想直接投资拜尔德华纳，还问我的意见是什么。

"有研究报告称拜尔德华纳的股票值15美元一股，但是我告诉卡尔，如果破产清算的话，每股价格可以达到22美元。我不清楚我和这个问题有什么关系，但是之后他开始购买该信托的股票，并且要求我做他的代表律师。"

如果股票价格封顶在拜尔德华纳的账面价值，即14美元一股的话，伊坎每股可以赚到5.5美元，也就是说他先前投资的回报率大约在65%。

"不动产投资信托就好像房地产资产类的封闭式基金。"金斯利说，"因为拜尔德华纳的价值被低估，我们自然有理由这么做，而且我们相信这其中一定有利可图。"

但是伊坎还有另一个动机。吹响收购拜尔德华纳的收购战号角，将其包括可出售的不动产和建设贷款在内的8000万美元资产变现，他作为进攻方，能够获得足够的资本为将来的收购战提供资金储备。

伊坎最初进入股票市场只是出于兴趣,渐渐地他开始表现出了更大的野心,在吸纳股份到一定程度的时候,他开始扮演"维权投资者"①的角色。这也在不远的将来成为伊坎的标志性手段。他的策略是:先积极引导股东的情绪,培养他们对企业管理层的对抗情绪,然后通过争夺代理权来促成改变。这里说的"改变"指的无非是将信托以达到或者接近其资产价值的价格卖出。

当伊坎取得20%的不动产信托股份的时候,他开始申请在董事会上拥有一席之地。成为公司的内部人员,可以帮助伊坎进一步寻求买家或者将信托资产清算变现。但是信托的董事会并不想改变现状,他们两度否决了伊坎加入董事会的请求。

"我第一次和伊坎见面的时候,他径直来到我的办公室,张嘴就说他想进董事会。"约翰·拜尔德说,"你看,我之前完全没听说过这个人,直到他开始收购我们的股票,我对他才开始有所耳闻。我甚至不知道他那天来见我之前是否有预约。所以对于他进董事会的提议,我不想就这么轻易接受。

"相反的,我问他有什么经验是可以为董事会做出贡献的。当然,他的回答完全不能让我满意,因为事实上,他对房地产一无所知。他只是一味地说,他现在有我们20%的股票,有权获得一个董事会的席位。"

这场不留情面的会面对伊坎来说却并不意外,他早就对那些公司管理层形成了一种成见,即这些管理层只不过是一帮被宠坏了的所谓精英集团,他们的薪酬和公司的运营状况毫无关系,伊坎已经做好充分准备要跟这些人对着干了。在拜尔德华纳的收购案中,伊坎发现了不动产信托管理层的一个明显的击破点,并加以利用,号召其他股东站到了自己这边。

---

① 关于activist investor的翻译,国内有不同的见解。其实从西方金融界的角度,含义是一致的,就是说投资者(股东)要保护自己作为投资人的权力,发挥主观能动性,积极地监督被委托代理的一方,即企业管理层的经营行为,以确保管理层没有把自己的利益放在股东利益之上,同时为股东的利益最大化服务。——译者注

伊坎宣称，公司的财务业绩显然受制于拜尔德华纳信托和拜尔德华纳公司之间过于宽松的管理费用规定。拜尔德华纳公司是一家私人股本拥有的房地产企业，是信托的创立者。很显然，一部分信托融资获得的建设贷款被用于拜尔德华纳公司的客户身上，而拜尔德华纳公司可以从中赚取佣金。更严重的是，大约1/3的信托贷款现在仍然处于拖欠状态。

面对财务压力，管理层做出了一个决定：暂停一期的红利发放。这个决定可能犯了一个致命性错误。由于投资信托的投资者们本来看重的就是稳定的收入，因此这个决定让投资者十分不安，甚至怨气满满。而伊坎一直在寻求切入点，这下被他抓住了。

"由于外部环境困难，很多不动产投资信托都会暂停至少一期的分红。"拜尔德说，"但是股东们仍然对此非常不满意，于是伊坎利用这个契机获得了股东的认同。当得知我们运行出现困难的时候，他就找到了我们头上，利用我们当时的困境来进一步获取他自己的利益。"

伊坎为和他同一阵营的股东"战友"所描绘的是，不动产投资信托受益的对象是那些贪婪的董事会成员自己，而公司真正的股东们并不能获得令人满意的投资回报。但是就在伊坎准备大展拳脚开始委托代理权的争夺，力图把他本人和其他同一阵营的股东送入董事会的时候，信托方面也展开了先发制人的攻势，表决同意以每股19美元的价格将信托资产变现。

表面上看，这样的形势变化对伊坎来说十分理想，毕竟考虑到伊坎的收购成本，他可以从中获得令人满意的回报，但是变现的具体执行方式使伊坎十分恼火。根据计划，变现的过程将持续3年。一旦伊坎接受了这个拖沓的变现计划而不采取任何措施的话，至少在36个月内，伊坎投入的资金将被套住。更为复杂的是，到那个时候，伊坎的投资就掌握在董事会的手里了，尤其是董事会只占有2%的股份，变现是否符合股东利益最大化，对于他们来说根本就是"事不关己，高高挂起"。事实上，他们还有意利用这样冗长的变现过程延迟或阻碍有序清算，来报复伊坎。

对于世故的卡尔来说，这件事让他完全开心不起来，他问自己："如果他们以 19 美元一股套现没有成功怎么办？如果他们只是通过这样做来报复我怎么办？董事会用 3 年的时间来做本来可以几个月就完成的事情，如果我的投资中途出现变数怎么办？"

伊坎就是这么个人，永远会做最坏的打算，永远不相信对手，所以他决定扼杀董事会的这个计划，同时想办法挤进董事会，迅速解决信托市值和资产价值之间的差异问题。于是，伊坎和他组织的投资者集团开始进一步加大收购信托股份的力度，达到了 34% 的占股份额，这个占股份额足够终结董事会的变现提案，因为提案的批准必须获得超过 2/3 的股东同意。

在另一条战线上，伊坎开始了委托代理权的争夺，和之前不同，伊坎这次是要把整个董事会的班子都变成自己人。为了促成这一彻底的变化，伊坎成立了一个股东委员会，声称最能够代表股东，把自己打造成一个纯洁而高尚的圣人形象来为自己拉拢人心。

"如果委员会名单被选出来，"伊坎宣称，"无论是伊坎公司还是我本人（无论是作为委员会会长还是干部），都不会从信托拿一分钱工资，也不会拿任何顾问费或者董事费。我唯一的兴趣在于提高信托股东们所持有股份的价值。"

战斗到了白热化的时候，伊坎、他的秘书盖尔·高顿和这个年轻公司的其他人员直接打电话给信托的股东们，向他们游说，他们才是公司真正的主人，他们必须坚持一个理念：公司的管理层是应该为他们服务的。孜孜不倦地游说股东，不管他们是在公司还是家里，都不停地给他们打电话，跟他们详细分析事情的来龙去脉，这些都成为伊坎在委托代理权争夺中的标志性策略。虽然伊坎从来都不是个善于交际的人，但是在高度利益的驱使下，他可以成为一个十分有效率的推销员。

"我们和股东们讨论公司内的民主制度，一些小的股东以前根本不会考虑这些问题，但通过讨论，他们对这些问题也重视起来。"高顿说，"对了，肯定会有一些人会让我们收手，交给管理层去做决定。但是大多数情况下，我们听到的都是客观和公正的回答。"

1979年5月22日这天,股东大会进行投票选举,伊坎成了大赢家,他把董事会的现有成员全都踢出局,从而掌控了信托。对伊坎来说,这次赢得特别漂亮,因为对手曾经完全不把他放在眼里。当伊坎要求拜尔德向证监会提交13-D表格(这是投资者拥有上市公司股份达到5%的时候必须向证监会报备的文件)的时候,拜尔德不屑地说:"那是什么玩意?"

在争取股东支持的过程中,伊坎始终把焦点聚集在董事会平庸的表现上,他向股东披露,信托董事会曾经同意在信托出现亏损的情况下向拜尔德华纳公司支付150万美元的管理费,而董事会里竟然有4个是拜尔德华纳公司的雇员。伊坎提出收购后,信托的股价已经上升到14美元左右,这也向股东证明了他可以使信托的股价上升的能力。这些都为伊坎赢得了股东的支持。

6月1日,伊坎被选举成为信托的董事长,这家不动产投资信托也从原来的拜尔德华纳信托更名为湾水不动产和投资信托,这个"湾水"就是伊坎童年时住的那个湾水社区。1979年年底,经过股东的批准,伊坎提出了一个庞大的计划,该公司将不再是信托公司,而是变成其公司下属的分支机构:湾水不动产和资本公司。这使得这个机构可以从事更广泛的投资业务,包括有价证券业务。通过在伊坎公司设立的经纪账户,湾水将成为伊坎加快收购步伐的一个有效渠道。

"伊坎一完成对这家不动产信托的收购,就开始将它的资产清算变现。"拜尔德说,"这非常符合他的做事策略,我敢肯定,他从刚开始买我们的股票的时候就已经想好要这么做了,他会用资产变现的利润来支持他后续的收购。"

而此时伊坎庞大计划中的另一个组成部分也已经准备就绪了。

1977年年末,伊坎开始以每股7.5美元的价格收购塔潘的股票。购买的时机无可挑剔,塔潘原本是家强大的企业,从公司成立伊始到现在差不多一个世纪的时间里,都是由塔潘家族的某位成员负责企业的经营管理的。不过由于在空调和暖炉市场的一次考虑欠妥的收购,以及受不景气的房地产市场的影响，公司的业务一直不妙。40年来，塔潘第一次出现了亏损，造成了其股价的滚筒式下滑。

塔潘的产品种类有限，在家用电器行业里相对来说是个小辈，在各个方面都比不过行业里的老大，比如通用电气和西屋电气。但是塔潘管理层的目标，是在家用厨房电器的利基市场里盈利，就好像美泰克专做洗衣机和烘干机那样。这个目标为将来的重新盈利打下了基础，而且房地产市场也正在明显回暖。

伊坎很早就选择塔潘作为收购对象，有两个关键的理由：第一，伊坎认为转机即将到来，只是塔潘的股价没有能够反映出这样的转机；第二，塔潘的资产价值为大约20美元一股，是塔潘现在股价的2倍。资产价值和股价之间的这种差价，使伊坎看到了他盈利的源头。一旦有人愿意收购塔潘或是它的资产，只要收购价格介于伊坎收购股票的价格和塔潘的资产价值之间，伊坎的投资获得可观回报就有了保证。作为伊坎"作战室"的参谋，金斯利为伊坎制定了塔潘的收购策略。

"当我们在塔潘的股票上建仓的时候，其他人都热衷于魔法厨师的股票，"金斯利回忆说，"但是我认为，魔法厨师的市盈率太高了，未来肯定会走下坡路。魔法厨师现在正处在一个周期的最顶峰，而塔潘则位于周期的最底部。我当然更愿意在最底部建仓了。"

这也反映了金斯利对于那些没有更多下行空间的股票的偏好。大体来说，市盈率太高的股票不对他的胃口。相反的，他更倾向于买那些被人冷落的股票，就好像塔潘一样，股价相对于资产价值都被打了折扣。

这次的收购展开过程也将成为伊坎的标志性方式。他先礼后兵，首先给塔潘公司打了一个友善的电话。1978年1月5日的早上，伊坎和金斯利一起打电话给塔潘的总经理唐纳德·布拉休斯，告知对方，他已经收购了10000～15000股塔潘的股票，并且他还在考虑投入更多资金的可能性，资金来源包括伊坎本人和伊坎公司的大客户。

整个简短的交谈过程中，伊坎显得很愉悦，也很实在。他向布拉休斯询问了塔潘的大致信息，包括产品和制造基地等无关痛痒的细节。这其实是伊坎的策略,他希望通过这样的交谈麻痹对方,让对方以为自己没有恶意。了解伊坎的人都知道,在金斯利把公司的现状剖析得细致入微之前,伊坎是不会去碰这家公司的。另外,伊坎天生就怀疑一切,如果你认为他会轻易相信管理层的话而开展投资,那才可笑。

这个时候,他的对手还没有察觉到,自己其实已经掉进了陷阱。布拉休斯在给董事会主席 W.R. 塔潘发的内部信函里提到,伊坎"看上去很高兴,因为我们花了挺长时间给他介绍了公司的情况"。

伊坎这个时候还没成为令人生畏的"公司掠夺者",布拉休斯的这个信函充分说明了一件事:公司管理层对伊坎的真实用意毫不知情。卡尔·伊坎难道会因为他所投资的公司的高管花了些时间来和他交流就感到"很高兴"吗?绝不可能。作为股东,伊坎始终认为塔潘和布拉休斯只是为他打工的,只有股东高兴,他们才可以继续在公司里做管理者,他们必须对他的要求积极响应。但是当下,他不妨扮演一下这个"谦谦君子"的角色,先进行试探和观察,在下一步行动前先探探路。

虽然布拉休斯没察觉到危险,他还是告知迪克·塔潘,他的一个手下暗地里对伊坎公司做了一些调查,结论是"尽管我没觉得会有什么问题,但是我们必须保持警惕,注意他们下一步的动向"。

2月22日,伊坎和金斯利再次致电布拉休斯时,这个警告的重要性就陡然明显了起来。这个时候,伊坎已经吸纳了超过7万股塔潘的股票,而且在这次交谈中,他第一次提到"收购"这个字眼。他若无其事地指出,他购买这么多股票的部分原因是,塔潘很可能会成为别人收购的对象。他告诉布拉休斯,伊坎公司"已经购买了很多低价股票,现在因为形势好转升值了不少。有些情况下,形势的继续好转会继续拉动股价,但是在其他一些情况下,也可以由别的买家买下股票,让股票的价格翻番"。关于这次和伊坎及金斯利的谈话,布拉休斯在公司备忘录中提到:"他们认为我们很适合由合适的买家来买断公司的股票,这也是他们投资我们的一个额外因素。"但是当塔潘的总经理直接问伊坎有没有考虑过收购塔潘的时候,"他们说绝对没有,这不是他们主营的业务范围,也不想将它纳入他们的业务范围里"。

根据布拉休斯所述，伊坎向他保证，他购买塔潘的股票纯粹是站在投资的出发点上。伊坎接着迅速将其对塔潘股票的持有规模上升到了300万美元。他非常清楚，他不断地购入股票会让人产生一种遐想，人们会猜测，塔潘也许会在不久的将来被收购，从而导致一系列的市场连锁反应。一方面，市场里的套利者会竞购塔潘的股票，希望在将来塔潘被收购的时候能够搭个顺风车，也捞一笔；另一方面，华尔街上的投资银行家们会纷纷推荐自己的客户购买塔潘的股票，从而确保自己丰厚的佣金收入。这在20世纪80年代将会成为一种模式，那就是哪怕一家公司仅仅是表现出了将被收购的迹象，这也会导致这家公司真的成为被收购对象。"即便是谣言在先，谣言也会成真"，只是这个收购方有可能是谣言里的收购方，也可能是另一个敌意收购方，或者是一个"白衣骑士"。

但是在伊坎专注于塔潘的时候，收购和兼并的浪潮还没有像后来"咆哮的80年代"的时候那样达到巅峰。如果伊坎期待着竞购塔潘的投资者会蜂拥而至的话，那么他一定会很失望。在伊坎持有股票的9个月左右的时间里，竟然没有一个竞购者参与。当时人们更多的猜测是在魔法厨师的股票上，基本没有人能够像金斯利一样发现塔潘的价值与机会。

伊坎在其敌意收购事业的早期开始，就表现出在逆境中顽强生存的能力。恰恰是这样的挑战才给了伊坎更大的空间来发挥他的智慧，寻求新的方法或者搜寻方案中缺失的部分，来保障他目标的完成。毫无疑问，伊坎有着超乎常人的智慧，但是他和华尔街上那些普通的机会主义者不同，那些人遇到问题很快就放手不管，什么都是"浅尝辄止"，然后转向下一个问题。而伊坎决心要做个维权投资者，并且从不放弃寻找解决难题的办法。从伊坎最初开始从事这项事业以来，不管前景多么黯淡，或者遇到多大的困难，他都不轻言撤退，这些不仅为他赢得了名声，也增加了别人对他的信任，而这种信任对他来说是十分重要的。

伊坎开始对塔潘有所行动了。5月初，伊坎在纽约主办了一个午餐会，与会的除了布拉休斯和塔潘的副总裁威廉·布洛克，还有一位弗雷德·沙烈文——一家联合大企业沃尔特基德公司的总经理。沃尔特基德公司占有伊坎公司20%的股份。伊坎此次想说服沙烈文收购塔潘,作为沃尔特基德生产烹饪相关产品的部门的一个补充,但他没有把这项动议写入会议日程里。实际上,这次,这个从套利转型到收购的年轻人,要充当投资银行家的角色。

1978年5月9日早晨,当布拉休斯抵达纽约的时候,他打电话给伊坎确认会议日程,他这时才发现沙烈文也会来参加午餐会。伊坎告诉他,沙烈文是塔潘的一个大股东,他也有兴趣来和公司谈谈。

在伊坎看来,会议进展得很顺利。沙烈文在会上详细地谈到了旗下生产烹饪产品的部门,并且表达了收购塔潘的意愿。但是当伊坎正在兴头上时,布拉休斯的反应却很冷淡。因为一直到最后关头,他才得悉沙烈文要来参加午餐会,这只能意味着一个事实:在没有和塔潘开诚布公的情况下,伊坎单方面策划了这起收购。想到这,布拉休斯简直要气得冒烟了。尽管布拉休斯口头上说得冠冕堂皇:塔潘是家上市公司,任何收购方案都需要经过管理层和董事会的讨论与商量,但是有一条底线——公司不会被出售。

让伊坎更觉棘手的是,沙烈文回应说,沃尔特基德坚决反对敌意收购,甚至承认公司历史上唯一的一次敌意收购——美国轮船航运公司的收购,可能是当时出了某些差错,现在该公司也已经被出售了。布拉休斯听他这么说,终于长舒了一口气。会议之后,布拉休斯在公司备忘录里写道:"沙烈文理解我们不想出售公司的意愿,因此也不会进一步压迫我们。沙烈文还说道:'如果任何人向你们提出收购,而你们没有兴趣出售,或者你们需要友善的帮助,你们可以来找我们。'"

如果布拉休斯觉得会议结束之后就可以把伊坎抛之脑后的话,那他就大错特错了。从做事风格上看,伊坎更像是彼得·福克主演的老电视剧《神探可伦坡》中的角色。在你以为他已经放弃这件事情,当你确信他已经走得远远的时候,他却又跑回来了,而且问一堆问题,提出各种猜测,甚至有暗中的威胁。在纽约的会议临近尾声的时候,伊坎表示他计划同平常一样再买入一些塔潘的股票。至于买多少，伊坎表示他要加大股票持有规模，直到足够向证监会上交 13-D 表格进行报备。伊坎再次向布拉休斯信誓旦旦地保证，他收购股票的目的纯粹是为了投资的需要。

布拉休斯在其回忆备忘录中记录道："伊坎一直强调，他购买股票不是为了试图去收购，也不是买断股票的开端——只是因为塔潘的股票价格目前为 8 美元一股，被低估了，它还有很大的升值潜力。同时他也表示，我们不需要为 13-D 表格担心，因为他们根本没有想过要收购我们。"

虽然在布拉休斯最后对会议的总结里，他认为会议各方还是很友好的，敌意收购看似不太可能发生，但是他还是给出了危险信号，表示"我们显然无法确认到底会发生什么"。

会议之后没多久，伊坎就开始加快脚步寻找买家。他打遍了华尔街上那些银行家、有钱的投资者和企业投资人的电话，试图激起他们的兴趣，让他们收购被低估的塔潘股票。5 月 26 日，在致电布拉休斯的过程中，伊坎提起，他从他的渠道得知，某个日本的微波炉厂家正在设法收购一家炉灶生产厂家，以此来拓展其产品线，扩大其营销能力。伊坎想通过这个消息来引诱塔潘对盈利性的买断产生兴趣，但是布拉休斯对此嗤之以鼻。他认为已经有相当数量的日本公司在生产炉灶和微波炉，因此对于塔潘来说，和一个微波炉厂家的战略组合"并没有太大的意义，而且也无法满足塔潘的长期需求"。

很明显，布拉休斯对于和日本合作没有什么兴趣，而伊坎又的确无法找到一个愿意单方面提出对塔潘进行收购的日本公司，于是这个想法只能被迫终止了。

1978 年的整个夏天和初秋，伊坎使出当年在期权交易中培养出来的营销手段，不停地寻找公司，不断打电话、和客户见面。尽管他使出了浑身解数，还是没有办法找到一个有兴趣收购塔潘的买家。似乎除了有金斯利协助的伊坎，没有其他人能看到塔潘的价值。

不过伊坎依然毫不气馁。他不断给塔潘施压——这也是他的一贯作风。1978年11月3日，他再次购入4万股塔潘的股票，并且告诉布拉休斯他还要继续买。伊坎很清楚，不断增加他在塔潘的股票持有数，也增加了塔潘对伊坎展开收购的担忧，这可以迫使管理层不得不重新考虑，要么把他手上的股票买回去，要么接受第三方的收购（当然，第三方也会把伊坎手上的股票高价买走）。

在伊坎看来，继续购买塔潘的股票等同于购买一个基本没风险的塔潘股票期权。由于股价依然只是徘徊在其资产价值的一半左右，所以下行的风险很小。一种可能是，如果塔潘被收购、资产被分拆出售的话，伊坎也可以获得不错的盈利。另一种可能是，如果塔潘经营状况好转，股票价格就会上升，伊坎也可以从中盈利；同时他也仍然期待有人来买断塔潘的股票，从中获利。这个时候，伊坎给塔潘的管理层释放了两点信息：首先，伊坎坚决地不断增持股票，这对于公司的控制权来说显然是个不小的威胁；其次，他还是不承认他会马上展开对塔潘的收购。对于那些仍未起疑心的人来说，伊坎看上去还拿不定主意。但是事实上，这些都是伊坎进攻计划的一个重要组成部分。这样做可以迷惑对手，使其无法判断下一步究竟该怎么走。

11月3日，在布拉休斯和伊坎进行了关于他继续增持股票的谈话后，布拉休斯在备忘录里提到："当我直截了当地问他买股票的目的时，他说是为了他自己，没有其他任何目的。他说：'你大可不必担心，好好享受你的周末吧——这并不是为了买断或者收购股权。'"但是让布拉休斯确信不能掉以轻心的是，伊坎接着提到，他会继续增持塔潘的股票，然后"当然会向证监会提交13-D表格"。

尽管布拉休斯还是倾向于相信伊坎的话，相信他是个纯粹的投资者，但是他的担忧也越来越明显了。

"这个时候，我明显感觉到这一切都是有计划的，"布拉休斯写道，"我们必须谨记，他曾经提出过第三方买断的建议。毫无疑问，如果有人提出以更高的价格进行股权收购，他肯定是很乐于接受的，而且收购价格肯定要高于他购入塔潘股票的价格，每股会高7到8美元。"

11月16日，《华尔街日报》和塔潘的一位股东分别打电话来，提醒塔潘的管理层，伊坎很快就会向证监会递交13-D的表格。于是在第二天，为了确认是否消息准确，布拉休斯打电话给伊坎求证，并向他透露了之前的两通电话，也提到另外一条新闻报道，说伊坎最近从沃尔特基德公司手上购买了4万股塔潘的股票。

就在布拉休斯试图阻止伊坎向证监会提交表格的时候，伊坎却含糊其辞，这也是伊坎的另一个一贯做法。伊坎随口应付，看起来他自己也被这事情弄得晕头转向，把他的对手也搞糊涂了，不知所以。当然，这只是假象，布拉休斯直到最后才会意识到，原来这一切都是伊坎精心布下的阵，他其实早就算好每一步应该怎么走了。

就算坐在伊坎的对面，布拉休斯也察觉不到这些。11月17日，在他和伊坎交谈的备忘录中清楚地描绘了伊坎是如何编织这张大网的。

"他说他对整个形势感到很困惑，他并没有向证监会提交13-D表格，因为他的律师还没有回复他。但是他却指出，这可能只是时间问题，他还会继续增持塔潘的股票，但是他肯定会打电话告知我们他是否提交了表格，以及提交的时间。"

在和布拉休斯的谈话过程中，伊坎像一个大战略家一样，把他下一步计划中的各种可能都一一枚举。他一会说他可能会增持股票，一会又说也不一定。他说他可能会向证监会报备，但是也可能不这么干。他计划只做一个被动投资者，但是他又在不断增持股票。他希望有个第三方来收购塔潘，但是他也提出塔潘的管理层自己买断股票的可能性。

"他问了管理层一大堆问题，问我们怎么不自己买断这个公司——说我很可能因此快速成为百万富翁。"布拉休斯回忆道，"他问我们，为什么不以公司的资产做抵押来借钱，然后把这个公司买下来呢？"

在谈判中铺天盖地地谈论种种可能，正是伊坎为了掩盖自己的真实意图所采取的做法。伊坎究竟想要什么？他会怎么走下一步棋？伊坎留给别人的各种可能性，使得没有人能够猜出他的真实意图。对手想猜透他的心思,他就再增加一些新的可能性:有一些路可能走不通,但是总有一些是可行的。普通的谈判者总想要在其中寻找出规律和联系,但这些都是伊坎的陷阱,等着别人跳进来。

尽管伊坎向塔潘保证说他一旦递交 13-D 表格,就会打电话通知塔潘,但是塔潘还是让他们在华盛顿特区的代表律师——优秀的琼斯·代·雷维斯和波格公司,积极关注一下证监会方面的动静。他们或多或少都认为伊坎会递交表格,剩下的仅仅是时间问题。更重要的是,递交表格之后会发生什么?这个问题在 11 月 27 日这天得到了解答。塔潘在这天收到了 13-D 表格的副本,10 分钟以后伊坎打来电话,在电话里他仍然坚称,他持有股票只是因为"他们的股票便宜,所以这是个不错的投资"。

1978 年年底的时候,伊坎又以 8.625 美元一股的价格购买了 44000 股股票。这时,关于塔潘要被收购的消息在华尔街甚嚣尘上——伊坎和罗克韦尔国际公司都是传说中的买家——但是所有的这些传言都被塔潘管理层否定了,因为他们再次寻求并得到伊坎的保证:他没有收购塔潘的企图。事实上,1979 年 1 月 2 日这天,伊坎告诉布拉休斯,如果这些股票因为收购的传言而再升值 2 到 3 个点的话,"你可能就再也见不到我了"。

试想越来越警惕的塔潘管理层听到这个消息,一定会感到非常失望吧。整个 1 月,伊坎都在"捉弄"塔潘,他对塔潘公司说,有个不愿意透露姓名的企业投资人找到他,想以 15～17 美元一股的价格购买他手上的股份。伊坎还提到,这位买家最近在另外一家公司的收购战中败北,所以这次他决定先和被收购企业的主要股东达成一致,再展开收购。不久后,伊坎又提醒布拉休斯,罗克韦尔国际公司将收购塔潘的传闻传得铺天盖地,如果塔潘面临敌意收购,沃尔特基德公司也许仍然有兴趣充当"白衣骑士"。在这整个过程中,伊坎不断给管理层出主意,提供选择,散播恐慌。

2 月 20 日 5 点 10 分,伊坎的第二阶段进攻开始了,在伊坎和布拉休斯的通话中，伊坎询问他是否考虑在董事会增加一个成员，使董事会成员达到 10 人。毫无疑问，伊坎提名的正是他自己。同样毫无疑问，布拉休斯拒绝了这个提议。

在给塔潘高层的备忘录中，布拉休斯说道："我向伊坎解释，塔潘的董事会是限制在 9 人规模的，其中只有 2 名成员是代表管理层的，在去年甚至前年，董事会就决定了这个名额的限定。

"我还向他解释了塔潘董事会明显具有很强的能力，而且我认为我们的董事会运作十分有效——独立、有专业能力并且表现一直很好。就我个人而言，没有再增加一个董事会成员的必要。"

自从伊坎开始从事争夺企业控制权的事业，他就把自己塑造成一个正面形象，向那些故步自封、思维陈旧的管理层发起冲击。塔潘下意识地拒绝伊坎加入董事会的请求，也恰恰说明了这点。为什么不在董事会里增加一个睿智而又精明的金融专业人士呢？利用伊坎在投资银行界的经验和他提升股东价值的能力，难道塔潘不是真正受益的一方吗？

但是相反，管理层把伊坎当成了一个威胁。出于股东利益，为了公司经营业绩的需要，伊坎肯定会干涉公司现状，可能会安排兼并或者第三方买断股票，不管怎么说，这些做法是得不到现任管理层的支持的。无论是过去还是现在，在美国的企业界，这样的做法都是不被接受的。

尽管他们不承认，但这些首席执行官和董事会成员们的确把企业看成是他们自己的了。一旦有外部人员威胁到他们的领地，他们会想方设法把外人驱逐出去。这种内外分明的思维模式其实违背了公司的民主精神，也违背了公司治理机制下管理者对企业股东的责任和义务。虽然在董事会里安插一个不安分子——一个积极寻求收购或者促成第三方买断股票的人——并不为企业界所接受，但是从股东的角度看，这是完全符合他们的利益需求的。很有可能的是，只有这种不安分子才会以股东利益最大化为目的，不走寻常路，通过兼并、分拆的途径发现获利的机会。当然，这种情况下，那些拿着超高工资却表现平庸的管理层，绝对不是受益的对象。

这并不是说伊坎就如他所说的那样，真的完全代表了股东的利益。伊坎首要的目标，同时也是最重要的目标，永远是利润。真正推动伊坎的，是他对更多财富的渴望，而有时候，受益的人除了他自己，也包括其他股东。随着塔潘收购的推进，这一点会渐渐浮出水面。

在尝试加入塔潘的董事会失败的几周后，伊坎得知公司计划发行一系列优先股。他担心塔潘会利用发行优先股筹集的资金来进行反收购。这样做将会使塔潘现在的财务状况雪上加霜，公司股价一定会下跌，而伊坎所持有的塔潘股票也将蒙受损失，同时更会把潜在的投资者吓跑，让伊坎的完美计划遭到毁灭性的打击。这些都会把伊坎置于非常不利的境地。同时，股权收购的可能性越来越小，找到一个愿意收购塔潘的投资者也机会渺茫，如此一来，伊坎能够威胁管理层的武器将被夺走。

于是伊坎决定进行绝地反击，阻止公司的优先股计划。

"我们直到收到公司邮寄出来的一份股东投票表决书，才知道公司将发行一系列优先股的计划。"金斯利说，"我马上就对伊坎说，'如果我们要采取什么措施的话，必须越快越好。'"

塔潘开始筹划发行优先股的股东投票时，伊坎也开始着手行动。伊坎给布拉休斯发了一封信函，向他索取塔潘的所有股东名单，同时宣称公司发行优先股是为了保障公司管理层自己的利益，而不是股东的利益。公司将在1979年4月23日召开股东大会表决优先股发行方案，而当时距离会议召开只有一个月的时间，伊坎只有这短暂的时间向其他股东阐明反对发行优先股的理由。

起初，塔潘的管理层想努力使伊坎相信，发行优先股不会对伊坎的利益造成任何威胁，因为公司并不打算使用新发行的证券来妨碍股权收购。但是伊坎是什么人？他会把对手主动提出保护他的利益的话当真吗？肯定不会。这种做法只会让他更加警惕。他回答说："如果你杀了30个人，你说我没有想过要杀他们，可是结果会有两样吗？"

在职业生涯起步阶段，伊坎就觉得信任是一种脆弱而又危险的妥协，尤其是在商业谈判中，没有任何意义。伊坎总是带着怀疑的眼光来看待这个世界，看待每个人，不管对方说什么。进行交易时，他更喜欢做最坏的打算。在走下一步之前，他会先审视棋盘，然后想："对手可能对我造成的最坏结果是什么？我可以如何保全自己？"在制订计划的时候，伊坎通常会抓住三个要点：我的目标是什么？我的弱点在哪里？我的影响力又是什么？

1979年春天，伊坎在审视自己的处境的时候，他的目标——从对塔潘的收购中获得可观的利润——一直没有变。他作为公司主要股东和变革催化剂的影响力也没有变。但是如果优先股得以发行的话，他对公司的影响力就会逐渐消失，而同时他所持有股票的下行风险也增加了。伊坎并不打算相信管理层所谓的意向，于是他决定要在董事会赢得席位，增加自己的胜算，先否决发行优先股的计划，然后组织更为猛烈的进攻，把塔潘以远高于市价的价格销售出去。

他的决心很快就有了回报。伊坎仅仅做出要全力以赴进入董事会的姿态，就足以让管理层做出关键性的让步了，他们随后便同意了撤销发行优先股的动议。然而如果塔潘和布拉休斯认为仅仅这么做就可以让伊坎放弃进入董事会的想法，那就错了。恰恰是当敌人开始撤退的时候，伊坎反而会越战越勇，穷追猛打。

3月30日，布拉休斯在和伊坎的谈话备忘录里提到："关于董事会席位的问题，伊坎说他既然已经走到这一步了，可能就要继续走下去了。像他这样拥有那么多股票的人却进不了董事会，他觉得怎么也说不过去，再说他进董事会对公司发展也是有利的。他无法理解为什么他不能获得董事会席位，希望我们不要再设置障碍，他有足够的股份来获得一到两个董事会席位。总的来说，我尽力劝说他放弃委托代理的争夺，但是我觉得并没有什么效果。"

事实证明，的确没什么效果。1979年4月11日，伊坎在他给塔潘所有股东的公开信中强调了他进入董事会的必要性和出售公司的必然性："我写这封信的目的是希望你们在1979年4月23日的股东大会上能够推选我进入董事会。作为塔潘最大的股东，我希望公司能被收购，或者以接近每股 20.18 美元的价格（1978 年 12 月 31 日公司资产账面价值）被公开竞购。"

为了有效地激起股东们的情绪，伊坎通过聚焦公司的财务记录，向大家展示了一个低效率、以自我为中心的管理团队。

"在过去的五年中，塔潘在现在的管理层带领下，在销售额达到 13 亿美元的情况下竟然亏损了 330 万美元。而同一时期，W. R. 塔潘先生和布拉休斯——塔潘的董事长和总经理——却获得了高达 1213710 美元的工资和奖金。"

信里还附了幅图表，揭示了公司业绩和管理层报酬之间的不一致。逐项来看年收入和薪酬，1974 年这一年，公司损失了 700 万美元，而迪克·塔潘和布拉休斯共获得 83096 美元的工资和 131806 美元的奖金。

在这些数字的铺垫下，伊坎道出了关键的结论："如果我个人有这样的一个企业，业绩收入和资产净值出现明显分歧的话，我肯定会把这个公司出售给其他人。我想这个道理放在塔潘身上也是可行的。"

伊坎接着提到，虽然公司已经放弃了发行优先股的提议，但是大家需要警惕的是，这样的提议将来仍然可能会出现。伊坎宣称，管理层自己也承认了，发行优先股"可能会阻止将来对企业的现金或者其他类型的收购"。伊坎许诺，如果他当选进入董事会，"将来一旦又出现这样的提议，他会立刻将它扼杀在萌芽阶段"。

股东投资公司最基本的目的便是赚钱，为了迎合这一目的，伊坎宣布："作为塔潘的董事，我的第一项举措就是建议找一个投资银行（和我没有利益关系），来帮我们寻求潜在的买家，能够以 20.18 美元一股的价格（1978 年年底的账面价值）收购我们公司。

"虽然管理层告诉我，他们不希望塔潘被别的公司收购。但我敢保证，当选之后我会让那些潜在的买家们知道，至少在董事会里还有一个董事——那就是我——并不认同管理层的想法，如果有任何表达收购兴趣的第三方，或者有真实可靠的收购报价情况，我会负责向全体股东通报。"

在信的结尾，伊坎请求大家的支持——在截止日之前把委托代理投票的文件寄给他或者他的委托代理律师——卡特组织。

最终，一切尘埃落定，伊坎顺利进入了董事会。

当选之后，伊坎马不停蹄地敦促他的同僚们对塔潘的资产展开拍卖。在他出席的第一次董事会会议上，伊坎施压要求公司出售位于加拿大的分公司，塔潘-格尔尼。这家公司一直经营不善，却在蒙特利尔市的市中心拥有高价值的房地产。伊坎的策略是：将分公司清算变现，把不动产转化为现金。同样地，伊坎注意到塔潘在加州阿纳海姆的生产厂雇用了很多墨西哥工人。鉴于这个生产厂的价值，也因为美国国境以南的墨西哥劳动力十分廉价，伊坎提议把这个工厂卖了，然后把制造工厂搬迁到墨西哥。

与此同时，伊坎仍然在孜孜不倦地寻求一个可以买断塔潘的第三方。但是董事会里其他人都反对他的提议，鸡圈里的狐狸是无法取得鸡的信任的，伊坎也同样无法说服其他的董事来支持他的方案。面临这样的一致排斥，为了吓唬一下华尔街的同行们，也为了证明他在董事会里的影响力，伊坎采取了另一个他的标志性的手段：他要找到更大的力量来反压迫。于是，在塔潘的问题上，他威胁管理层：如果寻找买家没有任何进展，他会考虑第二年再选出一个董事。由于之前伊坎成功加入主董事会，董事会不得不重视这个威胁。

目前为止，伊坎还是在继续搅局，把塔潘介绍给一堆潜在投资者，这里面包括杠杆收购的投资者、私人投资集团和美国、欧洲和日本的一些主要企业。在整个过程中，他提出了无数点子，向很多有兴趣的潜在投资者和买家推荐，大多数投资者和买家至今还不为我们所知。1979年7月的一天，伊坎告诉布拉休斯，有个潜在投资者向他提出杠杆收购。8月份，他又透露他一直与一个大企业的总经理保持着联系。涉及谈判，伊坎的话总是笼罩着神秘的色彩。

布拉休斯回忆在8月的这次谈话中，伊坎说他提到的总经理"对收购塔潘非常有兴趣，但他不想公开这个人和这个公司的信息，因为对方要求他对此保密"。"我告诉他，如果要安排会谈，我至少应该知道我即将要面谈的这位是什么来历。于是他说会去问问这个人是否愿意透露姓名。"

通过所有这些暗示，伊坎给管理层释放了一个信号：有个买家随时都可能会出现，而他自己也绝对不会放弃任何机会，直到公司被收购。管理层所面临的是两个方向的选择：公正对待一个友善的收购（或面临敌意收购），或者是自己找个友善的买家。

一旦管理层意识到这个情势，即便他们对此很抗拒，伊坎也依旧是真正的赢家。无论管理层做出哪个选择，公司的命运最终还是被掌握在伊坎的手里。

塔潘和布拉休斯显然宁愿公司被一个"白衣骑士"收购，而不是让伊坎把公司清算变现，于是他们跑去瑞典和伊莱克斯秘密协商。伊莱克斯是欧洲的巨无霸家用电器生产商，两个公司之前一直在商讨成立合资企业，以使塔潘进入休闲车市场，生产汽车用的炉灶和制冷系统，而伊莱克斯则负责提供冰箱。但是现在考虑到塔潘正被来自华尔街的"狡猾的独狼"伊坎威胁，塔潘向伊莱克斯的常务董事汉斯·沃生提议：伊莱克斯愿不愿意收购塔潘？

协议很快便达成了，伊莱克斯同意以每股18美元的价格收购塔潘，而此次收购令伊坎所持有的321500股塔潘股票获得了270万美元的利润。

伊坎在塔潘收购中赚到的利润和后来在20世纪80年代所赚取的利润相比，真的是小巫见大巫，但是这证明了他关于公司价值观的哲学思维是正确的。很明显，公司的内在价值和市场价值之间存在着巨大的鸿沟。而外界刺激带来的转变是可以缩小这种差距的，这也为伊坎本人和其他股东创造了迅速而巨大的利润空间。

伊坎和金斯利的理论在这个残酷的现实世界里得到了验证：让市场聚焦到公司内在价值与市值的差异，然后就会有人——一般是管理层或者"白衣骑士"——来把你持有的股份买断。这是个很好的办法，简单有效。

甚至迪克·塔潘本人也成了这种思想的信徒。"我们最后开了一次董事会，董事们表决同意把公司出售给伊莱克斯。"塔潘回忆道，"伊坎也参加了那次会议，会议晚上的某个时候我还提到：'伊坎其实帮了我们一次忙。伊莱克斯将会注资给塔潘，而公司也获得了超过市价50%的溢价。'"

塔潘确信现在是个好时机，他环视了一下会议室，向伊坎传递了个信息，希望他可以有所回应。

"我说：'如果你还有别的类似的交易想带上我的……'就在那时，伊坎说：'好，我现在手头上就有一个。'"于是，塔潘就成了这个老对手的有限合伙人，他给了伊坎10万美元的资金。很快，他拿回了他的投资，还收到了不错的额外收益。之后，他又参加了一系列伊坎主导的交易。

迄今为止，塔潘唯一的遗憾是在获利的时候，他把10万美元的最初投资拿回来了。"我和伊坎合作得很好，如果我不把当时的10万美元拿回来，而是不断利滚利，我现在可以赚到更多。"

塔潘的收购是伊坎第一个大收获，但是他并没有时间庆祝胜利。在此后的一次次收购胜利中，这也成了一种模式——卡尔·伊坎不会庆祝，而是直奔下一个收购对象。

"我过去常常想，我们应该开个派对，来庆祝我们的胜利，但是卡尔似乎对这些没有丝毫兴趣。"高顿说，"卡尔永远不会说：'我这次取得了成功，要休假两周。'"

尽管在伊坎马拉松式的工作习惯上没有显现出来，但是他的生活发生了一个显著的变化——他成了有家庭的男人。经过一段短暂的追求，卡尔·伊坎和丽芭·特里巴尔在1978年结婚了。丽芭是一名出生在捷克斯洛伐克的芭蕾舞演员，1968年移民来了美国。1977年，两个人在汉普顿的一次聚会上认识，当时的丽芭在霍夫斯特拉达公司做室内设计师，是一个年方三十的美人，有着精致而又轮廓分明的脸庞，低调中流露着性感。两个人的婚礼在伊坎朋友的曼哈顿的公寓里举行，随后亲友和家人们一起在21俱乐部开了庆祝派对。

工作狂伊坎是没有蜜月的，在婚礼的第二天，伊坎就回去工作了。

当一再被询问他为何如此专注于工作，专注于创造更大的个人财富的时候，伊坎的脸扭曲得像个问号，他似乎无法解释是什么在推动着他。但是随后，他提到了一篇文章：《高度商业发展下的特殊危机》，这是《经济学人》前主编沃尔特·白芝浩在一个多世纪前写的。

"我们经常觉得，那些投机交易中的唯一动机，就是想要迅速致富，或是仅仅想获得更大财富。以至于一旦投机失败，下场就很糟糕，常常冒出丑闻。可是这恰恰是我们最大的错误。我们从未否定过想要致富的愿望或者是想要赚钱的热情，我们只是考虑到，在相当程度上，这是造成鲁莽投机的一个原因。但是这绝对不是唯一的原因，甚至算不上是主要原因。

"我们发现一个规律，在遇到国际争端的时候，那些能够带领庞大军队的人，通常也更好战；如果是这样的话，那些能够得心应手地处理大规模商业组织的人，或者认为自己可以处理的人，当然不是希望看到像战争那样惨烈的结果（即使是胜者也难免），而是享受那些商业企业所带来的满足感和就业机会。他们在看待问题的时候往往会带有偏见，而且自己还不觉得。他们总是更倾向于相信自己的能力，而不是去问胆小怕事的顾问的意见，而后者提供的往往是更为谨慎的建议。"

显然，伊坎认为他的"商业"能力太强，以至于无法为市井之人或者那些"胆怯顾问"所限制。这些人是无法理解他的视野的，也许其中也包括了他的妻子。

"有的时候，我觉得他根本不需要再工作了，但如果是那样的话，他该干什么呢？"丽芭说，"在正常家庭里，丈夫工作是为了家庭在经济上的需要，所以他们一直在忙。"

"可是在我们家，无论他赚再多的钱，也对我们的生活没有太多影响。主要是，他要那么多钱干什么？

"但是他说，主要是好玩。"

即便是在伊坎职业生涯的早期，他就开始展露出和其他在20世纪

80年代崭露头角的收购大师们有所区别的个性特点。和他同时代的那些人往往会咬紧他们的"猎物"不放，并认为不用向任何人辩解，卡尔·伊坎却认为有必要说清楚他每一个行动的动机。他会不断向媒体强调，他的动机并不仅仅是个人财富的积累，也是为了去除公司管理层和股东们之间的隔膜，让公司的常务董事们和董事会对股东负责，而不是把股东的公司当成他们自己的小金库。

"我强烈认同公司民主，股东有权利从他们的投资中获得期望的回报。"1979年6月，伊坎在接受《商业周刊》采访的时候说，"当一个公司的业绩很糟糕的时候，我们必须对管理层做点什么，来确保股东的利益。"

伊坎在动机的框架中加入"股东权利"，有两个方面的原因。首先，父亲迈克尔·伊坎对强盗资本家的不耻，和对有产和无产阶层之间的天壤之别感到的不公，其实都在潜移默化中影响了伊坎。在卡尔·伊坎看来，真正的寄生虫不是那些从事收购的人，而是企业的高管们。这个思想和他个人对金融的兴趣一拍即合。不管他变得多富裕，他还是会做一个或是自认为是侠盗罗宾汉，而不是强盗资本家。

另外，伊坎确信，既成的大企业已经扭曲，并将美国的资本主义体系置于危机之中。如果董事会放任企业高管，放任他们个人利益至上的行为，美国的股东们不会比早期殖民时代的处境好多少——那个时候的人们被迫交税，却没有话语权。除非这些股东在参与企业事务的时候有真正的话语权，否则美国的公司民主就只是谎言。

伊坎认为，他自己现在扮演的角色是解决这一问题的理想方法。"一个拥有上市公司30%的股份，然后为公司股东争取利益最大化的人，在体系里扮演了举足轻重的角色。"他说，"因为他不像那些首席执行官，他进入董事会的目的不是坐在高级飞机上享受或是成为乡村俱乐部的会员。他也不在意有多少人、多少部门向他汇报工作，向他致以敬意。他的首要目的是保护好那30%的投资，让这30%的投资不断增长。这就是为什么他对公司来说是如此有价值的力量。因为如果他对公司目前的状况不满意——如果公司盈利下降或者出了一些其他问题——他会确保它们迅速得到改正。因为他在场,首席执行官就不能偷空去钓鱼或打高尔夫,也不能带夫人去巴黎度假。他没办法干这些事情,因为除非公司一切进展顺利,否则拥有30%股份的那个家伙会说:'喂,你到底在搞什么,为什么不在公司?'"

"要让企业正常运作,你需要这样的责任心。但是如今的这些大上市公司里,管理层往往想干什么就干什么。他们对股东根本没有尽什么义务,这也是经济没有发展的原因。"

基于他对财富的追求和对公司民主的信仰,伊坎将会加快其对这些商业巨擘的进攻,而在这一过程中,他也难免会和世界上这些最大、最有权势的企业的首席执行官们针锋相对。

第五章
说话的时候像个普通人,真干起来却毫不手软

> 如果你把"恃强凌弱"定义成,当你看到一个家伙,说:"看,我有你的股票,既然我来了,你为什么不把你的公司卖给我呢?"如果是这样,我会为我自己的"恃强凌弱"而产生负罪感。
>
> ——卡尔·伊坎

自成年以后，卡尔·伊坎眼中的世界俨然就是个硝烟弥漫的战场。从内心来说，他更希望自己是一个浑身肌肉、力大无穷、男人味十足的形象。以前在百老汇大街 25 号的办公室里，伊坎就摆了座印第安战士的青铜雕像，雕像的铭牌上刻着"阿帕奇叛军战士"①，这也反映了他内心的这种渴望。

伊坎就是带着这样一种打仗的心态开始下一轮攻击的。这次，他把矛头指向了萨克森工业。萨克森总部位于纽约，是一家从事纸张和复印机销售的企业。1979 年 7 月，伊坎开始吸纳萨克森的股票，最终持股超过 75 万股。表面上看，伊坎的目的无非是获取对萨克森的控制权，然后找到另一个买家，以一个能够反映公司内在价值的价格来买断公司，从而从中获利。这个模式在塔潘收购中十分有效，迪克·塔潘现在也以投资者的身份加入了伊坎进攻萨克森的阵营，同样加入的还有律师马尔文·奥尔山。

当被问到为什么要加入伊坎的时候，奥尔山说："因为我已经不下数

---

① 阿帕奇是一个印第安民族，这里所说的阿帕奇反叛时期是指 1879 年到 1886 年美国和墨西哥之间发生战争期间，阿帕奇这个民族脱离了美国的一段时期。——译者注

次问伊坎正在买什么股票了,就像霍顿经纪公司的广告里那样,里面的人说:'我的经纪公司是霍顿。'然后周围的人听到他说这话就都安静下来,等着他说买了什么股票。我就是旁观者中的一个,拼命想知道伊坎在买什么。他买什么,我就买什么。"

1979年11月底,由伊坎领衔的投资集团向证监会递交了13-D表格,宣布他们已经吸纳了萨克森工业超过5%的股份。当日,伊坎致电萨克森的总经理斯坦利·卢瑞,要求与他会面。按理说,首席执行官都会对所在公司股票的大规模变动有所关注,而且会从投资银行家那儿得知公司股票的大规模购买者,因此,当卢瑞表示他从来没听说过伊坎这个人的时候,伊坎大吃了一惊。

"他说:'伊坎?这两个字怎么写的?'"伊坎回忆说,"我想,这家伙究竟是认真的还是在和我开玩笑?"

如果卢瑞真的没听说过伊坎,那么他很有可能是这世界上最后一个问伊坎名字怎么拼写的首席执行官。

第二天,在伊坎的要求下,卢瑞及萨克森的高级副总裁布鲁斯·托宾、法律顾问沃尔特·菲尔德斯曼同伊坎和金斯利进行了会面。会议地点在位于美利坚大街1230号的萨克森总部。刚开始会面还算其乐融融,伊坎还简短地谈论了他刚出生的儿子布雷特(他的女儿米歇尔要3年后才出生),还抨击了卡特总统在解决伊朗危机上的不成熟,而之后气氛就变紧张了。

很快,伊坎开始进入正题,用数字来敲打和震慑卢瑞——比如萨克森的资产回报率只有7%——这反映了公司差劲的财务业绩。双方都是急性子,却都很谨慎小心。卢瑞问伊坎的意图到底是什么,伊坎并没有正面回答,他说他只是希望他的投资有个好回报。伊坎记得,当时卢瑞说:"你知道吗,你不可能像操纵塔潘一样操纵萨克森。"

为了扭转局势,也为了让卢瑞感受到威胁,伊坎问公司首席执行官"是否考虑过出售公司,如果股东希望这样"。卢瑞反击道,他不反对任何收购的建议,他始终把股东的利益放在首位。谈话开始渐渐偏离方向,伊坎和金斯利开始试着提出各种可能出售萨克森资产的途径，比如他们认为可以把公司的复印机部门轻而易举地出售给日本生产厂家。

金斯利进一步建议，某个造纸企业可能可以整体收购萨克森，而卢瑞则提出，收购萨克森的分销和制造业务，可能会遇到反托拉斯垄断的障碍。伊坎接受这个观点，但是依然推测，利用"国外的资金"来购买分销业务可能是个不错的选择，这部分可以被组合出售。

直到成功地把卢瑞引入资产出售的讨论中，伊坎才开始严肃起来，要求进入萨克森的董事会。伊坎的语气不只是请求，更是表达他作为主要股东的权利。参与这次谈话的一个萨克森高管记得伊坎是这么说的："他说因为他持有的股票已经超过所有董事会成员，并且持股量是他们的4~5倍，他应该在董事会有个席位。他说他没有要参与公司管理的意愿，因为他对此不在行，但是如果他进入董事会的话，所有人都会受益的。"

通过这个方法，伊坎再一次扮成一个被动投资者。但是他真的没有什么野心吗？1980年10月，在审查伊坎的收购活动时，证监会的一名律师就这个问题询问了伊坎，伊坎说他当时的确想要在投资上更"主动"一些。

证监会：你有没有考虑过用其他手段处理萨克森，比如兼并、收购或者清算变现？

伊坎：在如何对待萨克森方面，我们并没有制订什么计划。毕竟他们的董事会是交替分期任职的，所以我对董事会基本上没有什么影响力——我的意思是如果我进入了董事会——所以没有办法做那样的决策。但是如果我进董事会了，我还是希望对某些决策产生影响。

证监会：你希望能够影响哪些决策？

伊坎：基本上是关于如何经营这个企业的决策吧。

听到伊坎说想加入董事会，卢瑞在感到震惊之余，反驳说现在萨克森的董事会运行得很好，一如既往。但是他同意在定于1980年1月召开的下一次董事会上，把伊坎的提议提交给董事们讨论。在和卢瑞的会谈中，伊坎始终没有提及溢价回购（绿票讹诈），但是当他谈及董事会席位和资产出售，不禁让人想起他过去"磨刀霍霍向猪羊"的架势。

"伊坎并没有说：'要不你把我买断，要不你就给我让开。'"菲尔德斯曼回忆道，"他很聪明，不会直说的。我想他的窍门在于，他会做出要收购你公司的样子，来威胁你来把他的股票买断。但是那个时候，并没有赤裸裸的威胁。"

从他们之间的第一次会谈开始，卢瑞也千方百计地恐吓伊坎，他吹嘘萨克森的代表律师是兼并收购界的泰斗人物乔·弗洛姆——世达律师事务所的元老，以及和世达律师事务齐名的 WL 律师事务所（WLRK 律师事务所的前身）。

这些名字并不能吓住伊坎，于是卢瑞又提到了小杰罗米·科尔伯格，著名的科尔伯格－克拉维斯－罗伯茨公司（KKR）创始人之一。这家公司在 20 世纪 80 年代基本上统领了整个杠杆收购市场。但是伊坎没有丝毫畏惧，回忆起和卢瑞的交谈时，他说："他当时告诉我说，那个科尔伯格是他很好的一个朋友。"

"报纸上每天都有关于他的报道，他是萨克森的董事会成员之一，可以为公司注入很多资本。卢瑞说：'我随时可以发行新的股票，然后交给科尔伯格。他很乐意买我的股票，当然，这样会稀释你的股份。'"

从各方面说，卢瑞试图恐吓伊坎的样子都很滑稽。卢瑞是一个矮矮胖胖的男人，穿着旧式的黑西装，打着蓝领带。他最初是萨克森的外部审计师，当时他还在韦斯特海默－芬－博格公司担任注册会计师。1968年，萨克森的管理层邀请他加入，担任运营和行政的高级副总裁，于是，这个公开执业的会计师转行进入了实业界。1977 年，公司前总裁麦伦·伯曼死于车祸，卢瑞便升为公司总裁。即便成了总裁，卢瑞的生活也很简朴，他住在位于曼哈顿 56 大街东 400 号的公寓里，房子里只有两间卧室，体面而低调。他生活中唯一奢侈的地方是他有辆专人驾驶的豪华轿车每日接送。

卢瑞为人周到，说话温和，是个彬彬有礼的绅士，很多人都喜欢他——几乎所有认识他的人都觉得他是个老好人。但是在面对伊坎这个无情的对手时，他便吃亏了——在伊坎眼里，卢瑞温和的性格就是他的软肋和突破点。

"伊坎对卢瑞就好像梭鱼遇到了金鱼。"马尔文·奥尔山说，"伊坎是个很难对付的人。他绝对不是那种好相处的，也不是一个彬彬有礼的人。他就是不喜欢这些公司的管理者，如果伊坎看到总裁坐在专人驾驶的林肯车里，他肯定会说：'为什么他要有个专人司机？他不会自己开吗？'但如果这个总裁自己开着林肯车，伊坎又会想：'这家伙为什么不开大众？'伊坎永远都是这样。他对卢瑞完全没有耐心，包括卢瑞的律师或者会计。"

在得悉科尔伯格的潜在威胁之后究竟发生了什么，我们不得而知。根据公司的说法，伊坎向萨克森的 CEO 发出了最后通牒：除非公司把他手上的股票高价买回去，否则在下次股东大会上，他就要发动委托代理权的争夺，而他的目标是 4 个董事会的席位。

伊坎宣称，他有理由相信他在萨克森的投资存在风险，基于此原因他要求卢瑞把他手上的股票全数回购，伊坎的话看似没有一句威胁，却充满着威胁的意味。

伊坎回忆起他和一个萨克森前雇员的交谈。那个雇员告诉他："他感觉，公司在暗中进行着一些事情，外人并不知情；有一些交易的真实价值可能和公司声称的并不一样。这些都让我感到有点担心。"

"我向另一些和萨克森在生意上有过往来、打过交道的人征求意见，从他们的反馈看，我觉得萨克森实际上有很多问题是不为外人所知的。深思熟虑以后，我想我还是得尽快把这个烂摊子结束掉，而不是陷得更深。"

随后，伊坎告诉卢瑞，他从一个纽约的投资银行家那儿得知，萨克森有意把他手上的股票买回去。伊坎从卢瑞那儿得到了确认，他随即揶揄道："你宁可把我手上的股票全买回去，也不愿意给我一个董事会的席位。"

"他说：'不，不，我个人很喜欢你，你很聪明。'"伊坎回忆道，"他和我握手，然后对我说——'不管我买不买你的股票，都欢迎你加入董事会。'于是我回答道：'斯坦，不管怎么说，我都想进董事会，因为我也很喜欢你。'但是我心里在想，这简直是胡扯，不过无所谓了。我记得他那天说的话，因为我猜想这个老家伙还在努力演戏。你也知道，可能这也是他能够爬到公司顶层的原因吧。"

卢瑞当然可以说他喜欢伊坎，甚至可以说他要用伊坎的名字命名一个大楼，但是伊坎关心的只有萨克森是否会买他的股票。萨克森的回购行为究竟是对伊坎的收购威胁做出的回应，还是管理层抵挡他进攻的一种手段，伊坎都不在意。他所在意的是，很快他就可以坐上谈判桌，将最终回购的方案细节落实，再赚一笔。伊坎先前还宣称他才是真正代表股东利益的人，而这次的绿票讹诈最终却是由股东来买单的，可见，伊坎关于公司民主的煽动性演说只是虚情假意而已。

伊坎还记得谈判的时候，卢瑞一开始给了个低价："你想要多少？"

伊坎说："不，不，你出价吧。"

"那好，我可以给你的价格是 8.5 或者 9 美元一股。"

"不可能，这太低了。"

"那你要多少？"

"那就 11 美元左右吧。"

"好吧，我觉得这应该行得通，但是我必须跟董事会先商量一下。这个先别说出去，因为这还没最终敲定，我们还需要进一步协商。"

很快，谈判终止了，伊坎一直在等一个正式的出价，却迟迟没有等到。他说，他当时联系上了卢瑞，跟他说："斯坦，你必须给我个明确的答复，这个价格是行还是不行。我买了这么多股票，但我觉得你是把我搁在这里不管了。"

虽然萨克森称伊坎用委托代理权争夺来要挟，但伊坎反驳说那是因为卢瑞率先提起代理权的争夺的，他想要用公司的力量征服伊坎。伊坎回忆起当时双方的交锋——听上去像几个年轻人在高中操场上互相争吵一样——大致过程是这样的：

卢瑞说:"你也知道,就算用委托代理权争夺,你也永远不会取胜的。"

"斯坦,谁说要进行委托代理权争夺了?但是如果真的进行,我肯定能打败你,毫无疑问。"

"不,你不会赢的。"

这个时候,卢瑞提醒伊坎,他可拥有弗洛姆和WL律师事务所这样的好帮手。于是这场幼稚的争吵又开始了。

伊坎回击道:"斯坦,你可以得到一切你想要的,但是你是没有办法在委托代理权争夺中打败我的。不过,谁说要争夺委托代理权了?我的意思是,是你告诉我想让我进董事会的,那么现在是怎么回事?"

"不不不,我们只是说说而已。我只想让你知道我不怕你。"

"那好,斯坦,除非你明确告诉我行还是不行,不然我就接着买萨克森的股票。我们到底要不要把这件事给解决了?"

伊坎最常用的这个把戏——"我会继续买下去",足以让卢瑞弃械投降了。根据伊坎的回忆,卢瑞是这么回答的:

"你看,我们当然要继续我们之前的协议了,但是我还不能对外宣布,因为还有好多人我没有交代。再给我一个星期吧,等菲尔德斯曼(萨克森的法律顾问)回来,我和菲尔德斯曼会跟你再开一次会的。"

1980年1月,为了向卢瑞施压,让他尽快做出买断决定,伊坎在纽约宝德隆餐厅举行了一个晚宴。参加的人还有萨克森的代表律师们(来自巴斯金-希尔斯律师事务所)、杰罗姆·塔尔诺夫、罗伯特·米尔斯通、菲尔德斯曼和他们的对手马尔文·奥尔山、莫里斯·欧文斯(来自伊坎的公司奥尔山-古伦德曼-弗洛姆公司)。

席间的局面很僵。伊坎原本满心期待可以在宴会上敲定最后的收购价格,结果却发现萨克森的这些律师简直就是来搞破坏的。根据伊坎的说法,菲尔德斯曼率先表态说萨克森不会回购股票,然后便开始指责伊坎要求的11美元一股的收购价格。律师不停地说着,而伊坎已经出离愤怒了。

"我努力让自己更友善一些,也总是尽量迁就卢瑞。他每次自我膨胀的时候,我都尽量克制。可是我不打算再忍受他这种行为了。我心里想:'我没必要听他们的;我也不需要让他们来买我的股票。'

"于是我说:'是这样的,菲尔德斯曼先生,'我对他十分不满,'我不想再继续听下去了,你说的这些都太荒唐了,我也没有兴趣卖给你们了。我们就当什么都没发生过吧。"

伊坎和菲尔德斯曼相互之间的憎恶也影响了伊坎的代表律师马尔文·奥尔山。当被问及当时和菲尔德斯曼会谈的情景时,奥尔山说:"别人说话很无趣的时候,我就会神游,那天菲尔德斯曼说话就很无趣。"

当然,伊坎和萨克森的律师之间的这种摩擦并不出人意料。对于律师来说,这是收购方对自己所服务的客户公司的一次挑衅。在这个事件里,萨克森需要为绿票讹诈买单,这就更是火上浇油了。特别是由上市企业高价买断股东的股票这一行为是否恰当,引发了激烈的争论。

1月16日,卢瑞在和伊坎的会面中提出了这个争议。作为回应,伊坎传送了一份记录了同类回购案的新闻剪报——由莫里森克努森公司从克雷恩公司买回了30万股股票。虽然伊坎发这份剪报的用意是想证明这样的交易已经有先例,但是菲尔德斯曼却指出,莫里森克努森公司的这个案子现在已经进入法律诉讼了,因此这也恰恰证明这样的买断是有法律风险的。

但是伊坎的律师反驳说,在特拉华州的法律下,证明买断的合法性是相对比较简单的。

听着律师们你来我往地讨论案子的先例,不停地扯着没用的法律术语,伊坎没有耐心再听下去了,他决定亲自掌控这件事。他威胁道,如果这样没意义的讨论还不终止的话,他会再吸纳更多萨克森的股份。

"我心想,见鬼去吧,如果他们不让我进董事会,我会跟他们打一场委托代理的争夺战,卖股票这件事也见鬼去吧。"伊坎回忆说,"我当时就想出去再多买一些股票,然后把这件事解决了。"

企图通过法律手段来迷惑和威胁伊坎的结果是适得其反的。双方针锋相对、僵持不下的时候，总有一个人要先让步。最终，萨克森同意让他们在特拉华州的律师批准这项买断。

与以往不同，收购萨克森这个时候，伊坎其实正处在职业生涯里最困难的阶段，收购萨克森的压力很大。他的资本来源有限，还有一群心急的投资者希望他能够迅速获利。他只能寄希望于他的铁腕手段可以尽快结束这种僵持不下的局面。

只剩下最后的谈判了，依旧是关于收购价格，伊坎再次向世人证明了他的难以驾驭。伊坎和奥尔山收到邀请去菲尔德斯曼的办公室为最后的事项开会，他们满以为这下可以签署收购协议了，结果却发现萨克森还不准备签署协议。伊坎觉得又是萨克森的律师们在作祟，他实在忍无可忍了，发出一连串威胁恐吓，并且表明他是不会在价格上做出任何让步的。

伊坎是这样回忆当时的情形的："菲尔德斯曼又开始了他的陈词滥调——'我们是不可能在这个价位上交易的。'

"于是我说：'那好，那我不卖了，就当什么都没发生过。'他又说：'这样吧，我想我们可以以 9.5 美元一股的价格交易。'

"我看着他说：'你知道吗，菲尔德斯曼先生，我不打算告诉你我是美国总统，也不打算告诉你我连抽几分钟来这里的时间都没有，但是我可以告诉你，我真的不喜欢你，我也不理解你为什么要打电话让我从华尔街的办公室赶到这里，然后用 9.5 美元这个价格来侮辱我——你难道太喜欢我了，非要再看我一眼？我说，这难道不是在侮辱我吗？你明知道我是绝对不会接受 9.5 美元的价格的。'"

看到对手完全不为所动，菲尔德斯曼要求和奥尔山一起在办公室外做一个简短的讨论。律师们很快回到了办公室，而奥尔山让伊坎到办公室外谈一谈。他告诉伊坎，萨克森把同意把价格提升到 10 美元一股，他可以再好好考虑一下。但伊坎觉得，在谈判中途让步就是示弱。

如他回忆的那样："大概 20 秒之后，我走进办公室。我记得菲尔德斯曼说：'你没有花很多时间考虑嘛？'我说：'这不需要考虑，菲尔德斯曼先生，你是没办法吓住我的。我就是不喜欢你，不喜欢你这样的律师，我们还是当什么都没发生过吧。'"

"你知道吗,"菲尔德斯曼说,"你是个固执的年轻人,非常固执。"

"我不是过来让别人给我做心理评估的。"

"那好,你就不能稍微让步一下吗?就当是帮帮我们?"

"可以啊,我可以让步。这样吧,我让一点点,10.75 美元一股。这是我最后的底线,行还是不行?"

"我们有太多的法律问题了。"

"那就当我没说过,就这样吧。"伊坎迅速回答道。

就当他准备离开时,卢瑞接手了谈判,并且建议伊坎第二天和他一起用午餐,这次将没有律师的介入。伊坎记得,卢瑞这次的开场白是:"你不会想要和我斗的。"

"我根本没想和你斗。"

"你说你可以接受 10.75 美元一股,这还是比较麻烦。如果你可以接受 10.75 美元一股,你一定也可以接受 10.5 美元一股。"

对于伊坎来说,10.5 美元一股也足够让他成交了。2 月 7 日,萨克森发布了公告,宣布其董事会授权批准,同意以每股 10.5 美元的价格收购伊坎持有的 76.67 万股股票。还不到 90 天,这笔交易就给伊坎和他的阵营带来了大约 200 万美元的利润。

这个时候,除了卢瑞和他身边的少数几个人之外,没有人知道卢瑞其实从一开始就有苦衷,不能让伊坎收购萨克森:卢瑞在会计账目上存在舞弊行为,报表所展现的销售收入是假的,实际什么都没有。卢瑞知道,如果伊坎获得了对企业的控制,然后带他自己的审计师过来,他的行为就暴露了。他唯一的选择只能是接受绿票讹诈,否则就会被揭发舞弊行为。

"当然,买股票的时候,我们并不知道萨克森存在欺诈。"金斯利说,"当你在看一个纽约证交所上市企业的报表时,你不可能想到报表上的数字是虚假的,是伪造出来的。"

"但是当我们和萨克森开完第一个会,我正急着赶地铁的时候,卡尔问我：'你觉得怎么样？'我说：'那个家伙肯定会把你买断的。'卡尔问我为什么这么想，我说：'我也不知道，但是我可以很肯定地告诉你，他一定会买下你所有的股票。'"

菲尔德斯曼虽然是萨克森的董事之一，却不知道卢瑞会计舞弊的事情，他的强硬态度只是卢瑞的授意，试图降低支付绿票讹诈的成本。只有卢瑞自己知道，公司根本无法承担这笔大额的"赎金"，他唯一能做的就是把损失降到最低。

"在卡尔和卢瑞的会议上——卡尔试图要价更高——他坚持说这个公司值很多钱，而卢瑞却坚持说不。"奥尔山说，"现在再回想起来真有趣。卡尔以为卢瑞是在要谈判的技巧，可是他说的却是事实。他知道公司的确不值伊坎说的那个价钱。"

卢瑞当时在暗中重新安排萨克森的融资，企图掩盖他的行为。一旦有收购的可能性，所有的融资行为就自然不可能再继续下去了，所以伊坎的收购威胁会对卢瑞的计划造成极大的破坏。尽管伊坎声称，他看到萨克森有一些不对劲的地方，但他并不知道舞弊的严重程度，也不知道背后的再融资计划和他的收购对卢瑞计划的影响。

"哪怕仅仅是威胁收购或者任何敌意的行动，都将破坏卢瑞的计划。"菲尔德斯曼说，"我想卢瑞当时一定很焦虑。可以说，正是因为这样的压力，卢瑞才对伊坎这么有求必应，否则他是完全不用这样的。"

但是挡住了伊坎，并不能让卢瑞躲过法律的制裁。1982年6月，萨克森宣布破产；3个月后，卢瑞被撤销总裁职务。最终，他承认了对他的罪行指控，其中包括了邮件欺诈和证券欺诈，后来被曼哈顿地区法院判处了5年有期徒刑。

事后伊坎才发现，如果他收购了萨克森，如同他收购拜尔德华纳那样，他就步入了陷阱，用高价购买了一个真实价值远远不如账面那么漂亮的公司。

"当我得知萨克森原来这么内有乾坤，我只有一个反应，"金斯利说，"失望。"

萨克森申请破产的时候，公司的债权人仅仅收回了应收账款 3 亿美元中的 1/3。至于股东呢？有些股东当年用 40 美元一股买来的股票，现在只值 1 美元多一股。

"试想一下——如果卡尔真的成功收购了萨克森，那他当时就完了。"熟悉这个交易的一个人——伊坎的一个前任顾问说，"别忘了，当时的卡尔·伊坎完全不能跟现在比。他当时还只是一个普通人，有点赚钱的脑筋而已。才第三个敌意收购案例，他就差点阴沟里翻船。如果当时他真的收购成功了，现在就会成为世界上最大的笑话。"

那些追随伊坎步伐的投资者再一次发现，他们这次不仅赚了很多钱，而且还赚得很快，超过了他们的预期。对伊坎来说，萨克森的交易达成再次证明了一点：他可以迫使这些经营不善的公司提升股东价值。只不过，在这次交易中，唯一受益的股东是伊坎和他的投资者阵营。伊坎自称为股东权益捍卫者，这次却将自己的财富建立在其他股东的损失之上，而很显然，伊坎并没有为此感到丝毫的歉意。不管他再怎么宣称自己如何捍卫公司民主，现实里，他其实只是个精明的套利者，懂得在公司体制中找到薄弱环节，加以利用来使自己获益。

在这次绿票讹诈中，为了替自己的获利辩护，伊坎坚称，那些在他这里遭受挫折或羞辱的总裁们最后决定改善企业的经营管理，以阻止其他公司掠夺者的进攻。不过，在重压之下，伊坎也承认了一个显而易见的事实：不管企业是会好转还是彻底垮了，他都会发动进攻获得收益。对于伊坎来说，个人利益永远是最重要的激励因素，不管是否会引起群情愤慨。

萨克森的其他股东集合起来，对伊坎的投资者集团展开了一场集体诉讼，他们称："在萨克森突然宣布收购被告（伊坎）的股票之后，萨克森的股票价格一路狂跌。公众在伊坎有意推高股价的同时也吸纳了约 260 万股股票。这样一来，公众（这次集体诉讼中的原告）在上述不合法的虚高股价中蒙受了每股 1～4 美元的损失。由于被告的不合法行为对原告所造成的损失总额总计约 800 万美元。"

这起诉讼直击案件的核心——反对绿票讹诈，公司管理层和绿票讹诈者暗中达成协议有违公平原则。但协议一旦达成，那个从中大捞一笔的讹诈者似乎就成了唯一的恶棍，这也有失公平。虽然伊坎最后的确是牺牲了其他股东的利益而成就了自己，但是绿票讹诈者本人并没有权力动用公司账面上的资金，只有管理层才有那样的权力，企业的管理层也应该为这样不正当行为的后果负责。

萨克森将伊坎手上的股票全数买断，这本身就证明了企业管理层与股东利益之间的隔离，他们以自我为中心，更关心自己的权力和地位，而不是股东的利益。特拉华州的萨克森代表律师行——理查德-莱顿-芬格律师事务所，显然想为萨克森辩护，对于收购伊坎股票的意见，他们显然认为对于那些只是以兴风作浪为手段的人，公司管理层完全可以用钱把他摆平。

"这是特拉华州的既定法律。"意见中提到，"一个企业（管理层）可以从一个或一群持有不同意见的股东手中把公司的股票买回，以解决意见相左或者各执己见的局面。为达到此目的，公司可以动用自有资金向这类股东支付合理的股票溢价。"

但是，为什么不能允许意见相左者在董事会占有一席之地呢？如果管理层真的追求股东权益的最大化，那就应该让伊坎这样有才华和个性的人进入董事会。而公司却宁愿支付绿票讹诈也不愿意包容一个持异见者，认为他的加入是不利于公司的。这也恰恰证明了伊坎的观点——美国的企业管理层都讲究人情关系，而它的基本目标就是保护那些平庸的董事会成员们。

"在很多大企业里，那些兴风作浪的人，那些敢于批评和挑战秩序的人，都是些不受欢迎的人。"伊坎说，"那些只关心他们的私人飞机、他们的特权的人，要保证这个人始终爬不到企业的高位，这样他就不会妨碍到那些人的利益了。"

"大多数情况下，董事会也根本不可能挑战管理层，董事们只是定期拿他们的薪水而已。他们也不会去搞破坏，因为他们都是同一个董事会的成员，利益息息相关，每个人都相互帮衬着，谨防外人的侵入。

"你必须了解这个体系是如何运作的。那些能够爬到企业管理层顶端的人基本上都有个共同的特点——都是精于政治的人。他们都是尔虞我诈的幸存者，知道怎么来保全自己——只要安排两个不如自己的手下就行了。这对总裁来说最为常见，因为这样一来他的地位永远不会受到他副手的挑战。

"但是想象一下，这对于我们的整个企业体系来说意味着什么？如果二把手总是比一把手差一点，这个国家迟早会被一帮白痴所统治。那么在美国企业界，所遵从的法则不再是达尔文的进化论，而是'达尔文退化论'①了。"

---

① 达尔文退化论：简单说就是由处于低等进化阶段的生物取代高级进化阶段的生物。——译者注

第六章
利用"对上帝之惧"遭遇"顽强抵抗"

> 我自己就像一个被村民请来拯救村庄于危难的枪手,但是我做好事可不是为了慈善——没有报酬的好事,我是绝对不会做的!
>
> ——卡尔·伊坎

随着塔潘、拜尔德华纳和萨克森的交易最终尘埃落定，伊坎的策略被证明虽然不是完全没有风险的，却是十分具备杀伤力的，他会先确定价值被低估的公司，吸纳股票，然后采用一系列方法和手段，利用内在价值和市场价值的差距，为自己带来收益。无论美国企业界如何打击伊坎，他都会回击，而且通常攻击点都很准确。在他对手不断研究他的策略并不断成长的时候，他不会被吓住，也不会疲惫或者分心。一旦他确定了目标，出手一定不会留情。

在研究对萨克森的下一步策略时，伊坎对造纸业产生了极大的兴趣，造纸厂一般都拥有大量有形资产，比如生产厂、木材场和成堆的库存商品，这些因素尤其吸引伊坎。在财务报表上，这些库存商品的价格通常远低于市场价格。

被低估价值的资产对伊坎来说就意味着盈利机会，这让他把目光投向了一家位于宾夕法尼亚州伊利的汉莫米尔公司。它是造纸业的巨擘，年销售额达到了10亿美元，时任首席执行官的是阿伯特·杜瓦尔。这一切都始自金斯利，他花了大量时间浏览浩瀚的公司数据，留意到一份价值线报告极力推荐购买汉莫米尔的股票，部分原因是这个公司存在被收购的可能。

"很多木材和造纸企业很早就被收购了，这个行业看上去很容易成为被收购的靶子。"金斯利回忆说，"现金流很高，利润也处于上升趋势，这个行业行情也不错，因此整体看上去都是一个极佳的目标。"

在金斯利的推荐下，伊坎开始吸纳汉莫米尔的股票。

金斯利特别提到了汉莫米尔，他说："我可能会向伊坎推荐10个企业，自己也会买点他们的股票，但是如果我认为其中有企业潜力真的很大的话，在行动之前我和伊坎一般会先商量一下——汉莫米尔就属于这类企业。我给他的资料很少，但他也认为从资料上看这个公司是不错的。我不记得我们是马上就开始着手吸纳还是等了一段时间，总之我们买了4000或者5000股。接着我们不断吸纳股票，我也不知道我们为什么不断买进，因为当时还有很多其他公司看上去也都不错。"

直到1980年2月伊坎集团向证监会递交13-D表格时，他们手上已经积累了汉莫米尔差不多10%的股份。这些股票分别归于伊坎公司和其他一系列投资实体名下，包括卡尔·伊坎本人、布雷特投资集团、丽芭合伙人公司、湾水不动产和投资信托。

在他事业的这个阶段，伊坎野心很大，可是资本却十分有限。由于缺乏足够的个人资本来达成他的目标收购，他组织了一批有限责任的合伙人，把资金集中在卡尔·伊坎名下，来支持他完成更多成功的收购，共同获取更大的利益。

卡尔·伊坎合伙人协议将伊坎的哲学用其他投资人能够理解的方式表达了出来。这个合伙人实体将"对'被低估'的股票进行大量的吸纳，然后试图通过如下的几个可能途径获取对企业的控制权：第一，争取说服管理层将公司变现或者出售给白衣骑士；第二，采取委托代理权争夺；第三，竞购报价；第四，将股票返售给公司"。

在《关于卡尔·伊坎合伙协议的要点概括》中提到，这个合伙实体会集中性投资，可能使用这些投资来"获得对企业的控制权"。这份文件中接着列举了一份清单，详细描述了一些公司掠夺者在发起收购后对股价的影响，见下表。

敌意收购前后的股价情况　　　　　　　　单位：美元

目标公司	尝试收购前3个月的股价	收购开始后的股价高位
华纳－史瓦塞	29	80
美国航空	15	50
微澜	13	28.5
弗林特科特	30	55
仙童摄影器材	29	66
塔潘	8	18

卡尔·伊坎合伙人实体实际上是伊坎实施收购的"火药库"，他在设计这个合伙人制度的时候，就规定合伙人出资最少10万美元一个单位。最初的投资者包括了他的一帮朋友和同僚，有人一下买了几个单位。其中有萨缪尔·萨克斯（芝加哥联合美洲银行董事长，也是湾水的财务主管），律师艾伦·巴里·威茨（湾水董事之一）及斯坦利·诺特曼（纽约金属经纪公司诺特曼金属的总裁）。

和伊坎合作的这些投资者，都是在商界摸爬滚打多年的人，他们都认同伊坎的观点，认为依靠恐吓企业管理层来获得资产和市值之间的差价，提供了快速获利的好机会。伊坎的成功史虽然短暂却硕果累累，已经足够让他成名了。他触怒管理层本身为他树立了正面形象——证明了他能够打破企业的守旧传统并且从中获利。这也符合伊坎掠夺者的本性，他对企业组织的不满一直挥之不去，对这些管理层的恐吓威胁对他来说反而是令人骄傲的铭牌。

在对汉莫米尔发起进攻的时候，伊坎给卡尔·伊坎合伙人公司的潜在投资者亲笔写了一封信，夸口道："我特意在这封信里附了一篇《巴伦周刊》的文章，文章里把我称作'猴子'。我希望在这次的进攻中，我们可以收获一大堆'香蕉'。"

在卡尔·伊坎合伙人公司的总结信中引用了卡尔之前完成的几个收购案例，对未来可能会出现的情况进行了猜测：

1979年12月，塔潘公司的股票以18美元一股的价格被出售。由于之前买入股票的价格是8.5美元一股，杠杆率是50%，因此伊坎的投资回报大约在250%。

最近，在以平均价格7.125美元一股收购了萨克森工业10%的流通股后，伊坎接受了萨克森以10.5美元一股买断所有股票的报价。因为股票购买是在6个月内，也使用了融资交易，因此这个投资的年回报大约在200%。

信中也提到，伊坎公司在1968年成立伊始投资的8万美元，现在已经变成700万美元了。

虽然伊坎更喜欢不受任何人制约的做事方式，但是召集有限责任合伙人能够为他提供充足的资金支持，来帮助他吸纳更多数量的股票。而股份越多，他在股东中的威望也越高，会让他和管理层的谈判更有分量。鉴于伊坎通常在收购股票中采用融资交易，所以他只需要投入一半的现金，这也就意味着伊坎只需要投入10万美元现金，就可以买到价格为20万美元的股票。另外，根据有限合伙人的规定，伊坎公司作为普通合伙人可以获得合伙人实体盈利的两成。因此伊坎利用其合伙人的资金购买的股票越多，他获利的可能性也越大。

为了扩大资金的来源，搜寻潜在的投资者，伊坎把艾略特舅舅也找来了。"在卡尔准备对汉莫米尔展开行动前，他来棕榈滩看我。"希纳尔回忆道，"他准备了一份计划书，让我带给那些有钱的朋友看看，争取让他们以最少25万美元的出资来加入这个合伙人实体。他说：'就当帮我个忙吧，你认识这么多富人。把这个计划书给他们看看，跟他们讲讲我目前的业绩，如果有人愿意投资，我会给你好处的。'"

"我虽然不喜欢去人前兜售叫卖的感觉，但还是找了三四个我在棕榈滩认识的富人朋友。他们对我说这看上去很有意思，但这其实只是一种礼貌性的拒绝罢了，他们都不想参与投资。

"于是我告诉卡尔，我不想再自贬身份去寻求投资者了，他说：'好吧，你还是回去和你那帮老娘们待在一起吧。'"

在关于汉莫米尔的13-D表格中，伊坎集团宣称他们正在考虑是否要通过争夺委托代理权来提名一些人进入董事会，同时也在考虑"是否要将汉莫米尔部分或者全部的资产出售给第三方，或者和第三方合并，又或者由第三方全数买下汉莫米尔的股份，具体怎么做就看如何对股东（包括湾水）最为有利了。因此，在多方面考虑下，伊坎保留向管理层和股东推荐这些选择或者其他可能行动的权利"。

利用人们这种"对上帝之惧"的心理——伊坎对付最初那几个目标企业的手法，在汉莫米尔身上却略微不同，因为汉莫米尔的CEO杜瓦尔决心不管伊坎如何威胁，都要维护公司的独立地位。在伊坎向证监会提交13-D表格这件事上，这种顽强抵抗体现得尤为明显。杜瓦尔在纽约参加美国造纸协会年会期间得知伊坎递交了13-D表格，他立刻发布了一个简短的声明，矢口否认曾经听说过伊坎此人或者他对汉莫米尔的意图。如果他对伊坎的进攻感到害怕的话，他是绝对不会让收购方或者金融业界知道这一点的。

有意思的是，萨克森的CEO卢瑞在得悉伊坎对汉莫米尔的行动之后，曾经致电杜瓦尔，主动和他分享他是如何在最近的收购战中和伊坎斗法的。卢瑞把伊坎描述成一个赚快钱的高手，认为他一定会用手段逼迫汉莫米尔，要么面临一场破坏性的委托代理权争夺，要么同意回购伊坎手上的股票权，使其迅速获利，只有这两个选择。

"我打电话给卢瑞。"杜瓦尔回忆说，"我发现他十分迫切地想和我交谈。他描述的和我们所听到的似乎很吻合。他向我详细描述了他和伊坎之间的关系，伊坎在收购战中的强盗行为，对短期获利的渴望以及伊坎给他带来的强压——至少他是这么形容的——敲诈。"

如果说一开始杜瓦尔还不确定是否要坚决迎战伊坎的话，那么在和卢瑞谈话之后，他就下定了决心。

"卢瑞先生表示，伊坎先生是个非常难对付、非常不近常理的人。一旦不合他的心意，他完全可能把萨克森给毁了。萨克森当时正处于再融资的紧要关头，他们都已经快要签署文件了。结果不知是伊坎还是其他人发现了这个信息，伊坎就开始直接对卢瑞先生施加压力。卢瑞告诉我他最后不得不屈服了，那是他一生中最难的一件事。"

1980年3月28日，在位于纽约泛美航空大厦的汉莫米尔销售部里，伊坎和杜瓦尔举行了会面。伊坎上来就开门见山，要求在汉莫米尔的董事会获得两个席位。汉莫米尔的银行顾问是摩根士丹利（一个白人主导的公司，在未来的并购大战中站在管理层一边），在这之前，它已经给杜瓦尔介绍了很多伊坎的信息，因此杜瓦尔显得暴躁而好争辩，他一再追问伊坎为什么想要董事席位。伊坎对杜瓦尔的这种拷问方式显得很反感，他清楚地声明，他想要推动并促成汉莫米尔被收购。

为了证明他有权利这么做，伊坎提醒杜瓦尔，企业管理层有义务为股东实现利益最大化。杜瓦尔作为CEO当然同意这个看法，但是他也提醒伊坎，管理层的责任不局限于股东，还包括对员工和公司的责任。

但是伊坎认为，这只是公司管理层冠冕堂皇的公关策略。于是他重申了希望在董事会得到席位，并且他会利用这几个席位好好地为汉莫米尔寻找合适的收购人。

他还是故技重施，开始施压说他已经找到一些潜在的买家，准备和他组成同盟了。

在杜瓦尔看来，伊坎要求进董事会的提议就是最后通牒。

"我确实对他说过：'伊坎先生，如果我理解得没错的话，你说过你要董事会的两个席位，如果要求不能得到满足，那么我们就会遭遇委托代理权争夺，是吧？'但他说：'不是这样的，我绝对不是这个意思。这听上去像是我在威胁你。'然后我说：'伊坎先生，那是哪样呢？''好吧,'他说：'既然你说是了，那就是了吧。'"

可是杜瓦尔却没那么容易就范，有了萨克森的前车之鉴，他决定和伊坎周旋到底。

"我们的董事会已经决定了，我们是不会像萨克森那样被讹诈的。"杜瓦尔声称，"因此对那些企图讹诈我们的人，向我公开或私下宣称并且对媒体都宣称过自己是个短线投资者，希望回报越快越好。我们认为这类人不管是想收购我们的股份,还是想出售股份,或是想为我们工作,控制我们的股份等,对汉莫米尔和我们这些与汉莫米尔利益相关的人来说,完全不具有任何建设性作用。"

"杜瓦尔是个很难对付的人。"奥尔山回忆说,"他是个战士,而且他已经准备好要和伊坎周旋到底。其他的总裁则完全不同,他们在伊坎刚开始行动的时候已经吓得浑身哆嗦了。他们都害怕会最终失去自己的地位,而杜瓦尔却完全不怕。"

CEO 的顽固抵抗使得汉莫米尔一开始就拒绝了伊坎进入董事会的提议。由于事态紧急,在 3 月 31 日这天,杜瓦尔召集董事会成员召开特别董事会议。会议在匹兹堡机场附近的一个酒店里召开,在这次紧急会议中,董事会制订了一个"反伊坎战略"。这个计划的关键在于削减两名董事会成员,这样一来,在 1980 年 5 月 13 日这天召开的股东年会上,就可以阻挠伊坎企图赢得 4 个董事席位的计划。通过修改企业章程减少 2 名董事,就只有杜瓦尔和另外一个重要董事亨利·柯蒂斯有资格连任,这就极大地降低了伊坎的胜算。尽管如此,伊坎还是发动了委托代理权争夺,直接面向股东,指出管理层和股东之间明显背道而驰的利益关系。

管理层声称只有他们才能决定合适的收购时间和收购人,对于这个说法,并且针对自己寻求第三方收购者的计划,伊坎在他给全体股东的信中作了如下的阐述:

"我的投资者和我本人在汉莫米尔的投资超过了 2000 万美元,而汉莫米尔的总裁拥有的股份不过才 17 万美元,每年却领着 32 万美元的薪水。如果他告诉你们现在出售汉莫米尔的时机不合适,我会质疑他的动机。"

谈及股东价值的关键事项,伊坎指责管理层造成了公司股价的低迷,同时又在不断地增加公司的开支,导致股价的进一步下滑。

"汉莫米尔庞大的资本性支出才刚刚开始,并没有结束。管理层计划在未来的 2.5 到 3 年内支出 2.4 亿美元。我想在花这么大一笔钱之前,应该先找到一个资本充足的买家。如果经济正如大家预料的那样陷入衰退,那么股价必然将受到拖累，除非是将公司卖给一个资本充足的收购者，否则汉莫米尔的股票也不可能被抬升到其资产的账面价值。我要提醒你们的是，在过去10年里，汉莫米尔的股价连30美元一股的水平都没有达到过！"

伊坎很清楚，即便他赢得了董事会的席位，最终要将公司出售还是非常棘手的一件事，因为关于此类收购事项，1977年汉莫米尔公司章程的修改条款给予了董事们极大的否决权。为了清除这个障碍，伊坎在委托代理权争夺中增加了一项动议，即撤销这条对章程的修改。他给股东的信中（标题是《对章程的必要性修改》）提到，"1977年——董事会提出一项对公司章程的修改案（已经通过），此修改案被称为'85%的绝对多数规则'，若某公司已持有汉莫米尔20%的股份，修改案要求在汉莫米尔与该公司进行合并之前，需要至少85%的流通股股东投票同意，并且需要大多数董事的批准，但条件是获得批准权力的这些董事必须在该公司持有汉莫米尔20%的股份之前就已经成为董事。如此一来，如果无法获得汉莫米尔的董事会批准，任何收购方法顺利进行的可能性都会被大大降低。"

管理层这边则对伊坎的人品大做文章，对他早期在华尔街和金融监管者的争端深挖细节。他们致股东的信中提到："你们应该了解，至今为止，伊坎和他的盟友已经牵扯到好几宗案件里，以违反证券业的法规和条例为名，受到监管机构予以的谴责和罚款。"

事实上，伊坎受到的所谓"谴责和罚款"，不过就像被蚊子叮一下，无关痛痒，但是管理层的信里是不会这样提及的。为了打败对手，"高尚"的行业翘楚不惜和他们的对手一样不择手段，即使他们曾公开嘲笑过这种"不择手段"。

在给股东的另一封信中，管理层警告道："实际上，为了应付资金周转的需要，伊坎公司向银行借款400万美元，其中很大一部分都被用来吸纳汉莫米尔的股票。伊坎集团的其他成员则又是通过向伊坎公司借款的方式来购买汉莫米尔的股票的。"

"在我们看来，高昂的借款成本使伊坎集团更倾向于短期持有汉莫米尔的股票并迅速卖出。因此，董事会相信，只要能够给他们带来利润，哪怕收购价格远远低于公司的内在价值，伊坎都会出售汉莫米尔的股份。"

仔细斟酌后，伊坎承认了对"短期持有"的指控，但是他反击道，管理层也是如此，并且进一步揭发在委托代理权争夺前的三年里，包括杜瓦尔在内的一部分高管和董事一直进行着他们股票期权的快速交易。据伊坎所说，他们把股票以 14.56 美元到 17.81 美元一股的价位卖了出去。

在标记日期为 1980 年 5 月 2 日的《卡尔·伊坎致汉莫米尔股东的备忘录》中，提供了一张非常完整的表格，记录了该公司高管、董事在汉莫米尔股票上的交易情况，并且在图表下有这么一段文字："管理层说我'不管以什么样的价位都会积极提议将汉莫米尔的股票迅速卖出去'。但我认为汉莫米尔的股价很值钱，至少比管理层出售的价格更高。我绝对不主张将股份以任何价位随意出售，这个价格至少要超过公司的账面资产价值（按照 1979 年 12 月 30 日的账面来看是每股 36.84 美元）。"

在这场硝烟四起的委托代理权争夺战中，双方都提出了法律诉讼。汉莫米尔认为伊坎作为汉莫米尔股东，在提交的 13-D 表格里没有披露他的真实计划和目的。在向美国宾夕法尼亚州西部地区法院递交的诉讼状中，汉莫米尔控告伊坎购买股票并不是当作投资，而是"利用他打着赚快钱旗号借来的资金，效法他在前几次使用的伎俩，进行一项精心策划的企业掠夺行为，伊坎给汉莫米尔的选择是要么支付他想要的'赎金'，以丰厚的溢价将他手中的汉莫米尔的股份全数购回，不然就举行一场分裂公司的委托代理权争夺，最终会损害公司的长期利益，包括股东、雇员和公司客户的利益。联邦证券法律规定，持股 5％ 的股东应当完全、客观和全面地承担对重要事实的披露义务，而伊坎及其投资者却对此完全视而不见。"

相应的，伊坎也提出了诉讼，企图去除管理层设置的障碍，比如减少董事会席位来限制他对公司的影响力。

综合来看,双方的诉讼更代表了企业制度的基石——管理层和后来在 20 世纪 80 年代如日中天的企业掠夺者之间的对决的一个缩影。在这个过程中,伊坎和跟他一样的那些掠夺者们迫使美国企业界思索一个关键性的问题:美国大型企业的管理层和董事会到底是为他们自己的利益服务,还是为股东的利益服务?

不管汉莫米尔关于伊坎实施绿票讹诈的控诉是否准确,既然这个问题已经被提出,伊坎向其他股东保证,如果选他进入董事会,一定不会"只让他代表的股东集团接受合理的收购价格——所有汉莫米尔的股东都将获得同样的机会"。

另外,尽管汉莫米尔的管理层把伊坎的策略定义为"赚快钱"一点也没错,卡尔却对股东保证,如果他可以获得一个超过公司资产价值的收购价格,所有的股东都将与他一同受益。

相比而言,管理层则正如伊坎描绘的那样,显得蛮横无理,与股东利益相脱离。每次伊坎要求管理层把决策的权力交还给股东的时候,都十分困难。比如成立独立委员会审查潜在收购的要求,或者是雇用一个投资银行团队来寻求潜在买家的要求,要取得进展都步履维艰。

管理层也试图利用他之前在塔潘等一系列收购中的表现来指责伊坎的名誉。但是汉莫米尔的股东从塔潘的事件中能看到什么负面影响呢?伊坎成功地主导了塔潘的收购,在其持有股票期间,使塔潘的股价大幅度上升。难道股东不愿意看到股价的上升吗?显然,加入伊坎收购汉莫米尔阵营的迪克·塔潘并不这么认为。

可以肯定的一点是,真正畏惧伊坎所施加压力的还是管理层,因为他们竭尽全力想保住他们的饭碗。

面对即将到来的股东年会,双方都知道最终委托代理权的投票结果肯定会在伯仲之间。点票的最初结果显示,在两个空出的董事席位中的其中一个席位的竞争上,为票选花费了超过 100 万美元的伊坎获得了微弱的领先优势(这需要三分之一的股东投票),但是在去除收购的障碍性条款的投票上，伊坎没有获得成功（对公司章程的修改的表决需要51%的股东投票）。

但是，伊坎的胜利并没有持续多久，最后的计票结果显示，伊坎所代表的股东投票存在明显的不当行为。伊坎阵营所投出的票数来自7万多股股权，而这7万多股股权是在最后时刻向花旗银行借来的，并不符合投票的要求。因此，最终管理层可以说在各方面都完胜了伊坎。

伊坎看上去的确是输得很彻底。但以他特有的方式，"并购之王卡尔"最终还是化险为夷，把失利转化成他阵营的一次小小的胜利。在投票失利的时候，面对获胜后欣喜若狂的管理层，伊坎表明了他的标志性态度——"这还没完""我们可能在一场战斗中失利了，但是战争还在继续，我们并没有输"。

伊坎继续利用他最有效的武器进行施压——继续购入汉莫米尔的股票，然后为将来的委托代理权争夺扩充自己的实力。同时，杜瓦尔也知道，伊坎完全可以继续增加他的股份持有数，继续在股东中散布不满情绪，强迫管理层接受公司收购。在这个阶段，伊坎还没有能力单独发起一场收购——他的很多狠话都只是浮于表面的吹嘘罢了——但是这并不代表他不能找个有足够资金的买家来收购汉莫米尔。

为了彻底摆脱伊坎，汉莫米尔和他的对手达成了协议，双方同时撤销对对方的法律诉讼，伊坎同意将伊坎公司股份两年的优先购买权授予汉莫米尔，同时汉莫米尔也同意支付伊坎75万美元作为其在争夺委托代理权期间发生费用的补偿。最终，汉莫米尔以36美元一股的价格收购了伊坎手上的782100股股票。

卡尔·伊坎公司投资者的最初投资为738万美元，此次投资的利润为180万美元。在付给伊坎20%的合伙人费用和相关法律费用之后，有限合伙人每投资单位获得134816.62美元（10万美元为1个投资单位）。这个回报率并不高，但是这证明了伊坎反败为胜的能力，同时也保住了伊坎最重要的一项资产：他的信誉。伊坎争夺企业控制权的道路是艰辛的，在他生涯的这个阶段，伊坎在发起进攻时很清楚，他必须依靠他的能力来恫吓住管理层，当他们想办法尽快摆脱他的时候，他就胜利了。如果被他们看穿自己的底牌，迫使他真的来打一场收购战，那他就真的弹尽粮绝了。尽管这里面风险很大，但是伊坎还是把赌注压在自己的对手身上——他们并不了解他的财务状况——在面临伊坎的挑战时，他们是不会冒险试探他的极限的。

如果伊坎在接触汉莫米尔的过程中，在最初失利的时候就偃旗息鼓的话，那么不出几天，美国企业界的人都会知道怎么样对付这头来自华尔街的"独狼"。他们会把伊坎拉进来，全线抵抗他的进攻，让他必输无疑。如此一来，他打造的那个"毫不留情、工于心计、无法阻挡的骇人形象"就会毁于一旦。伊坎为了保卫自己的信誉，在失利的情况下仍然紧咬汉莫米尔，坚持他的立场，因为他知道，唯一能够让企业界牢记于心的是他最终的胜利。

但是对于伊坎和金斯利个人而言，汉莫米尔也给了他们一个永远铭记于心的教训。

"汉莫米尔是难度很高的案例，因为我们没有做到'善始善终'。"金斯利说，"我们无法获得足够的资金支持来完成最后一击。在相持不下的时候，我们尝试着再募集一些资金，但是并没有成功。我们无法持续猛烈的进攻，因为我们没有足够的资金支持。"

伊坎和金斯利都知道，在国际象棋中，能够把这盘棋一直走下去，是非常关键的。

KING ICAHN

第七章
在 80 年代致富,就如同从小孩手里抢糖吃

> 涉及赚钱时,他会为达目的不择手段。他试图想让我们之间的关系更友善一些,但是我不可能。我把他看成不共戴天的敌人。
>
> ——大卫·约翰斯顿,丹河公司前董事长谈伊坎

伊坎在20世纪80年代初加快了聚敛财富的步伐，这个时代也是美国金融历史上一段喧嚣的时期。新兴的收购大师们正在向世人证明财富是可以通过收购、分拆、重组或者仅仅威胁最大规模的企业（很多情况下也是最保守和沉闷的）来迅速积累的。美国的主要银行、经纪公司和律师事务所里最出色的精英们都加入了这场"淘金"热。

在过去，通过打造最强大、最富有创新精神，并且成为全球商贸活动中领头羊的公司和企业，美国的那些出类拔萃之辈获得了财富和名誉。但是由于海外激烈的竞争和企业内部低下的效率，获得财富的传统途径遭受重创，而金融工程则成为了新宠儿。越来越多的美国银行家们更情愿依靠金融炼金术来成就更大、更快并且更低风险的金融回报，而不是通过向企业提供融资来应对来自日本、德国和韩国的商业竞争。

就像《美国律师》杂志的出版人斯蒂芬·布里尔在一篇批评尖锐且刻薄的社论里说的："在咆哮的80年代，每个人的腰包都迅速膨胀起来。在咆哮的80年代，言必称信贷，因为这个时代最奇妙的词'杠杆'，总被认为是个好东西。在咆哮的80年代，证监会也不再把风险当回事，不再关注欺诈、备案不完整或者内部消息，因为每个人都赚到了钱。在咆哮的 80 年代，40 岁的财富经理只需要两个小时到两周的时间真正思考，就能够控制整个美国的工业界。"

20 世纪 80 年代是金融智慧发挥得最淋漓尽致的一个时代，在这段时间里，最响亮的呼声是资产交易、转变和重组。在这个过程中，财富凭空产生。历史悠久的大公司的市值可以在几天里暴涨，仅仅因为有掠夺者对其感兴趣或者有谣言说他们即将被收购然后分拆。在这种环境下，很多企业的核心业务价值会按照他们的拆卖价值被评估（即指这些资产拍卖所得的价值），而不是基于他们的持续财务状况。基于这个原因，老牌的华特迪士尼公司遭受了包括来自纽约的索尔·斯坦伯格在内的掠夺者们的轮番攻击，后者可以把迪士尼的珍藏电影版权全部出售，并且拍卖米老鼠、唐老鸭和蟋蟀哲明理的使用权。为了抵御这些掠夺者的进攻，处于围攻之下的迪士尼不得不一次又一次地从自己的金库里取钱，来支付数百万美元的绿票讹诈（80 年代对其的委婉说法是"保护费"）来确保自己的独立性。

投资银行家们为了迎合掠夺者们迅速获利的需要，也自我改进，从他们传统的公司理财顾问的角色转变成兼并和收购狂潮中的催化剂角色，自己也加入策划交易。银行家们提醒掠夺者们哪些公司的股价低迷，分拆之后的价值很高，是很好的收购对象，然后鼓励掠夺者们重点获取该公司的股份。接着，这些银行家们会有效地把收购对象"运作"起来。在其他掠夺者开始包围他们的猎物时，这些银行家会鼓动对公司股份的竞购，要求公司管理层屈服于敌意收购，或者找到一个友善的白衣骑士，或者发起管理层买断收购（管理层利用公司的资产作为抵押来融资，然后利用公司的现金流来偿还债务的模式）。在堪称经典的 80 年代，专门从事买断类业务的公司中，最辉煌的莫过于 KKR 集团了。

银行家们通过参与各种各样的交易来赚取他们可观的佣金，通常一笔兼并和收购的交易就要支付数百万美元的佣金。随着资金的流入，很多刚刚从商学院毕业加入美林证券、第一波士顿、德崇证券、所罗门兄弟、高盛和摩根士丹利的常务董事们，就可以拿到 100 万到 500 万美元不等的年终奖金。

就在银行家们不断疯狂地致电掠夺者和公司总裁们以寻求机会,将更多的公司带入游戏的时候,新一轮的套利者在金融市场中出现了,他们在收购即将到来之前就囤积大量的该公司股票,然后和掠夺者的行动保持一致,以确保将价格推高。当交易没有成功时(因为掠夺者接受了绿票讹诈的赎金或者收购没有资金支持),套利者同样迅速地减仓,使股价迅速下跌。在这样一个疯狂的世界里,仅仅依靠爆炸性消息和通过想象挖掘事实的能力,财富就能在瞬间得到或失去。伊凡·博斯基就是这样崛起,成了套利者之王。

博斯基是中产阶级俄罗斯移民的孩子,一直梦想着要脱离平庸。在密歇根大学(他并没能毕业)和底特律法律学院就读本科期间,博斯基开始对套利着迷。在和房地产大亨本·西尔伯斯坦(其资产包括贝弗利山酒店)的女儿西玛·西尔伯斯坦结婚之后,博斯基搬到了纽约。在华尔街的几个经纪公司工作之后,他在1975年开办了自己的套利合伙人企业,最初的70万美元资金来自西玛和她的家族。但是当博斯基证明了他不可思议的选股能力之后——他选的股票都能在收购热潮中上涨得很厉害——很多私人投资者开始给他的基金注入大量资金,到1979年,他的基金已经有1亿美元的规模。在几次失误降低了他基金的业绩之后,博斯基从合伙公司中脱身,单独成立了一家套利公司。虽然他也会在失败的收购交易中蒙受巨大的损失,但是从一系列的成功交易中获取的巨大的利润也强化了他在华尔街第一套利者的形象。最终,全世界却发现,他的这个套利者的形象其实是部分建立在内部信息的基础之上的。例如德崇证券的常务董事丹尼斯·莱文和马丁·西格尔就曾传消息给他。后者先是在基德-皮博迪工作,后来跳槽到了德崇证券,成了一颗耀眼的投行新星。

在20世纪80年代众多金融界的新势力中,没有其他公司有德崇证券那么深远的影响力。1971年,两家运行困难的小证券公司伯纳姆公司和德雷克塞尔-费尔斯通公司合并到一起,组建了德崇证券。之后,它在一个沃顿商学院的年轻毕业生迈克尔·米尔肯手上发展壮大起来，米尔肯最初起步于德雷克赛尔-费尔斯通。

米尔肯最初为一项今天已经成为经典的关于公司债券的研究（由布拉多克·希克曼主导）所着迷，他从中悟出一个道理：那些被穆迪或者标普评级很低的债券，其实并没有大家认为的那么高风险。事实上，投资者可以通过持有一个较为分散的长期低评级债券组合（这个组合支付给投资者的利率比高评级债券更高），来获得风险低且较好的收益。基于这个结论——当然他自己也在这个领域做了广泛的研究——米尔肯开始改变投资界对于"垃圾债券"的看法，将它们从"碰也碰不得"的东西，变成了一个投资的选择。

终于，将这个想法付诸更广泛的实践的机会来了。作为一个金融奇才和天生的推销员，米尔肯建立了一个非常强大的投资者网络（包括富裕的个人和企业投资者），这些投资者都想从这些垃圾债券的高收益中分一杯羹。和伊坎早年在期权领域的经历一样，米尔肯通过德崇证券愈加成熟的交易部门缔造了一个垃圾债券买卖的市场（1978年，德崇证券的交易部门被米尔肯从纽约搬到了加州世纪城，最后又搬到了贝弗利山）。在整个20世纪80年代，米尔肯以他无与伦比的能力，通过他的垃圾债券投资者网络，筹集了大量的资本，给德崇证券带来了空前的影响力，拥有一大堆愿意出资的投资者，然后造就了兼并和收购的空前繁荣。在那个时代，这是资本家的梦想。公司是否有能力承担他们所借的债务并不重要，重要的是能够参与到20世纪80年代买卖或者保护公司资产的这个大潮中。

只有当音乐戛然而止，摇钱树不再产钱的时候，这样的金融短视行为才会对承载巨额债务的公司造成损害，例如康波公司的零售帝国和环球航空公司。

就如著名的银行家费列克斯·罗哈廷当时警告的那样："可能这所有的疯狂现在对银行家来说是件好事，但是从长远来看，对于一个国家或者投资银行绝对是件坏事。我们就好像生活在20年代的爵士乐时代的氛围里。"

甚至是布恩·皮肯斯——20世纪80年代兼并和收购浪潮的主要推动者之一，现在也承认那10年的确是疯狂了一些。

"80年代代表了一个必要的纠正，就是股东或多或少拿回了他们应得的权利。但是因为其中有太多的利益诱惑，所以市场里夹杂着骗子和没有能力的人。这些人的交易虽然很不正规，却仍然能够赚钱，因为管理层只需要延展债务，然后偿还就是了。"

这个曾经孕育出亨利·福特、阿尔弗雷德·斯隆、华特·迪士尼、威廉·佩利和雷·克洛克这些企业家的国家，见证了新型商业势力的崛起。这些人寻求对大企业的分拆和重组，而不是从无到有地建立企业。卡尔·伊坎绝对是这群人里的领头羊。

在伊坎职业生涯里的这个阶段，他开始更大声地疾呼公司民主和股东权益，但这只是为了掩盖其真正的目的，那就是迅速地敛财。虽然伊坎也的确对企业管理层的傲慢感到愤怒，但是他的愤怒并不是来自对大众处境的担忧，而是因为这些无能的总裁控制着他的财富、他的投资、他的公司。现在他找到一个可以扭转形势的办法，那就是利用杠杆和使用杠杆给他带来的能力。伊坎和金斯利在曼哈顿的办公室里诞生的这个主意显然是可行的。事实证明这确实可行，大量的资金正在涌进来。

如果说财富还有什么好处，那并非股东能够和他一起获益（很多情况下，其他股东其实还要为他的绿票讹诈买单），而是伊坎把这样一种观念深深地植入这些大企业组织：位于社会上层的那些总裁们，虽然拥有御用律师和乡村俱乐部的会员资格，但却证明他们既没有伊坎聪明，也没有他那么强势。

为了加快其"控制企业命运"的步伐，伊坎加紧寻找目标企业，犹如在射击场中寻找下一个目标。和对之前的塔潘、拜尔德华纳、萨克森和汉莫米尔一样，1981年，伊坎对缝纫花纹公司发起了突袭，1982年又对欧文-伊利诺斯、马歇尔菲尔德百货、美国罐头公司和安可霍金公司展开攻势。在这一阶段，伊坎的权力和信心极大地增长了。

通常来说，进攻始于金斯利对数百份企业资产负债表的分析。在对欧文-伊利诺斯、美国罐头公司和安可霍金的进攻中，金斯利有很多次同时发现了整个行业里的隐藏价值。

"在 20 世纪 80 年代初，我观察了整个集装箱行业，发现整个行业都被严重低估了。"金斯利回忆道，"的确，它们的业务呈现一个下滑的趋势，但是你还能在其他地方打包便宜买到这样的企业吗？这些都是美国工业里响当当的牌子啊，竟然价格被如此低估！只要把这些股份买下来，就一定稳赚。"

"我们清楚，如果把它们收购了，要分拆并不困难。每个企业都有很多相对独立的业务部门，所以如果我们把它们分拆出售，就可以获得很大的价值。"

但是渐渐地，伊坎和金斯利发现，伊坎的名声使得他们不一定非要买一个公司才可以获利。他们只需要买一定数量的股份，然后要求在董事会有个席位，就能拿到钱，屡试不爽。只要他们这么做，管理层马上就会来付钱买断他们手上的股份。

"我们连连得手，"金斯利说，"曾经有一段时间，我们只需要打个电话，他们就会付钱。有一些公司（包括安可霍金公司）甚至抢着主动给我们打来电话。他们说：'我们知道你手上有我们的股票，我们想把它们给买回来。'"

"我的意思是，这就好像从小孩手上抢他们的糖果那样容易。"

伊坎一共收购了安可霍金 6.2% 的股份，平均购入价是每股 13.94 美元。他索取的管理层把股票买回的价格是每股 18.75 美元，每股净得利 3.75 美元，总体盈利几乎达到 300 万美元。

一个月后，欧文-伊利诺斯面对伊坎的进攻承认失败，同意以每股 29.5 美元（超过市价 4 美元）的价格购回伊坎手上的 130 万股。作为回报，伊坎在 1982 年 8 月份和公司签订了"休战协议"，即在 10 年内不再收购这家玻璃公司的股份。欧文-伊利诺斯为这次绿票讹诈支付了 520 万美元。

对于那些把钱源源不断交给伊坎投资的人来说，他们越来越意识到让伊坎来管理他们的钱回报率有多高。当被问及参与伊坎的收购事务的时候，伊坎的朋友斯坦利·诺特曼坦诚地说，他和伊坎投资合作的那段时间非常享受。

问：你在欧文-伊利诺斯的交易中个人赚了多少钱？

答：我想应该超过10万美元吧。

问：那么在美国罐头公司的交易中呢？

答：我想应该也超过10万美元。

问：这都是在大概多久的时期内赚的呢？

答：两周吧。

问：你在自己的事业中能够这么赚钱吗？

答：不能。

1982年2月，伊坎集团向证监会提交了13-D表格，披露他们已经积累了对总部位于芝加哥的零售公司马歇尔菲尔德构成一定威胁性的股份。很快，伊坎和马歇尔菲尔德的CEO安杰洛·阿雷纳在芝加哥奥黑尔机场旁的希尔顿酒店会面。伊坎打算用他经典的手法来恐吓对手，因此他先吹嘘自己已经通过收购其他很多公司的股票获得了成功。接着，他把火力集中在眼前的目标上，警告阿雷纳说，他有足够多的财务资源，并会动用这些资源来继续不断吸纳马歇尔菲尔德的股份，一直到控股35%为止。在他继续编织他的"恐怖故事"的同时，伊坎也提出有可能进行委托代理权的争夺，来确保他能够控制董事会进而最终控制公司。

伊坎是个战术家，他预判阿雷纳会怎么思考，并赶在前面把他的退路堵死。如果这位CEO认为他可以求助于他在世达的律师，伊坎会主动提出法律诉讼。他宣称，世界上所有的律师或许可以延缓他的进程，但是他们没有办法让他完全停止进攻。

伊坎对马歇尔菲尔德的兴趣来自金斯利的一个发现：零售商们坐拥高价值的房地产资产——包括他们在芝加哥州街的一家旗舰店——但资

产负债表上登记的价值，只是市值的一小部分。伊坎认为，通过出售公司的这些零售店不动产，再将它们回租，他可以从中获取可观的价值。但现在，这些价值却基本体现不出来。

尽管马歇尔菲尔德过去也成为过被收购的目标，比如1979年，零售业巨头卡特霍利黑尔就曾试图收购它，可是最后却没能成功，因为马歇尔菲尔德赢得了法院的判决，法院以反垄断的依据阻止了收购。在收购开始前几天，阿雷纳刚从卡特霍利黑尔跳槽到马歇尔菲尔德，就立刻带领马歇尔菲尔德和自己的老东家决一死战。当时伊坎公司在马歇尔菲尔德上做了套利，看好它的股票，认为收购最终将成功。结果收购流产的消息传出后该公司的股票大跌，伊坎公司蒙受了不小的损失。

但是一向执着的伊坎没有放弃马歇尔菲尔德，当他看到它的股票从每股36美元一路狂跌到每股12美元的时候，他看到了新的机会。在他开始以获取资产为目的的竞购时，他能够以超低的价格吸纳股份。

"在卡特霍利黑尔收购马歇尔菲尔德失败之后，我们并没有马上出手股份，而是对他们的股票保持关注。"金斯利说，"我看着看着，发现股价一路下跌到每股才十三四美元了。我心想：'这不可能吧，太棒了。这是个历史悠久的公司，连店面也都很有历史，不仅是马歇尔菲尔德的店，还包括他们在西雅图拥有的弗雷德里克和尼尔森的店以及其他一些大型购物中心。'"

"我觉得这太好了，所以就告诉了伊坎。他一般不会马上就接受我的所有观点，通常我要说三次才可以让他有点兴趣。但是对于马歇尔菲尔德，他立刻领会了，因为他看到了不动产的价值。"

对零售业发动攻势时，伊坎是那么激动——他给这次冒险行动起代号为"福克斯菲尔德"——甚至还在投资者和一群年轻女郎参加的新年晚会上对此大肆吹嘘了一通。

在安排2月份奥黑尔机场希尔顿的这次会议时，伊坎早对管理层没有好感了。他对阿雷纳尤其不看重，认为他是之前破坏卡特霍利黑尔对马歇尔菲尔德收购的罪魁祸首。伊坎还抱怨马歇尔菲尔德在阿雷纳的领导下,在一次收购中出售自己资产的时候定价太低,而在购买别人的资产时出价太高。

阿雷纳在酒店的会议中坐立不安,他似乎可以感觉到这家公司即将从他手中滑走。但是正当气氛十分肃杀的时候,伊坎突然抛出了救命稻草。他提出,只要马歇尔菲尔德允许他购买足够的库存股份①,使他拥有的股份达到总股数的35%,同时让他在董事会里获得2个席位,那么伊坎将签署一份休战协议,在两年的时间里不谋求增加其股份。

对于阿雷纳来说,不管休战与否,让伊坎在董事会占据席位的同时还拥有公司35%的股份,并不是一个值得庆祝的结果。意识到这一提议会让伊坎实际获得公司CEO的权威(即使名义上不是),阿雷纳建议伊坎接受一个折中方案——只控股15%。伊坎立马拒绝了,并且觉得荒唐得可笑。他是不会为如此一个小股权而接受两年的休战的。他很清楚,如果这么做了,那么原本对他有利的形势就会发生扭转。这违背了伊坎的信条:如果你在有利的时候不采取行动,那么还不如不行动。

基于这个想法,伊坎也提出了另外一个方案。如果管理层觉得35%的股份对他们构成了威胁的话,那么他可以允许马歇尔菲尔德以令人惊讶的高价——每股26美元的价格来买回他手上的股份,这明显高于市场价格。伊坎是反复盘算才得出这个收购价格的,这更多出于气势上的考量而不是内在价值。

"他谈到,他可能愿意把股份卖回给公司。"阿雷纳回忆道,"当我问他要多少价格购回的时候,他又讲到之前的会谈,那次他对我说,如果他可以买库存股票的话,他愿意以每股26美元的价格来购买。正因为他愿意用这个价格来购买库存股票,所以我们也应该愿意以这个价格来买他手上的股票。"

接着管理层就发现,他们压根没有选择余地:

"如果我们不同意两种方案中的任何一种,"阿雷纳说,"即伊坎进

---

① 库存股份是公司在从市场上或者其他渠道购回自己的股份然后不进行流通。——译者注

入董事会或者我们从他手上回购自己的股份，那么他将在市场上吸纳股份以达到控股份额。他认为，一旦达到那个控股份额，他就能控制整个公司。"

再一次，这个自称为股东谋福利的斗士没有为这个只能满足自己利益的提议而感到丝毫惭愧——这个提议会损害其他股东的利益。在这点上，马歇尔菲尔德管理层没有屈服于伊坎的压力，因此伊坎作为一个总是积极进攻的人，就开始将实践付诸行动了。他用了6个星期的时间将控股份额从5%扩充到30%。

这次先发制人的资金来源是伊坎迄今为止所能组织起来的最大一笔。除了通常的那些投资者之外，还有几个大鳄也加入了对马歇尔菲尔德的进攻，包括艾伦·格罗尔——查尔斯·格罗尔爵士住在日内瓦的儿子，格罗尔爵士是英国最富有的金融家之一，马文·华纳——迈阿密大美洲银行的董事长，皮卡拉-瓦里——荷属安的列斯群岛的一家投资机构，以及一家位于巴黎的小私人银行。很明显，伊坎作为掠夺者的显赫战绩吸引了资本的注入，使他可以扩大收购交易的规模。

"卡尔收购马歇尔菲尔德的过程中，不断有人加入。"泰德·奥特曼回忆道，他是伊坎阵营在这个交易中的律师，"随着交易取得进展，我们在法院上争论的同时，各种新的投资者不断地加入我们。于是，卡尔的资源和他对公司的控股地位一直在不断增长。"

有时这个投资者集团显得过于庞大，导致内部争议不断。"整整一个屋子的投资者，每个人还带着各自的律师。"金斯利回忆道，"所有的投资者都得签署13–D表格，每当这个时候，就是这些律师显示自己聪明才智的时候了。"

尽管如此，伊坎还是为能有这么多投资者参与他的进攻而感到高兴。和往常一样，他认识到，不管金融体系多么复杂，归根到底还是一条亘古不变的简单法则：谁有股票，谁就有话语权。他能支配的钱越多，他和他的支持者们就能拿到越多的股份，那么他自然也就有越大的权力。

"当时还没有'毒丸计划'(poison pill)①这种抵抗收购的方式,其他的自保方式更是有限。"奥特曼说,"他们可以去法院起诉,也可以找到更中意的买家,但是就像马歇尔菲尔德最后发现的那样,对于阻止掠夺者通过市场竞购或者公开市场吸纳等方式来购买股份的行为,他们其实是无能为力的。"

具有讽刺意味的是,当伊坎这架战车乘胜前进的时候,他那个松散投资者集团内部却越来越让他头疼。"随着股票上涨,投资者们也开始坐立不安。"金斯利说,"这些人开始说,'我们卖了吧,好获利'。但是我们必须协同作战,才能达到目的。"

在收购马歇尔菲尔德股份的过程中,伊坎可能对其主要股东也采取了和他对企业管理层如出一辙的恐吓策略。1982年3月15日,马歇尔菲尔德在世达的律师在给证监会执行部门的信中控诉道:"为了能够以低价格买到大量的股份,确保市场对伊坎的计划不知情,是首要的。而伊坎却以个人身份私自联系大股东,并且告诉他们最好把股份卖给他,因为他计划马上就出售手上的股份,到那个时候股价会大幅度下跌。"

虽然伊坎警告过马歇尔菲尔德,法律诉讼是无法阻止他的战车的,但管理层还是求助于世达。这家律师事务所声称伊坎集团已经违反了证券法,因为他没有在13-D表格里披露收购股份的真实用意——尤其是伊坎有意"收购'很大的金额',大约为马歇尔菲尔德总普通股的30%~35%——以达到对公司命运的'影响作用'"。

律师又顺势接着控诉伊坎的13-D表格有意掩盖他的投资集团的真正动机,不让别人知道他下一步将采取什么行动。

"伊坎集团告诉大家,它打算采用两个类似方案中的一个:要么通过公开市场和私下协议购买的方式,进行委托代理权争夺或者市场竞购,获得部分公司的股票,以寻求对公司的控制;要么通过公开市场和私下

---

① 毒丸计划:即股东权益计划,指敌意收购的目标公司通过发行证券以降低公司在收购方眼中的价值的措施。它在对付敌意收购时往往很有效。——译者注

协议交易的方式,将股票卖给潜在的买家,其中也可能包括马歇尔菲尔德本身。这个对动机的说明可以说包含了所有的可能性,所以太空泛而显得毫无意义。"

世达指出了一条"咆哮的80年代"特有的一个趋势,就是在填写13-D表格时,"越来越多的提交人采取了一种'公式化的'信息披露方式,其中包含了所有的可能行为,以保护披露者(就像伊坎集团一样,简单地表示他还没有决定该采取什么行动)避免在将来被人说没有披露信息。这样,就可以任由披露者采取任何形式的市场行动,因此披露和不披露都没有传递出必要的信息。这完全有悖于制定13-D的出发点。"

马歇尔菲尔德除了让伊坎和他的律师应付一般的证券法诉讼之外,还采取了一种新手段,即控告伊坎违反了1970年制定的《反勒索和贪腐组织法》(RICO)中的一条,声称伊坎用来收购零售商股份的资金来源于敲诈所得,有此前的几次公司掠夺为证。世达企图通过这个诉讼,把伊坎和原来RICO所针对的黑社会分子归为一类。这是精心策划的一步,为了能够增强抵御收购的诉讼效果,马歇尔菲尔德不仅通过法律的障碍来狙击进攻方,更是将进攻方的名誉和臭名昭著的罪犯联系在一起,以求达到威胁对手的效果。

马歇尔菲尔德的诉讼让伊坎特别恼火,因为RICO的条款的针对性,也因为他觉得自己被阿雷纳误导了。

"当伊坎和阿雷纳第一次在机场见面的时候,他们友好地手挽手走向飞机,那时候阿雷纳说:'一天后你就会收到我们的答复。'"金斯利称,"那听上去很有希望。第二天,我们果然收到了他们的答复,但却是一纸诉状。他们肯定在说:'好了,我们同伊坎会过面了,现在让我们把他告倒吧!'"

伊坎以马歇尔菲尔德的管理层"诋毁其公众形象"为名,对它提出了诉讼,要求阿雷纳和马歇尔菲尔德的董事支付2500万美元赔偿。伊坎同时也控告马歇尔菲尔德的管理层违反了他们对股东的受托关系,企图在没有得到股东批准的情况下阻挠伊坎集团的行动。

从伊坎的角度，以 RICO 为名提出控诉，很显然又是一个管理层滥用体制来维护自身利益的案例。虽然他被这样的手段刺激到了，但是他告诉他的朋友，自己是个"经济生物"，不会为情绪所左右。

与此同时，马歇尔菲尔德雇佣高盛寻找一个白衣骑士。为了帮助马歇尔菲尔德免遭伊坎集团的毒手，高盛在匆忙中和十几家零售商举行了会谈，包括五月百货公司、巴图斯公司（萨克斯第五大道和金贝尔的母公司）和曾经被拒绝过的卡特霍利黑尔，后者和伊坎比起来算是相对友好的。由于马歇尔菲尔德坚持的条款对各潜在买家都没有什么吸引力，数周的会谈显得十分曲折坎坷。

不过最终，正如伊坎和金斯利预料的那样，马歇尔菲尔德把问题归结到了资金、影响和股票上。伊坎和之前提到的法国私人商业银行签订了一个 2000 万美元的借款协议后——这使得伊坎可以通过融资交易迅速地增加其对菲尔德股份的持有——不久，马歇尔菲尔德就意识到它不得不采取行动，否则将难逃落入伊坎之手的命运。事出紧急，马歇尔菲尔德最终和巴图斯（其总公司英美烟草公司位于伦敦，巴图斯是它在美国的分部）达成了协议。

金斯利最先得悉获胜的消息，那时他正在对手的营地——世达的纽约事务所里做证。具有讽刺意味的是，根据金斯利的回忆，就在世达的律师威胁"要起诉我们"时，另一名律师拿着一份新闻稿走进来说马歇尔菲尔德的董事会已经同意将公司出售了。

1982 年 3 月 16 日，巴图斯（美国）宣布以市场竞购的方式收购菲尔德 65% 的股份，同意对普通股以每股 25.5 美元，对优先股以每股 45.9 美元进行收购。但是对于伊坎以及金融界几乎所有的人来说，这个价格太低，也来得太慢。鉴于管理层之前拒绝了卡特霍利黑尔的 42 美元一股的收购要求，伊坎宣称管理层竟然同意以 25.5 美元一股出售股份是"不合理"的。他在条款上寸土不让，并且威胁要继续扩大所持有的菲尔德股份。通过双方多次磋商，巴图斯把对普通股的收购价格抬高到每股 30 美元，优先股则是每股 54 美元。

但是在最后关头，伊坎还是坚持要求巴图斯继续抬高收购价格。为了安抚伊坎，马歇尔菲尔德公开要求巴图斯再一次抬高价码。巴图斯最终投降，同意把每股 30 美元的价格扩大到所有的马歇尔菲尔德的流通普通股。很快，伊坎签署了休战协议，不再反对新的条款或者增持马歇尔菲尔德的股份。双方同时撤销各自对对方的诉讼，伊坎集团将其股份出售，获利 3000 万美元。

没有人可以因为伊坎以非传统的方式赚钱而指责他。在 20 世纪 80 年代新的财富积累方式下，以谋生为目的的工作看起来是输家才玩的游戏。在这个案例中，伊坎的个人兴趣与广大马歇尔菲尔德股东的兴趣恰巧吻合。在追求自己获利的同时，他也迫使高高在上的管理层对公司其他股东的诉求做出回应，让这些股东的利益得以迅速最大化。为了展示他作为一个体系外之人敢于挑战大企业组织的自豪，在他曼哈顿办公室的前台，陈列着那些被他在金融市场、小会议室和法院这三个收购场所所征服的公司的年报。像一个猎人骄傲地展示他所捕杀的猎物的长角那样，伊坎也通过展示战利品的方式，来炫耀自己的智慧和大男子气概。

在接下来对付大企业组织的道路上，伊坎要对付的是丹河公司，一家有着百年历史的纺织企业，坐落在弗吉尼亚州的僻静小镇丹维尔。这家公司的主楼顶楼上竖立着一个标牌，上面潦草地书写着"丹河织物之家"的字样。

作为一家主要生产牛仔布和染纱的企业，丹河和整个纺织行业一样，在 1982 年的时候正由于销售额大幅度下降而苦苦挣扎。就在这个时候，伊坎开始吸纳该公司的股份，到 1982 年 9 月的时候，他向证监会提交了披露表格，此时他一共收购了 398900 股，大概占到公司股份的 6.9%。

由于伊坎不确定的购买时机，其他很多投资者这次同样还处于毫不知情之中。丹河当时正在极力扭转利润的下降，它的利润从 1979 年的 2200 万美元下降到 1980 年的 1900 万美元，1982 年又降到了 1450 万美元。虽然管理层已经花费了 2.5 亿美元用来提高公司的现代化水平，并预测公司会有转机，但是华尔街的投资分析师对此都持怀疑态度，认为这是家快要倒闭的公司。

但是伊坎对丹河依然很感兴趣，而且对于那些熟悉伊坎惯用手法的人来说，这种兴趣是很容易预知的，因为伊坎购买股票所支付的每股12.8美元和公司的账面价值每股38美元之间存在如此之大的差别，伊坎嗅到了机会的气息。

"卡尔显然已经发现了丹河的价值远不止其股票价格所反映的。"弗兰克·尼克尔说，他是凯尔索公司的董事长，这家位于纽约的投资银行将会是决定丹河命运的主要角色。"纺织服装行业向来被华尔街低估，卡尔也很清楚。我很肯定，他也相信该公司的业绩会随着新管理层的到来而好转。"

和这个时期的大多数交易一样，这家公司同样难逃被收购的厄运。正当伊坎仔细考虑投资机会的时候，一份1982年6月的罗斯柴尔德公司的研究报告被摆放到伊坎的桌子上。报告中提到了丹河，并写道："该公司超过98%的股票都在公开市场上流通，这使它非常容易成为收购的目标。"

之后跟进的8月份的罗斯柴尔德报告更为乐观："纺织类企业经常成为收购的热点。在我们看来，丹河十分有可能成为下一个，因为其价值被严重低估，而且股份持有较为分散。即便不是通过收购，公司盈利的好转也会让这只股票存在相当的升值潜力。"

但是当伊坎把目光对准丹河的时候，他发现这次要挑战的是一个从未涉足过的领域。他的收购对象第一次不仅仅是个企业，而是整个镇。丹河的12500名员工基本上都住在丹维尔或周边地区。对于当地人来说，企业和小镇是一个概念。

"我是在北卡罗来纳州的格林斯伯勒出生的，我们一家经常开车穿过丹维尔，去弗吉尼亚州的其他地方过暑假。"尼克尔回忆道，"我总是为丹河公司的无所不在感到惊讶。所有那些红砖房子上都有丹河的字样。这是典型的企业和小镇合二为一。"

对丹河的威胁，特别是来自华尔街"恶势力"的威胁，也就意味着对当地人工作、家庭和生活方式的威胁。就在伊坎威胁要控制丹河时，丹河的管理层也在利用这样一种恐惧来煽动当地居民的愤怒情绪，向他们灌输伊坎获取控制权之后的可怕画面：出售公司资产，迫使员工（他们除了在丹河工作和生活之外不知道还能干其他什么事情）不得不领取救济。

"对于丹河的员工来说，伊坎就是魔鬼的化身。"尼克尔回忆道，"他们所看到的场景是，伊坎将开着大卡车穿过小镇，将这些红砖房全部拆掉出售，一块都不剩。"

丹河的管理层利用大家对伊坎的恐惧来获取员工的支持，将公司的困难全归结为外界对他们的威胁。"大家都很担心，这使他们经常无法安心工作。"丹河前董事长大卫·约翰斯顿说，"这都是出于对伊坎掠夺公司造成的不良后果的恐惧。"

一份广为流传的备忘录加深了大家的这种印象，将当地居民团结起来，抵制这个来自纽约的"恶魔"。这份标题为《伊坎和丹河公司》的备忘录这么写道：

"丹河公司总共有 8000 多名雇员，因此它代表了这个社区的主要构成。对丹河来说，危险并不在于伊坎将它收购后进行管理，而是他可能会在收购后把公司拆卖。有些买家可能只对设备有兴趣，有些只对仓库感兴趣，有些可能买了发现没有利润就将公司关停了。卡尔·伊坎只对赚钱有兴趣，对社区怎么样完全不在意。事实上，对他有利的事情，对丹维尔镇来说往往却是灾难。"

这份备忘录中没有提及，这对丹河的管理层是个"坏消息"，他们绝口不提对自己处境的担忧。尽管伊坎干这行的确不是从社区福利出发，但是管理层把小镇和股东的担忧搬出来，至少有一部分，是为了掩饰他们真正的出发点——自己的利益。

伊坎和丹河管理层的正面碰撞开始于 1982 年 9 月 14 日。这天，他给约翰斯顿位于丹维尔的办公室打了个电话。约翰斯顿是个粗暴固执的人，那天他刚好在纽约出差，秘书转告他尽快给伊坎回电。回电后，他直接被告知伊坎集团已经吸纳了丹河公司 5% 的普通股，正在准备向证监会提交 13-D 表格。

讽刺的是，约翰斯顿此次去纽约出差的目的就是同纽约知名的宝维斯律师事务所以及基德-皮博迪投资银行的银行家讨论丹河公司借助维斯瑞资本公司开展管理层收购计划。基于这个原因，伊坎提出收购的时机实在太糟糕了。就在管理层友好地商谈一个极有希望成功的交易时，一个以控制企业命运著称的不速之客却闯了进来。

约翰斯顿很快将注意力转向了应付伊坎的威胁。在纽约访问期间，他抽出一个晚上在丹山位于曼哈顿的公寓里和基德-皮博迪银行进行了一个讨论会，第二天早上又在宝维斯律师事务所的办公室开了一个会。在两次会议上，话题自然都围绕着"怎么应对伊坎"展开。虽然当时伊坎试图约约翰斯顿面谈，但是约翰斯顿却有点犹豫，说必须先看看 13-D 再说。为此，伊坎马上给他发了一份 13-D 的副本。

由于没有得到约翰斯顿的答复，9 月 20 日，伊坎再次打电话跟进，称约翰斯顿和公司最好尽快和他面谈一次。这个时候，约翰斯顿已经从基德-皮博迪和宝维斯那里了解到伊坎"是个非常难缠的对手，他以往和其他公司打交道的方式简直让人难以忍受"。

意识到不能忽视"恶魔"的存在，约翰斯顿最终同意在 9 月 24 日星期五这天和伊坎见面。可是按照伊坎一贯的独特作风，一开始就提出诸多要求、讨价还价和调整都是他谈判的主要风格，目的就是为了让对手筋疲力尽，陷入困惑。

所以当约翰斯顿建议在 24 日举行会谈的时候，伊坎则回复希望在 9 月 23 日星期四见面，借口是当天金斯利也可以在场，因为金斯利 24 日那天不能参会。为了满足伊坎的要求，约翰斯顿同意把会面安排在星期四。但是几个小时后伊坎又打电话来，说由于律师的反对，这次会谈他不想去丹维尔，而是想把会面地点改在纽约。

约翰斯顿认为伊坎想改变地点是因为"他怕在当地被抓起来"，于是他告诉伊坎，"一个刚对公司投入巨资的人却不敢去公司总部所在地，会让人觉得很奇怪"。

当伊坎坚持不想在丹维尔会面时,约翰斯顿则重申他在总部所在地会面的愿望。约翰斯顿打电话给伊坎,告诉他这是唯一可行的方案,接着又发了一封同样内容的公函。尽管丹河的董事长决定强硬抵抗伊坎的猛烈进攻,他却没有预料到自己将会面临多么无情的追击。就在9月23日,约翰斯顿惊愕地得知,卡尔从香港汇利达公司手里收购了其所拥有的丹河股份,这家公司一直是丹河最大的股东,持有8.6%的股份。

9月24日,伊坎打电话给约翰斯顿时提到了汇利达公司的股份收购。这次收购在极大程度上增加了他的谈判筹码,也让他还未宣布的收购计划显得更有威胁,迫使董事长不得不满足他对会面的要求。当约翰斯顿主动说他将在10月4日去纽约出差,并愿意在那天和伊坎会面时,伊坎又施压了。他抱怨说10月4日太迟了,他的投资者们开始显得不耐烦了——老调重弹——所以马上和伊坎会面是为约翰斯顿和丹河公司好。这样隐含的威胁激怒了约翰斯顿,但是他没有别的选择,只能抛开尊严加快会面的进程。

第一次面对面的会谈最终于9月30日在位于纽约40街西111号的丹河公司销售办公室里举行。与会者包括伊坎、金斯利、约翰斯顿、丹河总裁莱斯特·哈德森和公司财务副总裁弗雷德·扎恩。丹河人对他们看到的和听到的总是持怀疑态度,他们是典型的南部纺织业工作者,以前一直以为自己远离华尔街收购大亨的视野,可以按照自己认为正确的方式来进行管理。

一开始,他们被伊坎的形象所欺骗,自我感觉良好。

"我被他的打扮吓了一跳。"哈德森回忆道,"他看上去有点邋遢,穿得不讲究,似乎也没什么准备,不善辞令。这就是那个我听说过的伊坎吗?"

但是如果说伊坎一开始展示的是红着脸、没有恶意、心不在焉、容易犯错的样子,那么这样的印象随着他切入主题很快就消失了。

"他的单刀直入让我震惊,"哈德森还记得,"他说要接管丹河。"

伊坎的计划简单而直接。他表达了想以每股 16～17 美元的价格竞购 40%～50% 的丹河股票的强烈愿望。加上他之前收购的大约 15% 的股份，完全可以获得对公司的控制权。

"然后他给我开了个价，这次让我更吃惊。"哈德森说，"他希望我能帮助他收购丹河。如果我答应了，他会给我一份 10 年的合同，全薪加一个可以随时全部兑现的补偿方案。换句话说，只要我帮他，我什么都不干就能从他那儿拿到钱。我告诉他，这是件令人憎恶的事情。"

约翰斯顿拒绝了类似的要求，他认为这是贿赂，他说："我想伊坎是个坏人，总想占股东的便宜。国外的竞争正冲击着服装行业，公司正疲于应对这样的问题，他却试图来利用这个机会。"

而伊坎方面则否认贿赂任何人。"会议上有很多人，"他回忆道，"这么多人在场的时候，我会这么干吗？我可能会给他们 2 年的合同，但是绝对不是 10 年的合同。"

通过向管理层提供两种类型的交易方案，伊坎希望使竞购能在每股 16～17 美元的价位上完成，从而控制公司，让他能通过出售资产获利。但是和往常一样，还有其他的方案可供选择。在 9 月 30 日的会议上，伊坎提出了另一种更合乎他风格的可能性，那就是由一个白衣骑士来买断他手上的股份。

伊坎的 13-D 表格同时也宣布，他的投资者集团可能也会寻求对丹河的控制权，以"在公开市场出售股票或者通过私下协商交易的方式出售给一人或者多人，包括丹河本身"。就伊坎而言，他能"薅羊毛"的羊多的是。

但是正如事件发展所证明的那样，伊坎还是低估了这些来自丹维尔的"乡巴佬"。他满以为这些人很容易就范，或者很容易就能用丰厚的补偿打发了。结果却和他预期的完全不同。

"伊坎威胁、坚持加哄骗，但约翰斯顿也是个固执的人，在每一个回合都与伊坎正面交锋。"哈德森在事情发生 10 年之后回忆说，"约翰斯顿决心，绝不把公司拱手让给伊坎。"

约翰斯顿固执背后的原因却并非他所宣称的是出于对小镇居民和股东的考虑,而是更多出于他对保留自己权力的决心。伊坎对丹河收购时,约翰斯顿刚刚当选董事长不久,因此这直接对他如日中天的职业生涯产生了威胁。

"大卫·约翰斯顿有他的缺陷,但不狡猾并不是其中之一。"尼克尔说,"你知道他的立场一直是什么,他准备好和伊坎大干一场,因为伊坎有胆来破坏他的王国。"

"他在纺织业干了一辈子,好不容易爬上了事业的顶峰——成了一家公司的CEO。现在有人想买下这家公司,约翰斯顿都已经这个年纪了,接下来该干什么呢?找工作?在这种状况下,约翰斯顿做的不过和其他CEO一样。"

伊坎和丹河的较量在每个方面都体现了文化、地域、内部和外部人之间、公司雇员和公司掠夺者之间的冲突。但是最重要的,这是两个个体之间的冲突:一个想继续掌握这家上市企业的控制权,另一个却想从企业资产中迅速获利。两个人都下定决心按照自己的想法来。

为了阻止伊坎,管理层开展了一系列行动来遏制掠夺者,但是这同时也让人质疑他们之前所说的对股东利益的担忧。丹河的第一步是迅速去法院,寻求司法保护,可是保护的对立面却是一个已经让丹河的股票上涨了几美元的人——这是连管理层也无法做到的事情。

公司宣称,伊坎集团已经在之前的收购尝试中触犯了联邦证券法,公司坚持认为,伊坎在丹河股票上建仓的"资金来源于之前的诈骗、邮件欺诈和证券欺诈",还抱怨说丹河是"最近的(而且至少是第11个)伊坎策略的受害人"。

通过把伊坎描绘成邪恶的化身,丹河的管理层试图继续和股东捆绑在一起。

伊坎发布了一个声明来反击对他的指控:"我认为,一个公司的管理层用这种肮脏的诽谤策略是很可憎的行为。"

丹河在法院的第一场争夺中就败北了,地区法院拒绝支持该公司的案件。作为备选方案，董事会批准发行新的优先股，用来支持员工股票奖金计划。在丹河设计的美好方案中，这些新的优先股将在一个由管理层控制的信托基金里冻结5年。其中对管理层更有利的地方在于，兼并的提议必须得到2/3的优先股股东的批准才能通过。这就意味着，理论上，控制信托基金的管理层对于收购公司的任何提议都有否决权。

伊坎在他发起的一份法律诉讼状中说，丹河的管理层"分文未付却确保了自己对丹河的投票控制权，但是事先没有征求普通股股东的同意，因此损害了普通股股东的利益"。

由于优先股占丹河有投票权的股票数的22%左右，而且现在已经被管理层所控制，伊坎的观点得到了很多人的认同。一个看似保护股东权益的行动，实质上却是为了保障管理层的利益。

伊坎是不会容忍这样的行为的。他先是提起诉讼，然后开始以每股15美元的价格竞购70万股股票，这占到了流通股的12%。随后，他又在股价抬到每股16.5美元时收购了200万股。和伊坎集团之前已经持有的15%的股份加在一起，成功收购后，伊坎集团将获得对公司的投票控制权。

之后，伊坎说除非丹河撤销法律诉讼而且不再阻止他的竞购行为，否则他就将以每股18美元来收购54%的公司股份。

出于对伊坎这些攻势的畏惧，丹河返回法院申请初步禁止令，禁止伊坎行使投票权、发起委托代理权争夺或任何企图改变企业管理层的行为。因为审理这起诉讼的联邦地区法官是在西弗吉尼亚州的不同地点轮流办公的，因此审理的地点从一个偏远小镇换到另一个。在诉讼的过程中，法官会宣布下一个审理地点在"大石缝"[①]。伊坎的纽约律师泰德·奥特曼在听闻地点以后咨询了丹河律师具体的行程，设想自己的旅程是先坐小飞机，再转小汽车，然后再骑骡子，最后还必须步行几英里才能到法院。

---

① 或译为比格斯通加普，弗吉尼亚州的一个小镇的名字。——译者注

理所当然，丹河的董事会和管理层对伊坎充满敌意。"有一次，当约翰斯顿被问及，如果伊坎收购丹河成功的话会发生什么，"奥特曼回忆道，"他说：'那想象起来简直太可怕了。'"

最终，法官同意了发放禁止令，禁止伊坎获得更多的投票权。按习惯，丹河需要交一笔保证金，如果临时禁止令给另一方造成损失的话，那么这笔保证金就要支付给受损方作为补偿。伊坎回忆说，这一幕强化了他的印象，即丹河和丹维尔镇其实是一体的。

"在诉讼的结尾，法官站起来用非常浓郁的南部口音说：'我要判决了。你可以仍然购买你想要的股票，但是你没有投票权。'"

"听到这个，奥特曼叫起来：'我要保证金！'然后丹河的律师说：'法官阁下，我对此毫无异议。我们有，那就是丹河拥有的所有不动产。'"

"法官竟然认同了丹河的理由。"

但伊坎是绝对不会就这么放弃的。他硬碰硬，和对方律师打攻坚战，用反诉讼来对抗诉讼，直接把案件推到上诉庭。这次，上诉庭站在了他的一方，这使得伊坎可以继续为他竞购获得丹河的控制权增加筹码。但是随着丹河的诉讼规模越来越大，证监会介入了，并且控告湾水是没有经过注册的投资公司。其含义不言而喻：既然利用湾水这家没有注册的公司作为投资其他公司的渠道，那么湾水就是不受投资公司法的法律保护的。证监会开始了对事件的调查，最后以惯例的方式发布了一个双方都满意的裁决：它避而不提湾水是否是投资公司的问题，而是让双方达成和解——湾水不会以一个未注册的投资公司开展业务。最后，伊坎将湾水注册成了投资公司，将公司的大部分现金分发给股东，然后又进行了注销。

在法庭上积极抵御伊坎的同时，丹河的管理层也在非常积极地寻找白衣骑士。从1982年10月到12月间，基德-皮博迪的银行家们同34个潜在买家及兼并伙伴举行了会谈，全力以赴地想要出售这家公司。在这样的背景下，你可能要问了，既然已经有一位买家（伊坎）了，为什么管理层还要花费这么大精力去寻找其他买家呢？

我们可以从一份潜在的白衣骑士在仔细审阅丹河之前必须要签署的协议里找到答案。文件特别强调，在 3～5 年的时间里，潜在买家不能"购买或者同意购买丹河的任何证券或者资产，或者参与对丹河及其下属企业的收购及商业合并交易，或者提出任何交易，除非这样的收购、出价或者动议已经递呈董事会而且获得了批准"。

在基德-皮博迪匆忙找到的客户中，仅有一家进入了正式的交涉环节——汉森工业公司，这是英国汉森信托的美国分公司。由于管理层已下决心要寻找好退路，他们不惜投入重金把伊坎赶出局，公司准备了1500万美元在公开市场上收购丹河的股票。这个举措的目的是通过抬高公司的股价来阻止伊坎之前在市场上的竞购。这样做会抵消伊坎战略的效果，因为价格差是伊坎战略获利的关键因素，但现在这个价格差变小了。

这是个精明的策略，但同时也对如何使用公司的资金提出了疑问。如果一个投资者愿意以高出市价的价格来购买股东手里的股票，除了自我保护之外，管理层在什么情况下可以动用公司的资金来匹配甚至超出那个价格呢？伊坎把管理层的这种回购策略叫作"阴谋"，并且宣称这是"非法竞购"，《巴伦》杂志的社论称，管理层的做法是"对良好公司治理机制的一记重击"。

在伊坎和丹河之间互相展开攻击的同时，凯尔索投资银行的高管也正在亚特兰大和当地的一个合伙人开会。凯尔索是由来自旧金山的律师路易斯·凯尔索创立的，它已经在推广和以员工持股计划为渠道进行的结构化杠杆买断业务中成了主干力量。在此类计划中，员工从公司负责人或者公众股股东手里购买本公司的股票，然后从简单的领取薪水的雇员变成了本企业的所有者兼雇员。理论上，这样做可以通过给予员工对公司一定的所有权，促进其工作效率，同时也可以为投资银行创造赚取佣金的机会。有些时候，投资银行本身也可以在主导这一计划的过程中获得一定的股份利益。

在 20 世纪六七十年代，员工持股计划被吹捧为对员工的一种恩惠。

但是在风云突变的 80 年代，惊慌失措的企业管理层开始把员工持股计划当成阻挡公司掠夺者的一种途径。通过员工持股计划，管理层将公司的股票存入由管理层控制的信托，从而让掠夺者无法获得这些股票。

就在凯尔索在讨论市场形势变化的时候，丹河这个名字——它从伊坎提交 13-D 表格开始就在媒体上名声大噪——被提上了讨论议程。恰好，凯尔索的一个合伙人曾经为丹河的总裁莱斯特·哈德森做过财务分析，并且和他保持着不错的工作关系，他认为凯尔索可能可以帮助这个陷入困境的企业。于是，凯尔索的一个小团队拜访了哈德森。他们本来的计划只是一个简短的会见，结果丹河的总裁对话题感到十分兴奋，挽留凯尔索的团队待了整个周末，并且拟出了一个提议，企图通过打造一个员工持股计划购买丹河的股份来防止这些股份流入伊坎的手中。

从债务管理的角度出发，员工持股计划对丹河的公司管理层极具吸引力。当时，在 1.3 亿美元丹河的债务中有 9600 万美元是较低利率的债务，利率为 8%。在遇上凯尔索之前，公司也曾考虑过用管理层买断来阻止伊坎的进攻。但是，这需要管理层借入新的贷款，打破原有的贷款协议，这也就意味着管理层再融资之后的利率是 14%，再也不能享受 8% 的低息了。由于这会大大增加丹河的债务负担，所以公司并不是很想破坏现有的低息贷款结构。

凯尔索的计划让管理层可以通过一个复杂的交易来达到目的，利用员工持股计划，可以在不违反现有的贷款条款的情况下购买股份。因为在理论上，涉及再融资的主体变成了员工持股计划，而不是公司。

因此，这一计划在资金上对管理层来说是非常有诱惑力的，因为购买股份的钱是员工的，而不是他们自己的。在这个交易的具体操作中，会生成两种类别的股份：A 类的普通股定价为每股 22.5 美元，进入员工持股计划，总金额为 1.1 亿美元，这大概占了丹河股份的 70% 左右。剩下的基本上归入 B 类普通股，以 430 万美元的价格，分别由 26 位丹河的高管和凯尔索的一个投资基金买入。

员工持股计划满足了管理层的一系列要求。根据交易的规则，丹河的员工可能会用已经建立的养老金计划来实现这个员工持股计划,他们可以接受以每股22.5美元的价格来购买流通股,而这个售价对伊坎来说绝对是划算的。当员工持股计划将伊坎的股票全数购入之后,收购的威胁自然就解除了。

其次,出售给管理层的股票定价相对便宜,这给了管理层一个机会,可以保住对公司的控制权。正如《商业周刊》对这个交易的解释:

"A类普通股的股价永远比B类普通股贵22美元左右。但是如果公司业绩继续增长的话,管理层持有的股份价值会获得更大比例的增长。股票的价值每年由一个独立评估师做一次评估。举例来说,如果A股价格上升到每股26美元,B股的价值就在每股4美元左右——与员工持股计划获利16%相比,这相当于管理层的获利翻番。

"员工有权对兼并或者出售公司进行投票表决,但是他们对其他事务却没有投票权,包括选举董事。控制权依然牢牢掌握在'腐败的30人'手里,这是丹河的员工对管理层的形容。员工的股票会交由联合弗吉尼亚银行进行投票,该银行是员工持股计划的受托方,由管理层所操控的委员会指定。"

不管是否有意为之,丹河先是把他的员工推向对伊坎的恐惧不安中,接着又利用这种恐惧来推动一个明显为保护管理层自身利益而进行的交易。管理层只用了一点小钱,就摆平了一个来势汹汹的敌人,同时获得了公司相当大一部分的股份。相较而言,员工同意在员工持股计划期间将他们的养老金价值冻结——这就意味着他们把宝押在了资本的长期升值上,希望公司股价未来会升值。

可是这样的愿望最终没有能够实现。丹河受到来自国外的持续有力竞争,又因为员工持股计划涉及的债务负担过重,因此股价继续下挫。[1]

一开始,很多丹河的员工觉得他们被骗了,就像一位员工说的,"被假惺惺的做法迷惑了"。另一位28岁的织工补充了一句:"老实说,我倒

---

[1] 最终,这家公司被出售给了一家投资集团,员工们手上的股份并没有升值。——作者注

是希望伊坎能够把丹河给收购了呢。"

但是卡尔是不会这么做的，他不会去承受收购可能带来的风险，或者和丹河的工会纠缠不休。他再一次通过收购的威胁来达成了自己的目的。在他把股票以每股 26.5 美元的价格出售之后，他的集团一共得利 800 万美元。又一次，伊坎用他的方法获利。

尽管丹河的管理层宣称他们将和伊坎斗争到底，并且没有让他赢很多，伊坎却很清楚，他再一次胜利了。为了纪念这次交易，他把他新买的德国牧羊犬取名为"希洛"，意指南北战争中的匹兹堡登陆战。当时，北方军在这里击败了南方军。

丹河一役是对伊坎意志力的严峻考验。由于对该公司管理层极其不熟悉，伊坎处于弄不清楚状况的危险境地。面对考验的时候，他很有可能被迫寻求融资以完成对丹河的收购。这个阶段的伊坎用自己的智慧和胆略震撼了美国的企业界。由于资金来源还不能做到源源不断，他不得不导演了一出精彩的大戏，展示自己的强大实力，让对手为他的虚张声势所恐惧。

"一开始，我是在虚张声势，"伊坎承认，"我没有钱来玩长线——为持有的股票来支付利息。如果真到哪天我要收购了，我必须得去想办法来保证我的信用，但是这从来没发生过，因为这些公司都没有胆量和我斗到底。"

虽然现在变得富有了，但是伊坎还是觉得自己承受不了突然成为华尔街新贵。

于是，他决定重新过回乡村生活。1982 年，伊坎举家从曼哈顿搬到了纽约州贝德福德的马场庄园，住进了拥有 22 个卧室的石制豪宅，这个宅子是他从女演员珍妮弗·奥尼尔手里买来的。最初，伊坎只是把这里当作放松的地方，周一到周五住在纽约曼哈顿公园大道 900 号的公寓里，周末去贝德福德和家人团聚。他原本打算两头跑，但是乡间的宅子对他的吸引力太大了，他单身的时候热爱的城市，现在反倒没那么吸引他了。

他把他的庄园命名为"福克斯菲尔德"，取自他之前对马歇尔菲尔德的那次成功的侵略。他创造了一种传统贵族的环境，希望能为他在20世纪80年代新获得的财富增加一些体面。

宅子内部的布置十分高雅有品位，采用了19世纪英式设计，挂着华丽尊贵的挂毯、针绣的狩猎场景和有花纹的印花布，到处是来自东方的地毯和皮面书籍。身着亚麻布围裙的女仆会询问要喝点什么酒，司机会问"伊坎先生"是否需要豪华轿车。某种程度上，这样庄重和尊贵的环境，是为了弥补这个财富新贵并非出身豪门的那份遗憾。

但是仔细观察伊坎，你会发现他是个矛盾体——他一只脚牢牢地根植于纽约的草根环境，另一只脚却小心翼翼地踩在美国贵族的领地上。

他在贝德福德的庄园里建的室内网球馆"伊坎俱乐部"就是最好的证明。为了建造这个运动馆，他花费了100万美元。这个体育场馆非常宏大，运动场地表面都很柔软，以吸收伊坎运动时地面对脚的冲击力，观摩的地方有一个英式起居室那么大，还有穿戴着有福克斯菲尔德标志制服的服务生，可以当裁判，也负责捡球。乍一看，伊坎俱乐部就像伊坎热爱的网球运动的圣地，网球界的泰姬陵，建造时不惜一切代价。这也反映了把伊坎送上金融界顶峰的那种宏大的视野和强大的力量。

但是伊坎还有另一面——那个吝啬的、分文必争的大小孩，从来没有脱离过中产阶级的品位。

伊坎在金钱方面的吝啬事例不胜枚举。

"我记得有次下大雪的时候，我刚好遇到伊坎的太太丽芭，她告诉我她觉得开在大雪覆盖的道路上是多么的安全，因为她刚刚买了辆切诺基。"一位在贝德福德的邻居、也是当地社区的一位知名人士这么说："我说，'如果你喜欢吉普的话，你肯定会喜欢路虎的。吉普挺好的，但是比较简陋。相信我，我刚买了辆路虎，简直为之发狂。'"

"她看上去有点兴趣，因此我带她去看了我的路虎。起初，丽芭看上去好像很喜欢那辆车，但是她开始摇头，好像是在说'不不不'。

"当我问她有什么问题时，她指着窗上还没撕下的价码牌说：'卡尔不会同意我花这么多钱的，他太抠门了。我的吉普还是手摇窗，因为卡尔不愿意多花 300 块弄个电动的。'"

卡尔·伊坎的本性既是一个局内人，也是一个局外人。在商界，他在一个层面上是股东和 CEO，但在另一个层面上，他对于大企业来说就是个低级的"贱民"。行业里的翘楚可以既尊重他的智慧和谈判能力，又瞧不起他无情的策略和好战的心理。

类似的两面性在贝德福德的社区里也可以见到。一方面，人们都羡慕他的财富和他的商业敏锐感；但是另一方面，这些所谓的贵族阶层又因为他没有品位并缺乏社会教养而瞧不起他。对于贝德福德的那些上层来说，伊坎是个现实生活中的杰德·克兰皮特①。

一个在当地流传很广的故事是，伊坎参加了附近一个马球俱乐部的时尚派对。表面看起来，会员都按照各自的小团体安排了自助餐，送到他们各自的私人位置上。但一个不成文的规矩是，每个会员都只吃自己团体订的自助餐。

但是在伊坎看来，这是个瑞典式的自助大餐派对，饿了就随便吃。当伊坎和一群骑马爱好者中的一个女士交谈的时候，他盯上了旁边桌上的丰富食物。他拿起一盘菜就开始狼吞虎咽起来，就好像在自己家的厨房一样，直到有个会员发现伊坎的"入侵"，打了一下他的手，然后大声当着众人的面说："这不是你的食物。"

公正地说，伊坎的局外人身份部分的来自他不会假装，也不喜欢他那些出生在大宅门里的邻居所具有的腐朽之气。这些人从来没在公立学校待过，也从没在餐厅吃过饭。虽然他把自己置身于皇室的氛围中，但很多时候，他还是接地气得让人吃惊。

"卡尔是个坦白直率的人。"当地的一个房地产经纪说，"他不喜欢趾高气扬。当他看到我的时候，无论是在镇上还是在其他社交场合，他总是会打个招呼。"

---

① 杰德·克兰皮特：美国肥皂剧《豪门新人类》的主人公。他出身穷人，但是后来在地下发现了石油从而成为富豪。——译者注

"有一次，我带卡尔看完一处房子后开车送他回家。保安没认出我的车，所以我们被叫停了。当他认出里面是卡尔，就示意我们通过。卡尔却做了一件其他人都不会做的事情：他因为保安向我道歉。他解释了一通，好像说是保险公司要求他必须有一个保安。我可以从他脸上不安的表情看出，他的确觉得有点尴尬。

"卡尔从不把自己当成一个超级富豪。他不屑于他们的规矩，他们的自大。我记得有次参加一个贝德福德的富商家举行的晚宴派对，当我自己给自己倒了杯香槟的时候，主人马上过来提醒我：'不要那么做，我们有个男仆。'

"所以，我们都必须等那个男仆从另一个房间过来，才能有酒喝。

"换作是卡尔，他肯定不会那么做。他一定想都不会想就自己直接倒上香槟。"

第八章
当菲利普石油遇上"来自地狱的野蛮人"

在每次交易、每次谈判、每次进攻中,问同一个问题:"卡尔究竟想要什么?"你总是会得到同一个答案:"卡尔要更多。"

——布莱恩·弗里曼,投资银行家

在第一个卡尔·伊坎合伙人实体里，投资者只要出 10 万美元就可以搭上伊坎这架金马车；而到 1982 年的时候，卡尔将合股参与他的克雷恩有限合伙公司的这个门槛提高到了 500 万美元。基于他早期的成功，伊坎抬高了他的"俱乐部"的"入场费"。显然，这将是这 10 年里最独特和最赚钱的俱乐部之一。

正如伊坎在写给克雷恩的信里所描绘的前景那样："我已经邀请了一群朋友来加入我这个有限合伙企业，我很有信心，这个实体会十分有意思，并且有利可图。"

卡尔再度发布了他的宣言，这次，他的战略已被实践证明是可行的了（值得更高的票价）。就像卡尔在信里继续说的那样："这个合伙企业的目的是投资一到几个市场价格远低于其内在价值的公司。它也会考虑发挥'主观能动性'，既关心自己投资的未来，也关心自己已收购股票的公司的未来。"

随着一笔笔交易的顺利进行，伊坎的野心继续膨胀。1983 年，他在对海湾与西方公司的持股上赚了 1900 万美元。这一利润的实现来自海湾与西方公司通过其在基德 – 皮博迪的银行家，找来一个机构投资者，买下了伊坎手上的全部股票。①

接着在 1984 年，伊坎从古德里奇公司通过绿票讹诈攫取了 4100 万美元。在这次交易中，伊坎用的是他一贯的方式，先是收购了 170 万股古德里奇的股票——占到总股份的 4.9%——然后敦促该公司 CEO 约翰·翁与他举行会面。在 1984 年 10 月 25 日举行的会谈中，伊坎罗列了一系列他可能进一步采取的行动，包括威胁要将其持股比例提升到 30%，然后谋求一个董事会的席位；但是如果管理层希望伊坎罢手，那么伊坎也愿意把股票以高价卖回给公司。6 天以后，即 10 月 31 日，古德里奇妥协了，它在市场价为每股 28 美元的情况下，以每股 35 美元的价格把股票从伊坎手里买了回来。

在古德里奇这个事件里有个小插曲，就是公司试图掩盖他们靠出卖其他股东的利益来换取伊坎罢手的事实。尽管古德里奇在新闻稿和 1984 年的年报中都提到公司回购了一批自己的股票，管理层却没有说明支付对象或者绿票讹诈的情况。随后，证监会控告公司"做出误导性的声明"。这是第一起因绿票讹诈而对上市公司提起诉讼的案件。最终，古德里奇还是和证监会达成了和解，用典型的证监会的语言就是"没有承认也没有否认控罪"。公司只是表示，在将来的交易中一定会遵守证监会的信息披露法则。

也是在 1984 年，伊坎走出了关键的一步。他为自己正名，一改过去靠威胁赚钱的进攻者和敲诈者的形象，转而成为真正以收购为目的的金融家。这样的转变早在伊坎收购 ACF 工业公司 13.5% 的股份的时候就开始了。这是一家总部位于纽约的生产火车车厢、汽车和能源设备的制造商。和往常一样，伊坎选择收购的时机很完美。由于受到经济衰退的冲击，ACF 的利润从 1982 年上半年的 2700 万美元（合每股 3.01 美元）下降到了 1983 年年中的 43.3 万美元（合每股 5 美分）。鉴于此，公司削减

---

① 1985 年时，伊坎将收购更多的海湾与西方公司的股票。尽管伊万·博斯基也收购了大量该公司股票并与伊坎站在同一边，但他们最终没有合伙。伊坎还是把他手上的股份在公开市场上出售了。——作者注

了分红，股东们怨声载道。如伊坎所预料的那样，股东们对公司业绩的不满越来越多，为他在委托代理权争夺中创造了有利形势。

伊坎意识到，虽然ACF出现了周期性困难，但是从资产的价值来看，它是个很不错的企业，资产清算价格可以达到每股60美元。考虑到伊坎是以每股32~41美元的价格购入的13.5%的股份，他看到了潜在的股价上升空间及自己有限的亏损可能性。

以CEO伊万·伯恩斯为首的ACF管理层，也看到了公司的内在价值，决心要保护好这颗还未经雕琢的宝石，不让它轻易落入伊坎之手。就在伊坎将其持有股份增加到18.3%的时候，ACF宣布了一系列的防御措施来阻挡伊坎的战车。这些措施包括出售部分或者整个公司，对资本结构的重新调整，以及收购自己的股份或者管理层杠杆式买断。

管理层宣布采用这些手段可能也是故意的，因为这样可以提高ACF股票的市场价格，使伊坎在收购公司股份的时候更为困难。公司宣布这一消息之后，当股票恢复交易时，股价迅速上升了6.25美元，达到每股48.5美元。虽然伊坎和金斯利表面上继续收购，但是暗地里，他们开始担心自己缺乏必要的资金支持而无法达成先前的目标。

就在ACF的管理层正在寻求资金支持以完成他们的管理层收购的同时，伊坎一方将持有的股份增加到27%，并且提出用两阶段收购的方式进行收购，以减少他们对资金量的需求。根据伊坎的提议细则，伊坎将以每股31美元的价格收购剩下的ACF股份。

为了争取更多时间，ACF提议暂时休战，一方面牵制住伊坎，一方面寻求比伊坎更合适的买家。考虑到休战意味着在战斗进行到一半的时候暂停进攻，无法乘胜追击，伊坎对休战协议的每条细则都思虑再三。虽然他当时卧病在床，但还是亲自对代表他和ACF谈判的律师泰德·奥特曼发号施令。最终，双方在1983年9月签订了协议。ACF获得7个月的时间来找到下一个买家。但是伊坎有权和ACF认同的高价竞购者再竞争。实际上，伊坎在两方面都获得了最好的效果：在ACF寻找更高价格的买家的时候，也可以推动他持有股份的价值，而他只需要作壁上观；

同时，他也可以有时间来加强自己的资金实力，以便将来如果决定参与竞购，可以有能力击败别的买家。

1984年1月，ACF的管理层启动了第二个回合的战斗，宣布公司已经制订了一个杠杆式收购的计划，会通过投资银行华平投资生成一个新的实体。华平投资会以每股50美元的价格，以现金方式完成收购。

很显然，管理层深信他们已经找到了可以从伊坎手中保住公司的妙招。当时，伊万·伯恩斯宣布："我们期待和华平投资合作，来尽快完成这项交易，同时我们也期待在交易结束之后，可以建立长远而富有成效的关系。"

即便伊坎履行了自己在休战协议中的权利，提出以每股53美元的价格收购ACF，ACF的管理层还是坚持选择华平投资，这导致公司必须在4月份举行股东投票。很快，伊坎再次把价格提高到每股54.5美元，这个价格足以让他胜出。这个价格让华尔街的很多人大跌眼镜，因为他们一直认为，伊坎前几个月的操作不过是想借助威胁管理层，提升自己的利润，结果伊坎却同意以4.05亿美元的总金额收购ACF。作为融资计划的一个组成部分，ACF要将WKM部门以2.3亿美元的价格出售。在股东表决通过后，1984年6月，这项收购最终圆满完成。通过将公司从上市转为私人拥有，伊坎成了该公司董事长，金斯利任副董事长，约瑟夫·科尔——ACF的一位前高管，因为被伊坎留意到其才能，被任命为公司总裁和董事会成员。

但是，伊坎并未止步于此。在20世纪80年代时常见到的"金融创新"大潮下，他同时也在推动另外两项收购的展开，充分利用两边的杠杆来获得最大的回报。在伊坎和ACF较量的同时，他也吸纳了切斯堡旁氏公司5%的股份。这是一家位于康涅狄格州格林威治市的大型化妆品公司，其主要的品牌有我们熟知的Q-Tips牌棉签和凡士林。

在收购旁氏的过程中，事情发生了不寻常的转变。在谈判过程中，伊坎清楚地表示，无论如何他都想要使用一下旁氏在美国网球公开赛的优等包厢。对于纽约金融界的翘楚来说，拥有美网的优等包厢是必要的社会地位的象征，等同于踏入了《福布斯》400强。因为美网的包厢很少公开出售，即便有钱有势的人也不是想买就可以买得到的。

伊坎和旁氏CEO拉尔夫·沃德的谈话，是在他福克斯菲尔德庄园的英式花园和室外网球场旁边进行的，他抱怨说，企业的少数精英享有太多的福利了，其中也包括他们基本垄断了网球赛的席位。伊坎回忆道，当时沃德称网球是一种"窝囊废的运动"，并表示愿意给伊坎提供席位。

整个7月，伊坎和旁氏都处于谈判中。8月，旁氏答应以每股38.1美元的价格收购伊坎持有的股份，这个价格是8月7日这天该股在纽约证券交易所的收盘价。这么说来，难道伊坎没有获利吗？并非如此。作为交易的一个部分，旁氏同意以9500万美元的价格来收购ACF工业旗下的高分子部门（位于宾夕法尼亚州雷丁镇的塑料材料制造厂）。完成收购之后，旁氏承认这次收购是被迫进行的。旁氏的发言人说："老实说，这并不是我们想要买的公司。"

当伊坎来签署股票出售协议和高分子部门收购协议的时候，他被告知，由于法律原因，美网的包厢所有权是没有办法转让给他的。起初，伊坎威胁说要离开，但是当他自己的律师也认可了旁氏的解释后，他还是同意了签署协议，并且不再考虑对旁氏的收购。相应的，旁氏也承诺他们会给伊坎在美网留位置。（最终，伊坎通过和美网官员秘密协商，还是把包厢划到了自己公司的名下。）

收购ACF给伊坎以后和德崇证券发展关系打下了基础。德崇证券早在1984年年末就为ACF做了再融资，用发行垃圾债券的钱将银行贷款还清，同时又给伊坎提供了1.5亿美元的收购资本支持。用德崇证券的话说，这笔资本就是"看不见的武器库"，意味着伊坎如果看到合适的收购机会，可以不用事先和德崇证券讨论就直接使用这笔资金。

事实上，伊坎和德崇证券的亲密接触可以追溯到1980年。当时，他被别人介绍给德崇证券的企业融资主管。当时，德崇证券对伊坎的第一印象不是很好，觉得伊坎老是小打小闹，停滞不前。他们对伊坎采用的手段也颇有微词，特别是他老是游走于证券相关法律的边缘。虽然没有事实证明伊坎违法,但是德崇证券高层觉得,伊坎对公司如同鸡肋。

但是到了1984年,伊坎作为华尔街的一颗新星冉冉升起,他对ACF的收购为他赢得了名声。这次,当他被再次介绍给德崇证券的时候,这家公司显得十分有兴趣。一开始,德崇证券的总裁弗雷德·约瑟夫直接委派还是新星的银行家莱昂·布莱克来和伊坎联系。当融资计划出台的时候,约瑟夫亲自参与,并且和布莱克一起落实了这笔交易。

从一开始,德崇证券就知道伊坎是个抠门的家伙,一定会索要费用折扣和特别条款,并且在每个价格上都不让步。在德崇证券内部,伊坎被认为是个非常难缠的客户;同时,他又被认为是所有公司掠夺者中最聪明的一个,而当时几乎所有的公司掠夺者都和德崇证券有业务往来。

"我了解那个时代所有的公司掠夺者。"一位德崇证券高管说,"布恩·皮肯斯、詹姆斯·戈德史密斯、索尔·斯坦伯格等。他们每个人都有独特的才华,都很聪明。但是卡尔是其中最聪明的一个。"

"他太聪明了,以至于我和他交谈的时候有时也被搞糊涂了。当我们谈一桩交易的时候,卡尔总是能从不同的角度来看待问题,不管那个角度可能性大不大,他都会说:'想想看,如果A做了X,会怎么样。如果X真的做了,那么我会做Y。但是如果我做Y,A也做了X,那么如果这个时候B做了X和Y,会怎么样?如果事情那么发展的话,我会做Z。'

"对于这样的连锁反应的推测,我可以考虑接下来的8步,可是8步对于卡尔来说只是热身。他会考虑接下来的15、20、25种情况。对于卡尔来说,这就像下国际象棋。他太聪明了,也非常有主见,记忆力超凡,你只需要知道他一定会打败A或者B或者C或者他的对手。他比大多数人要高很多个量级。"

这和德崇证券的宗旨相吻合,因为德崇证券就是要和伊坎这样的敢于挑战大企业组织的斗士发展关系,来推动迈克尔·米尔肯和他的同事提供融资的收购热潮。他们相信,更大规模的交易很快就会到来。

1985年2月,伊坎给菲利普石油的董事长威廉·道斯写了封长达2页的信,这标志着伊坎进入了大规模交易的时期。在信中,伊坎提出愿意通过杠杆式收购的方式，以每股55美元、总共81亿美元的金额，收购菲利普石油。但是按照伊坎一贯的作风，信里透露出来的并不是简单的友善收购。伊坎威胁，如果菲利普拒绝了这个收购提议——华尔街上每个人都这么认为——他就会发起敌意收购。

初步看来，菲利普唯一可以避免和伊坎硬碰硬的办法，就是以伊坎提出的每股55美元的价格，由菲利普来收购所有的流通股。伊坎说，只有那样做，才能令他放弃这次收购，因为他可以从持有的750万股上获得可观的利润并且会因此放弃对该公司的威胁。这是个精心设计的进攻，而菲利普作为目标公司，其实早就被另外一个20世纪80年代的掠夺者"洗劫"过，这个掠夺者就是来自德州的石油大亨布恩·皮肯斯。

事情发生在伊坎发起收购的前几年。当时，皮肯斯是位于阿马里洛的梅瑟石油的创始人，梅瑟当时还只是个小油田。1984年12月，梅瑟公然宣布它吸纳了大概6%的菲利普的股份，而且正准备以每股60美元的价格公开竞购另外14.9%的菲利普股份。

因为菲利普的股票当时徘徊在每股40美元左右，所以梅瑟的报价对于股东很有吸引力，也让公司管理层很惧怕，他们过去听说过不少皮肯斯的宣言，他和伊坎差不多，都是把自己塑造成一位代表股东利益，挑战无能管理层的斗士形象。

在这个案例里，皮肯斯声明的核心是菲利普的管理层没有能够帮助菲利普实现其内在价值。为了纠正这样的情况，梅瑟这位干练、深谙媒体之道的董事长抛出了一个三步走的进攻方案：首先他提出要收购14.9%的菲利普股份，然后他会争取对公司的控制权，最后也是全计划的核心是，他会推动菲利普和另一个企业的合并，每个菲利普的股东都会获得每股60美元的价格。

尽管皮肯斯的计划建立在一系列"如果"和"可能"的基础之上，而且对股东如何获利也说得不清不楚，菲利普的管理层却知道，在躁动的20世纪80年代，金融市场热衷于大规模交易，只要有华尔街的支持，即便再离谱的收购也有可能顺利完成。于是，公司对来自梅瑟的威胁十分谨慎。

道斯立刻雇用了一套"全明星阵容"的收购专家来阻挡掠夺者的进攻，这些人后来都成了这个时代最耀眼的明星。这个防御团队里包括了投资银行摩根士丹利的乔·福格和收购兼并律师马丁·利普顿，后者被认为是"毒丸计划"这一反收购策略的创始人。虽然菲利普一方面通过法律诉讼，另一方面在媒体上试图把皮肯斯描绘成一个贪婪的机会主义者，表现得像是要和来自阿马里洛的这位套利者周旋到底。但是来自华尔街的顾问团队知道，菲利普是不太可能在法院赢得这场防御战的。

因此，他们策划了一份"资本结构重组"的复杂计划，其中，菲利普的股东可以将他们的股票出售给菲利普公司换取现金和证券。和丹河中的防御行为类似，菲利普会发行大约占股份总数32%的新股，然后把这些新股转入其员工持股计划。由于通常企业的员工和管理层是站在一边的，所以员工持股计划里的股份加上其他忠于管理层的股份，基本可以确保控制权依然掌握在管理层手里。

为了安抚皮肯斯，菲利普同意以每股53美元的价格收购皮肯斯手上的股份，这给他带去近9000万美元的利润。虽然菲利普坚持说用来和股东交换股份的现金和证券也值每股53美元，但是华尔街认为其真实价值应该在每股40～45美元。一个美国大企业的管理层又一次为了保护自己的利益不受掠夺者侵犯而做出这样的决定。皮肯斯在得到这个价格之后，签署了一份休战协议，承诺在15年以内不会再涉足菲利普石油。

但是如果总裁和董事长认为企业遭受的攻击已经结束了的话，那么还为时尚早。当公司和掠夺者达成一致的消息传到市场的时候，菲利普的股票——之前由于收购造成股票价格飞涨——一下就从每股55美元左右下挫到每股45美元左右，原因在于市场对资本结构重新调整仍然持观望态度。

当套利者和长期持有的股东为股价的跳水感到愤怒的时候，伊坎却意识到，获利的机会又来了。伊坎相信，即使是现在的股价，也仍然只是反映出菲利普资产价值的一半左右，别的掠夺者或者其他有收购意图的油企还是会对它虎视眈眈，所以他认为，应该立刻采取行动。

伊坎的行动让皮肯斯感到惊讶。考虑到菲利普对皮肯斯开展的心理战——包括在巴特尔斯维尔①举行的抵制皮肯斯的声讨会——皮肯斯没想到，伊坎会来捅这个马蜂窝。据说，皮肯斯曾宣称，如果收购菲利普成功，他就要举家搬迁到巴特尔斯维尔去，但后来有人警告他说，只要他搬过去，就会在一个月内被射杀。

但是不管伊坎是否听说过这些事情，从他的角度来看，这些威胁都是小事。对卡尔来说，收购菲利普纯粹是出于经济学规律。

"布恩·皮肯斯上次是以每股60美元收购的。"伊坎回想道，"他在股价37美元的时候出价60美元，这是件很有胆量的事情。他们说：'滚开，我们不想卖给你。'立刻消失的话能拿到9000万美元或者1个亿，然后皮肯斯就离开了。于是管理层现在牛气冲天了，他们拒绝了每股60美元的收购价格，因为想卖每股43美元。这真是难以置信。

"我当时在观察事态的发展，心想，'看，可能马上要发生什么事了'。我从事投资已经好多年了，在这个领域做了很多事情。我看过很多企业的资产负债表，也看了菲利普的资产负债表和现金流量表。并认为公司的价值绝对超过每股60美元。布恩·皮肯斯不傻。他花每股60美元不是做慈善，更不是帮助我们解套，他这么做是因为他认为公司不止这个价格。

"所以我说，股票现在才每股四十六七美元，皮肯斯愿意出价60美元，菲利普愿意出43美元。那么好吧，他们必须付更高的价格。否则这简直是在侮辱我的智商。"

带着这个想法，伊坎和他的投资者们在1984年菲利普股价低迷的时候开始增持它的股票。在1个多月以后的1985年2月初，伊坎已经吸纳了菲利普大约5%的股份，并准备展开攻击。在伊坎经摩根士丹利的

---

① 巴特尔斯维尔位于俄克拉何马州，是菲利普石油公司创始人最早组建公司的地方。——译者注

乔·福格转交给道斯的信中，他抱怨给股东的补偿"严重不足"。伊坎提供了另外一个方案，即他将以每股 55 美元的价格收购菲利普。然而，如果公司愿意向所有的股东都支付每股 55 美元的话，伊坎就放弃收购。

和往常一样，雷声总在平静之后：如果管理层拒绝接受他的提议，那么伊坎准备展开委托代理权争夺来推翻资本结构重组计划和员工持股计划，收购所有公司的股票。其中 51% 用股票来支付，剩下的则以债券的形式。收购总额为 81 亿美元，远远超出伊坎之前收购的交易金额。

起初，菲利普的管理层试图通过轻视伊坎来让他退却。有一次，伊坎打电话想和道斯说话，却被告知道斯没有办法接听，也不提会尽快回电。这样的嫌隙将贯穿于伊坎和道斯以后的交锋中。

另外，因为德崇证券是华尔街上的新兴力量，以从摩根士丹利手里把其可靠的老客户争夺过来而出名，因此，摩根士丹利和德崇证券之间的交恶是另外一个贯穿在这次菲利普收购案中的暗中嫌隙。

"乔·福格把卡尔和我们当成地狱里来的野蛮人。"一位德崇证券前任高管说道，"他从来没有尝试过按卡尔的风格和卡尔打交道。恰恰相反，福格经常表现得像是在和一位做事循规蹈矩的《财富》50 强公司董事长打交道。"

菲利普希望，伊坎和强大的摩根士丹利面对面谈话后能灰溜溜地逃跑，所以他们安排伊坎在摩根士丹利的办公室和福格会面。会议被安排在下午 6 点。但是伊坎以金斯利还在给他准备大量财务报表为借口，每半个小时就打电话要求延迟。伊坎最后到达的时候，是晚上 8 点。

这个画面有点奇特。伊坎这个精明、世故却还是带着强烈的皇后区风格的人，走进了摩根士丹利这家老牌投资银行。穿着考究的福格看上去就像是狄更斯笔下一个召见不听话小工的监工。伊坎穿着微微发皱的西装，领带也歪着，看上去像是马上要被训斥的样子。肯定有那么一小会，福格认为自己占了上风。他自以为这个伊坎无疑会被大大地羞辱一番。

如同伊坎回忆的那样，福格斜靠在他的桌子上，瞪大了眼睛看着他说:"你说你想购买世界上最大的石油公司之一,这很荒唐。你究竟对石油生意了解多少?"

无论福格想要达到什么目的,伊坎的回答都在他的意料之外。

"你不懂,乔,我不是来这里面试的。"

金斯利对此人也同样不屑。

"摩根士丹利给我们寄了问卷。"他回忆道,"嗯,里面大概有两三页纸的问题吧。'你会把公司迁出巴特尔斯维尔吗?你在石油生意方面的背景经验怎么样?'当我们和他们会面的时候,他们说,他们想知道我们是不是'合适的申请人'。"

"那时我就说了:'现金!我们有现金。那已经足够让我们成为合格的申请人了。至于经验,我们可以雇用那些懂石油生意的人。'"

在法律的交锋中,伊坎在面对菲利普石油时,带上了丝毫不逊色的律师团队和更多数量的人。

"伊坎出现的时候,菲利普已经和皮肯斯签署了协议,因此他们觉得伊坎像是捡剩饭吃。"一位在菲利普和伊坎交锋初期代表过菲利普的巴特尔斯维尔的当地律师登齐尔·加里森说,"但是我可以告诉你,卡尔有一堆律师,可能有20来个,纽约的和俄克拉何马州的都有。他们统一穿着黑色的西装,而我就穿了件运动上装。当我走进房间的时间,感觉像是走进了狮子的栖息地。"

"我们发起诉讼试图阻止伊坎的收购企图,原因是收购不符合公众的利益。事实上,我们在创立一些的新的法律,但是进展并不是很顺利。在塔尔萨,联邦法官根本不理睬这个案例。"

虽然菲利普知道它必须要同伊坎斗争下去,但是管理层并不知道伊万·博斯基已经暗中加入伊坎阵营,并寄希望于股价的上升。博斯基的动机很清楚:作为在皮肯斯进攻中最大的菲利普的股份持有者,他还持有相当数量的股份。而菲利普和皮肯斯签订协议后,这些股票几乎每股跌了10美元。

1984年12月的最后一个星期五,博斯基邀请伊坎在下一个周日到他家做客，他在纽约芒特基斯科的庄园和伊坎在贝德福德的庄园不过几分钟车程。两人交谈的话题当然是：菲利普石油。

"他说我应该好好看看菲利普，因为它的管理层在拒绝梅瑟的收购上犯了巨大的错误，而现在出来的资本结构重组计划又明显不完善。"伊坎回想道，"他觉得这家公司的股价太便宜，他对此感到十分郁闷。"

伊坎、金斯利、博斯基和希尔森雷曼的能源分析师在博斯基的早餐厅内开会，讨论菲利普现在的状态。最后大家取得了一致见解：菲利普的股票仍然有吸引力，主要是因为资本重组计划估值太低，股价还会再高一些。从博斯基的角度，要想争取把价格抬高，就要放任伊坎对道斯和董事会发起挑战，给他们施加压力，提高对股东的补偿规格。这会抬升股票的价格，让博斯基走出损失的阴影，还有可能盈利。

但是很显然，博斯基要的不止这些。根据伊坎的说法，会议开始前一个小时，这个"可怕的伊万"提议和伊坎合伙。

"他说，可能我们应该一起做点什么，成为合作伙伴就可以做点什么了。"伊坎回忆说，"比如购买股票，然后让公司把补偿股东的待遇再提高一点。"

伊坎的回答不是博斯基想要的。

伊坎说："我记得我对他说，一般情况下，我在开展这些交易的时候不喜欢有合伙人，如果要在这种情况下成为我的合伙人，他至少得拿出1.5亿美元的资金才能有足够的影响力。然后博斯基说，那太多了，钱都已经被他买了股票了。于是我就说：'既然你达不到这个条件，我还是不想要合伙人了，因为合伙人会让这些交易难度大很多。除非大局已定，我从不这么做。'"

这时候，伊坎还不确定博斯基有没有钱和他联合。但是为了将来可以动用博斯基的资金来购买更多菲利普的股票，伊坎愿意维系"合伙"的可能。

会议结束了，双方并没有达成任何协议，更重要的是，伊坎没有说出他当时已经购买了相当数量的菲利普的股票，并且在考虑是否要对公司展开进攻。伊坎和博斯基之间并没有任何形式的协议，所以他觉得没有理由要告诉对方任何实质性的消息。但是，博斯基在华尔街广布眼线，搜集消息能力超出常人，他很快就得知伊坎在菲利普也建仓了。于是他愤怒地给伊坎打去电话，宣称自己被背叛了。

"我首先问他是不是真的在吸纳菲利普的股份，他说是的。"博斯基回忆道，"这就是我吃惊的缘故，我说：'那好，我以为我们一起讨论这个话题的时候，你至少会出于礼节告诉我你正在收购股份。'我当时有点愤怒。"

伊坎把这个电话当成是博斯基这个套利者焦急地想探听一下股价的走向。

很明显，博斯基是在打探伊坎的虚实，因为他知道，伊坎有没有收购，会对菲利普的股价有重大的影响。

"伊万总是根据别人的交易来进行自己的交易。"一个前德崇证券的投资银行家说，"如果卡尔在买，伊万也会想去买。如果卡尔在卖，伊万就会想卖。他对信息异常关注，这就是他运作的模式。"

博斯基连着几天给伊坎打电话，有的时候甚至一天几次，连哄带骗缠住不放，总是问同一个问题，但是伊坎始终守口如瓶。"你看，伊万，"他说，"我不知道我会做什么。你不是我的合伙人，你没有给我 1.5 亿美元。"

1985 年 1 月 28 日，在伊坎宣布对菲利普股票进行竞购之前的一周，伊坎同意从博斯基手里购买 270 万股菲利普股票。但是即便是在那之后，博斯基还是发现，试图去操控伊坎是没用的。

谈到伊坎收购博斯基手上股份的协议时，博斯基说："你买了之后会不会以一个更高的价格卖出？你会不会买了我手上的股票，然后又买个 200 万股，最后以每股 50 美元左右的价格卖回公司？你会分我一些吗？"

博斯基作为华尔街上最狡猾的操作高手之一，正企图从伊坎的利润中分一杯羹。如果他真这么想，那么真是太低估对手了。伊坎的答复很简单:"不可能,一点也不可能。为什么我要分你一点?你又不是我女婿。"

"在他的全盛时期,博斯基会对每个人的每笔交易都进行试探。"一位参与菲利普交易的前德崇证券常务董事说,"他的身影到处可见——既是买家,又是卖家,还是交易方和信息渠道。他无处不在,像幽灵一样。我们过去常常把他当作是'奥兹国的魔法师'。"

"博斯基很聪明,但是他对卡尔还是估计错了,他觉得卡尔会为他做点什么。德崇证券会帮伊万,是因为他是米尔肯最好的客户之一。他会买垃圾债券,也会卖,如果我们需要做什么,交给伊万就行。所以我们对他照顾有加。但是卡尔从来不需要这样的关照。卡尔只关心自己的利益,从不会考虑帮助其他人。哪怕是举手之劳,他也不会帮你。"

在伊坎的收购中,获得博斯基的股份给了他更强的实力。同时作为后备方案,一旦有别的掠夺者或者公司买家也想收购菲利普,这些股份也可以为伊坎带来更大的利润。在这个时候,来自明尼亚波利斯的收购大师艾文·雅各布(绰号"清算艾文")在菲利普也有股份,鹏斯公司也好像有收购意向。如果其他等待时机的人中有一个对菲利普展开收购,股价就会升高,伊坎就可以从中获利,全身而退了。

但是伊坎知道,他目前置身于危险的水域中,外部环境随时可能改变。他打赌,雅各布会继续保持其被动投资者的地位,争取从副业中捞点钱。鹏斯公司虽然也在和菲利普接洽,看上去却不像能达成交易的样子。因此,伊坎决心出击。

早春2月的一个周日上午,伊坎与来自帝杰投资和德崇证券的银行家们一起密谋对付菲利普的战略,这两个投资银行之前都支持过对海湾石油和迪士尼的恶意收购,并且都急不可耐地想涉足被皮肯斯打劫后苟延残喘的菲利普。对菲利普的全面出击,意味着大量的佣金和搭救博斯基的好机会。

---

① 童话《绿野仙踪》里的人物。——译者注

"在那个时候，我们认为自己已经所向披靡了。"一位德崇证券的执行董事说，"我们深信，只要出手就一定会成功。有海湾石油的前例在先，现在，另一家石油公司菲利普成了理想的目标。"

"我们唯一还不确定的，是由谁去发起进攻。但是经过我们自己内部讨论和对一些可能人选的交谈，我们意识到，要做这么大一笔交易，对一个大牌的美国企业组织发起挑战，必须要求这个买家有坚定顽强的品质，还要冷静。他必须是一股无法阻挡的力量。当我们这么考虑的时候，只有一个名字跳了出来：卡尔·伊坎。"

德崇证券与卡尔的联系，其实是从伊坎给莱昂·布莱克打电话开始的，当时伊坎并没有过多谈及菲利普的形势。这个时候，套利者们——那些持有很多菲利普股票的人——正在抨击菲利普的资本结构重组计划，并等待有人可以领头做点什么。起初，布莱克在和伊坎的电话中没有摸清楚伊坎的想法，只是凭经验猜测，伊坎不会放过任何一个机会。但是在一系列跟进的电话中，以及随后在伊坎办公室举行的由布莱克、德崇证券的并购部主管戴维·凯和常务董事约翰·索特参加的会议中，德崇证券的人开始相信，伊坎并不只是想想那么简单，他已经到了准备行动的阶段。

但是伊坎也在思考他的选择，他在和德崇证券接触的时候，也在和帝杰投资接洽。他和帝杰投资的联系其实也才开始不过数周时间，始于和乔斯林·贾维茨的一次偶然会面，她的伯父是纽约参议院议员雅各布·贾维茨。乔斯林在一次鸡尾酒会上和伊坎混熟，之后她利用这个契机，想为她所在的帝杰投资谋求一些业务——她提出要为伊坎和帝杰投资的人安排一次会议，其中包括业界知名的石油分析师库尔特·沃尔夫。很快，会议被定在了某个周日。

参会者——在伊坎的授意下也包括德崇证券——开始开门见山地讲述他们对菲利普的策略。帝杰投资的手段纯粹是战术型的：伊坎应该全力以赴推进委托代理权的争夺，让股东们投票否决资本结构重组方案，原因是这个方案补偿力度不够，不符合他们的最大利益。

但是德崇证券提出，在委托代理权争夺之外，也可以包含市场竞购。在大家的提议都摆在台面上之后，辩论开始了。帝杰投资将德崇证券视为领地的入侵者，试图贬低他们市场竞购的主意，坚持认为委托代理权争夺就足够达到目的。而德崇证券反击道，帝杰投资的计划只是半成品，无法承受市场的检验。从德崇证券实践主义的角度出发，帝杰投资的计划是没有什么可行性的。

"帝杰投资的方法是我所听过的最愚蠢的。"德崇证券的常务董事说，"只有委托代理权争夺而没有一个具体的竞购方案，等于是空话，毫无信用可言。"

"你必须明白，当时伊坎还只是一个小角色，他之前所有的交易规模相对都很小。而现在，他要挑战的是屹立于美国企业界的巨无霸之一——菲利普石油。如果他想取得进展，最好采取最猛烈的进攻。只进行委托代理权争夺而不提出收购，是不可能达到目的的。"

金斯利也同意这种观点，他有一次说："看，如果我们只搞委托代理权争夺的话，人们会嘲笑你。"

德崇证券的计划是具有里程碑意义的，它开启了接下来的以"超级大额交易"著称的10年，成为了之后所有敌意收购效法的对象。这个计划需要惊人的资金支持——80亿美元。这可能吗？帝杰投资是持怀疑态度的。但是德崇证券有迈克尔·米尔肯，而米尔肯有他的垃圾债券网络，虽然他之前的融资规模从未超出80亿美元，但是米尔肯很有信心。

伊坎和德崇证券战略的一个组成部分已经展现了出来。如果利用垃圾债券投资者对这项交易的预期来融资，那么伊坎就必须预先支付很多费用，因此伊坎建议，德崇证券先给他一个资金担保函。从伊坎的角度看来，这对于德崇证券来说没有什么风险，因为他很确信这笔交易能赚到钱。

但是，即便是懂得灵活变通的德崇证券也不愿意这么做。断然地声称融到资金，会迫使德崇证券不得不增加自己的资本开支。一旦没有能够从外部融到所要的金额，它就不得不动用自己的资本，并使自己陷入险境。

莱昂·布莱克和伊坎的谈判继续在狭小的办公室进行。布莱克给弗雷德·约瑟夫打了数个电话——当时约瑟夫是德崇证券企业融资部门的主管。电话的目的就是希望能够发一个文件，既"表明对伊坎的资金支持，但是又不用让德崇证券自己承担这样的义务"。为了解决这个问题，他们提出了各种可能性的说法。"我们有信心融到这个金额"听上去可能性很高，同样的，"我们相信我们可以融到这个金额"也可以。尽管这样的表达已经和目标很接近了，但程度上却还是差了那么一点点。就在这个时候，莱昂·布莱克提出，德崇证券可以说，对融到这个金额"高度自信"。这仿佛是一道闪电划过，让大家都觉得这个词正是他们要找的。

但是这样的说法还是太新鲜了，还差 3 个月就要成为德崇证券总裁的约瑟夫觉得，还是有必要就这个说法征求公司 CEO 的同意。约瑟夫同时也要求布莱克，确保这封信函本身没有什么法律问题。如果德崇证券要押上自己的信用，那么必须要确保自己有这个能力提供资金。有了这个最终意见，布莱克开始和垃圾债券部门的销售员，包括米尔肯在内，确认融资没有问题。不管布莱克对他想出的这个说法有多么热忱，他自己毕竟不是销售员。德崇证券既然背负了责任，约瑟夫想确保它到时候有能力负起责任。很快，布莱克得到的反馈是钱没有问题。基于此，这封"高度自信"的信函被签发，交易也随之开始了。

但是情况恰恰相反。就在第二天，那个善变的伊坎经过再三考虑之后，觉得"高度自信"这个词的力度还是不够，交易只能先搁置了。这个时候，伊坎其实是在两个方面出击。他在做最后的努力，迫使德崇证券做出更有力的资金保证。同时，他还不确定自己是为这封"高度自信"的公函买单——德崇证券为这封信开价是 100 万美元，或者还是采取帝杰投资的提议，只争夺委托代理权。

在考虑这个问题时，伊坎咨询了他的律师泰德·奥特曼，后者向他发出忠告，"高度自信"作为一份法律文件没有太大的力度。一旦德崇证券无法给予融资支持，伊坎并没有追溯的权利，会像个傻瓜一样被耍。但是奥特曼也提醒伊坎，德崇证券在业界很有信誉，凭此声明应该就会履行自己的承诺。由于在 ACF 的融资上有现成的事实摆在那里，伊坎有充分的理由相信德崇证券的保证有效。在暂停了一天之后，看到德崇证券决心坚持"高度自信"的说法，伊坎认可了这个说法。

在这个美国商业史上的转折点，德崇证券是一个占有超大份额的金融集团。尽管企业界的人对之非常痛恨，认为它是华尔街"强盗"的大本营，企图建立新的金融法则，并且威胁企业的管理层，德崇证券还是因为其强大的融资能力而备受尊敬。当它通过米尔肯之口说出公司"高度自信"能够解决融资，全世界没有人怀疑它会赖账。

但是在菲利普的这个交易中，这样的"保证"还是第一次，从来没有人在现实里检验过到底如何。菲利普利用这个情况大做文章，认为德崇证券的公函不过是一纸空文，证明伊坎没有资金来完成市场竞购。当然，这个念头来自菲利普在摩根士丹利的银行家，这些保守人士向来对德崇证券充满了鄙视，把他们当成华尔街的"下三烂"。当时的摩根士丹利沿袭了传统投资银行的高雅作风，而德崇证券灵活变通的风格几乎和它在所有的方面都格格不入。

"在我所经历过的传统投资银行中，通常的惯例是你要么有个保证，要么没有保证。"一位摩根士丹利的银行家说，"如果你有保证，那么金融机构给你的公函上会写着你有保证。实际上，你获得了一个信用担保。相较而言，带有'高度自信'表述的公函只是一个表示公司可以获得融资的意见，却没有信用担保。因此我们没有太把这封信当回事。"

当德崇证券放飞了这么一个金融行业的试验热气球之后，你也许会觉得，约瑟夫和他的同事会屏住呼吸祈祷他们的试验不会失败。但是德崇证券的自我感觉太良好了，那种不可战胜的感觉随着一单单交易的成功与日俱增，没有人会质疑。

"我们觉得，就像信里写的'高度自信'，我们一定能融到资。"一位前德崇证券的高管如是说，"当迈克尔·米尔肯说我们能做，我们就相信一定行。我们认为：'摩根士丹利懂什么垃圾债券！'我们才是当时华尔街唯一知道怎么使用垃圾债券的人。"

当菲利普利用报纸广告来攻击伊坎是个纸老虎之后,伊坎同意向德崇证券支付750万美元的费用,以此从米尔肯的垃圾债券投资者那里获取比"高度自信"支持力度更大的担保。交易的细节是,如果交易顺利,伊坎要向这些投资者支付投资者保证金额0.375%的利息;如果交易失败了,则支付0.125%。除此之外,如果伊坎将其持有的菲利普的股份出售的话,德崇证券将获得20%的利润。

在融资获得确保之后,伊坎开始利用报纸广告进行反击,他在1985年2月20日的《华尔街日报》上宣称:

我的股票竞购是真实的

> 我在2月15日宣布投资银行德崇证券已经在48小时内为我的竞购提供了15亿美元的担保。另外,ACF工业和我的其他下属企业也拿出了4亿美元的菲利普股票作为融资方案中的股份支持。我昨天也已宣布,我已经告知德崇证券,在击败董事会的资本结构重组方案之后,将由他们提供剩下所需的资金。我还会在信托账户中存入1.02亿美元,一旦符合竞购条件,其中的1550万美元将用来支付德崇证券和其他参与提供融资的金融机构的佣金。当购买竞购股份之后,8650万美元将被用来支付德崇证券作为融资的佣金。剩下的问题是它能否获取这些资金。德崇证券已经声明他们有高度自信——我也同样如此!

在一次和德崇证券的秘密会议上,菲利普的顾问试图通过改善条件来阻止伊坎的进攻。可是当时德崇证券表示改善了的条件仍然不够,菲利普必须在每股价格上再增加2美元。当菲利普的谈判者抱怨他们已经为交易做了最大可能的让步,价格不可能再高的时候,德崇证券方面马上回应说:"我们知道该怎么做。我们可以帮助菲利普发行垃圾债券。"说完这话,现场鸦雀无声。

伊坎做出上述宣告的时候,德崇证券已经组织了一个让人印象深刻的投资者团体,其中包括第一城市财团(该企业由加拿大的贝尔兹伯格家族控制,提供1.87亿美元担保)、诚信保险公司(由索尔·斯坦伯格控制，提供 6000 万美元担保）、太平洋投资管理公司（1.453 亿美元）、肯珀投资者人寿保险公司（5000 万美元）。2 月份递交证监会报备的 47 个投资者参与这个交易其实有两个原因：即便伊坎收购失败，也可以获得保证金利息；另外，他们都想让伊坎的收购威胁变得更可信，因为他们中很多人自己也持有菲利普的股份，希望伊坎的收购压力可以迫使菲利普对股东的补偿方案更合理一些。很多人认为，仅仅是握着一大笔钱站在伊坎背后，就可以促使菲利普屈服，这场争夺甚至不需要动用这些资金，就可以以己方胜利而告终。

在这次的谋划中，为了使"高度自信"显得更可信，德崇证券有意从原来的垃圾债券投资者名单中隐去了几个实力最强的人。

"'投资者'名单必须向证监会备案，我们知道，每个人都想要看到底有谁在名单上面。"德崇证券的前高管说，"所以，我们没有把几个大投资者的名字放进去，像第一行政及金融家卡尔·林德纳。这么做的原因是不想让菲利普和其他人认为我们在融资伊始就用上了所有资源。如果他们没看到像第一行政和林德纳这样的投资者出现在名单上，他们就会明白，我们还有更多的投资者作后备。"

当伊坎和德崇证券以这些资金为基础向前推进的时候，他们正在为整个 20 世纪 80 年代震撼美国企业界的收购活动缔造一个前所未有的里程碑。菲利普的交易是历史上第一次没有银行界参与的大规模并购活动。德崇证券坐拥米尔肯的垃圾债券投资者，影响力绝无仅有，反而使传统的商业银行相形失色，变得可有可无。这也给掠夺者们注入了空前的实力。这些掠夺者们曾经必须小心翼翼地处理好和银行的敏感关系，毕竟，没有银行愿意为敌意收购自己的客户提供资金支持。而现在，他们可以一举绕过这些障碍了。

"那些银行以前总是对掠夺者诸多挑剔。"一位之前在德崇证券工作的人说，"他们担心其中的利益冲突，担心向他们借钱的人到底会采取哪些行动，还会担心这个人在商界的声誉怎么样。"

"但是到了米尔肯这里，什么都不需要。他会对整个资本结构进行再融资，因此交易里不需要其他资金来源参与。和米尔肯打交道是一站式服务。

"迈克尔也从来不担心冲突或者声誉那些形式上的东西。如果一个人付了钱，并且做好了该做的事情，迈克尔就会支持他。对于伊坎来说，这简直就是天作之合。伊坎和德崇证券开始合作的时候，交易并不算很大。但是我们不断提供支持，他们也做得越来越大。

"卡尔从来就没进入过德崇证券的内部圈子。他不像博斯基那样近。卡尔永远只待在自己的圈子里。但是他在德崇证券有个很棒的银行家。当他需要资金来完成交易，他就会联络莱昂·布莱克，他也是直接对米尔肯负责的。卡尔会打电话给布莱克，然后布莱克打电话给迈克尔，最后由迈克尔做出决定。"

1985年2月9日周六的傍晚，伊坎在自己家举办了个鸡尾酒会。他邀请的来宾包括了伊万·博斯基。闲扯了几句之后，两个人就溜进了伊坎的图书室讨论菲利普的交易，博斯基再次提出以合伙人的方式对付菲利普。他们说好第二天晚上会在卡尔的律师戈登·霍维茨的办公室里会面，深入探讨这个问题。但是和以前一样，对合伙人这个话题的讨论还是没有什么实质性的进展。

当时，伊坎认为博斯基在菲利普的问题上只说不做，要不就是他没有伊坎要的那么多钱来参与，要不就是没有胆量在敌意收购中有一个明确的立场。伊坎越观察博斯基的行为，越断定博斯基只是想捞点信息，没有其他更深远的目的。

可是，博斯基仍然继续收购了一大批菲利普的股票。很显然，他断定伊坎正在做某些事情。

"伊坎买了200万股，这很好。"博斯基在谈到他的决定时说，"他是个很聪明的投资者，我之前不应该卖掉这么多。你知道，他可能发现这里面有更大的价值。我尊重他的判断。"

现在双方重回菲利普的话题，博斯基想对伊坎发号施令，告诉伊坎如何让他的竞购显得更可信。可是这只是博斯基的一厢情愿。要让伊坎从他那里接受教训，根本行不通。

　　同时，伊坎声称有另外一个远程操控者在和他联系，这是个神秘的"深喉"一样的人物，看上去对伊坎的行踪了如指掌，居然有他在贝德福德的家里的电话号码，即便是伊坎在棕榈滩度假的时候，也能拿到他酒店房间的电话。

　　伊坎回忆道："这个家伙说他的集团会开个价来购买我的股票。于是我问：ّ你到底是谁？'他说：ّ时间到了你自然知道。'他没有给我任何菲利普的内部消息，但是他似乎很清楚这家公司的来龙去脉。一般我是不会和这样的人深入交谈的，但是这个人不同，他的确了解这家公司。我自认为是个很出众的分析师，我想我可能比其他人更了解菲利普，哪怕是那些在菲利普里工作的人。但是这个人居然了解得比我还清楚，他知道的远比套利者要多得多。"

　　就在伊坎宣布他有意展开敌意收购的时候，菲利普提起了诉讼，控告伊坎违反了证券法。同时，公司也在采取切实有效的手段来保护自己。首先，它将之前的资本重组计划改善了一些，称每股增加了 2 美元——但是华尔街不买账，认为增加的部分其实只有大概每股 1 美元。其次，菲利普授权采用"毒丸计划"的防御策略。具体操作是，如果有任何一个买家购买了至少 30% 的菲利普股份，那么所有的股东就有权将手上的股份以每股 62 美元的价格换成债券。这里之所以"毒"，是因为根据条款规定，持股 30%（或者以上）的股东被排除在转换债券协议之外，拿不到债券。更糟糕的是，他还将因其他股东所转换的债券的支付能力，面临巨额的债务。

　　现在看上去对伊坎来说是个很好的时机，至少到目前为止，他还可以因为股价的上涨而获得一定的利润。但是他没有，一方面他还想追求更高的利润，另一方面，他被菲利普这样的安排激怒了，尤其是通过"毒丸计划"这样的策略，用牺牲股东的利益为代价来保护无能的管理层。

　　"'毒丸计划'在我看来就是玩法律的小把戏。"伊坎说，"律师事务所企图修改法律。一家说，法律应该改为不允许任何股东购买超过 20%

的上市公司的股份。法律不能轻易变，那好，他们就弄了个'毒丸'出来。这个'毒丸'就是说，任何人购买菲利普的股份达到30%的话，就把所有权变成债权。股东变成债主，这太荒唐了。"

伊坎还是决定继续他的棋局，于是他发起了委托代理权的争夺，开始规劝其他股东加入他的阵营——这个时候股东中的大多数人属于套利者和机构投资者，都希望继续玩下去——否决掉之前的资本结构重组计划。尽管达斯和他的同事不认为伊坎有多少成功的把握，但是3月初股东投票的结果公布的时候，资本重组计划被否决了。于是，菲利普一再宣称之前的报价反映了股东应该得到的价格，但又再一次抬高了报价，这次，达到了每股53～56美元的水平。伊坎这才终止了市场竞购，但是按伊坎的做事风格，他"想要更多"。

很快，交锋被转移到摩根士丹利的会议室，伊坎和菲利普一方在傍晚7点以后开始了一场马拉松式的谈判，关键议题是伊坎要求菲利普向其支付3000万美元，以补偿他在菲利普收购中掏的钱。虽然菲利普已经准备好了支付一大笔钱，但是管理层确认的底线是2500万美元，而且条件是伊坎签署为期10年的休战协议。即在10年时间里，无论是伊坎还是德崇证券都不能染指菲利普。

起初，伊坎单方面同意了为期5年且同时包括他和德崇证券在内的休战协议。但是当布莱克和索特得知这个消息以后，坚决反对。德崇证券在谈判中坚称，休战协议最长不能超过3年。他们认为菲利普还是很脆弱，在不远的将来肯定还会有别的机会冒出来。

菲利普同意了德崇证券对休战协议期限的要求，但是在费用问题上却不让步。他们只能付2500万美元，一分也不能多。但是伊坎自信他可以进一步削弱对手，做好了一夜不睡通宵谈判的准备，坚持咬定3000万美元，而且谈不拢就不走。这是他的策略，他那天早上起得很晚，下午又睡了个午觉，都是为了在面对对手的时候能够拥有优势。

正如伊坎所料，会议一直拖到半夜，然后又拖至凌晨。桌上满是已经放凉了的外卖，满屋子的律师和银行家你来我往地交锋。有两次伊坎气冲冲地离开,并且大喊他受够了,不打算再继续谈了——这都是具有伊坎特色的举动。第二次他离开了超过1个小时,让菲利普的人都以为他真的不想再继续谈下去了。但是他又折返回来,警告他的对手他的耐心有限,最好快点出个满意的报价。即便如此,菲利普还是坚守2500万美元的底线。

"伊坎知道,要获得3000万美元的可能性微乎其微。"一位在德崇证券工作过的人说,"但是尝试一下总没有什么错吧。"

"你必须明白卡尔是怎么思考的。他可能觉得:'我大概拿不到3000万美元,也许只能拿到2600万美元。如果多花几个小时就能多得100万美元的话,值得吗?肯定值啊。'"

伊坎并不知道,如果他把谈判拖到第二天的话,他的尝试可能就成功了。因为菲利普的董事会在谈判开始前开了一个秘密碰头会。会议的目的是给代表公司和伊坎谈判的人——包括福格、利普顿等人——设置一个底线。这个底线是2500万美元,如果超过这个金额,需要由董事会批准。这些董事会成员也整晚没睡,一直关注谈判的进程。不管伊坎怎么表现,菲利普的团队就是不能越过2500万美元这条红线。但是如果伊坎真的放弃谈判,威胁要重启竞购的话,道斯很可能会再和董事会联系,然后抬高那条红线。

伊坎仍然是胜者,在其持有的菲利普股份上不仅获利超过5000万美元,还获得了2500万美元的费用补偿——所有这些都是在短短3个月之内完成的。

虽然公众和新闻界只把菲利普之争当作20世纪80年代收购大亨们通过迅速掠夺上市公司而变得更富有的案例之一,但是其实这里面的内情要复杂得多。在很多掠夺者和管理层对峙的情况下,股东由于其持有的股票价格迅速上升而获利。要是没有这么一个富有且执着,以利润为目的,愿意来挑战大企业组织的人,不管他是不是真的在意其他股东,这一切都是不可能发生的。菲利普成为并购分水岭的另一个原因还在于,股东成功地击败了管理层支持的计划,这在过去是不可想象的。由伊坎充当排头兵，菲利普的股东们实际上在对管理层说："在什么是对我们最好的问题上，我们的意见要比你们的意见重要得多。"

对菲利普的管理层来说，他们也揭穿了一个真相，即伊坎们不会给公司或者股东带来持久的价值。当双方都摆明了观点之后，这些观点从微观层面反映了一个国家层面热议的话题：公司收购正在改变美国工业的前景。越来越多的观察家注意到，过度的公司掠夺反而给就业、资本主义和美国的生活方式带来威胁。由于一批美国工业的象征——从海湾石油到华特迪士尼，都成了新型资本家的猎物，这些资本家通过威胁和分拆企业，赚取了巨大的财富，民间对此的担忧之声传遍了整个美国，也传进了国会。由于害怕掠夺者将企业分拆而导致的大规模失业和对掠夺者巨额财富的嫉恨，选民们催促他们在国会的代表，尽快做一些事情来恢复体系的"秩序"。

在这样的背景下，国会组建了一个下属委员会，探讨立法在控制或者限制企业收购方面是否正确。而伊坎对菲利普石油的收购成了话题的中心。

如同这个委员会的主席蒂姆·魏尔斯提出的问题："对收购的恐惧仅仅是因为公司管理层的偏执吗？这是否也反映了管理层想把自己有效隔绝起来，以保护他们的权力？或者管理层是否应该采取措施，保护企业财产不被像皮肯斯和伊坎这样的掠夺者所掠夺呢？管理层认为，这些掠夺者的目的只是以公司、员工、其他股东和长期的经济发展为代价，换取他们的快速获利。"

很大程度上，20世纪80年代那些臭名昭著的金融大师只把这样的公众论坛当作一种政治迫害，一般尽量不参与。他们的想法是："为什么要贬低自己来帮那些伪善的政治家赢得选民支持呢？"但是伊坎——因其历史知识和智慧，有别于他同辈的这些金融大鳄们，希望有这样一个机会来为收购进行合理的解释，从而扭转对他的批评。

在伊坎所做的证词中，他用了历史上的一个例子来解释他的观点，即管理不善的公司的倒闭，不是在他们被挑战的时候，而恰恰是在没有人来挑战的时候。

"有掠夺者想要收购克莱斯勒吗？① 有没有进攻过铁路（行业）？然而这些公司还是倒闭了。成千上万的人，实际上这个国家的很大一部分倒闭了。并非因为掠夺者，相反，恰恰是因为没有掠夺者。"

毫不奇怪的是，菲利普则从另外一个角度看这个问题。在一次题为"热衷盈利的强盗"的演讲中，菲利普的行政副总裁C.M.科特里尔讨伐伊坎和他的那些掠夺者伙伴，说他们掠夺了股东的财富。

"皮肯斯和伊坎声称，他们为菲利普的股东谋得了暴利。从某个程度上说这是对的。他们确实在短期内帮助抬升了菲利普的股价，这对所有股东都是有利的。

"这些利益是可以量化的，但是敌意收购的代价呢？这不容易量化。

"当资金不得不从研究、探索、建设、工作和慈善捐赠上被挪用来支付短期的股东利润，你认为长期下来，股东和消费者需要承担的代价有多少？

"那么长期来看，公司的竞争力——它继续为股东、员工和所在社区服务的能力——又会怎么样呢？会被渐渐破坏吗？

"对菲利普来说，我们要等几年甚至很久，才能得到针对上述问题的答案。

"但是今天我们知道了一件事：那些说他们代表股东的公司掠夺者们，其实不是根据委托代理权，而是通过强盗手腕来代表他们。他们这么做，给除了他们自己之外的所有人都带去了更大的风险。

"也正因此，他们不是别的，正是热衷于盈利的强盗。"

伊坎和菲利普之间的论战既和权力有关，也和经济有关。多年以来，美国的大企业组织基本上没有面临过任何挑战。但是突然间，全国的CEO们都发现他们的责任更重大了，因为有这么一批新兴的资本家通过不断的委托代理权争夺和市场竞购，企图夺取他们的管理控制权。这

---

① 克莱斯勒并没有倒闭，只是进入破产程序，后来获得政府的援助。——作者注

些掠夺者如此邪恶，想法简单且只为自己的利益考虑（这些掠夺者显然对总裁的特权地位是有威胁的）。尽管伊坎们从某种意义上来说像强盗一样寻找眼前的利益，但是他们对企业组织的威胁也是一种提醒，慢慢地但是最终一定会迫使企业管理层更多地考虑股东的利益。这场到今天还在进行的演变实际已经产生了效果，比如董事会被迫削减高管们的薪水，或者将他们的薪酬和企业业绩联系起来。虽然大量的掠夺者给曾经荣耀过的企业带来困难，因为它们可能要承担过度的债务，但是对滴水泼不进的管理层，变革早就应该发生了。

最后，有一点是没有人可以否认的：伊坎异常坚毅的性格和丰富的资源为他带来了可观的利润。他已经将他的思路在世界上最大的一家公司身上得到了验证，而且最终成了胜者。

回过头来看，无论是对于卡尔·伊坎的成长，还是对20世纪80年代方兴未艾的并购热潮来说，菲利普的交易都是一个分水岭。

"在收购菲利普之前，伊坎只是伊坎——一个成功的收购大师，有胆量，有不错的收购战绩。"一位德崇证券的前常务董事说，"但是在菲利普之后，卡尔成了独一无二的卡尔·伊坎。这笔交易塑造了他最好的威胁者形象，使他成为现今最好的收购大师。"

"要这么想。对于皮肯斯来说，他是来自石油行业的，发起对菲利普的收购称得上胆大。但是对于卡尔·伊坎，他是个来自华尔街的操盘手，从来没见过油井长什么样，也和这个行业没有半点联系，却也来挑战菲利普，这是令人难以置信的。这恰恰证明了在80年代，没有什么规则，没有边界，也没有限度，只要你有正确的武器，想干什么就干什么。"

从ACF和菲利普身上，伊坎也认识到德崇证券巨大的威力，这个基本没有什么"底线"的银行也在其身后坚决支持他。在20世纪80年代早期，垃圾债券融资还没有成为普遍的融资手段的时候，伊坎只能依靠自己，利用他身边有限的资源。在垃圾债券推广以后，伊坎还是伊坎，但是他能做和能达到的规模和以前相比，已经不可同日而语了。

但是每一种行为都是双刃剑。一方面，菲利普的交易让"咆哮的80

年代"的金融创新大师们崭露头角。但是同样重要的是,德崇证券在这次交易中虽然引人注目,却也招来了负面的关注,包括它所支持的那些收购大师们。当德崇证券的机构投资者的姓名被国会听闻,国会才惊讶地发现,那些储蓄和贷款都被用来购买垃圾债券了,而且还被用来支持收购。考虑到菲利普是一家重要的公司,为其庇护的也都是很有地位的人,伊坎发起的攻击捅了国会里的马蜂窝,德崇证券受到了监管机构更为严苛的监管,同时,反收购的障碍性条例也开始被广泛设置。颇具讽刺意味的是,此时的德崇证券还沉浸在胜利的喜悦中,全然不知接下来将要付出什么样的代价。

虽然伊坎后来还进攻过比菲利普更大牌的企业,但是他已经开始意识到,一个掠夺者在挑战大企业组织的时候,一定要把握好度。

20世纪80年代中期,金斯利向伊坎推荐了两个交易,认为一定稳赚。唯一的问题是,这两家都是负有盛名的公司:AT&T(美国电话电报公司)和通用汽车。

当金斯利向伊坎推荐AT&T的时候,他的策略基础是,他们会以220亿美元买下公司,然后从一个超额的养老金基金里取出120亿美元,以年金的形式来代替多余的现金。但是伊坎不为所动——不考虑收购。虽然他购入了3000万股AT&T的股票,但还是停下了,因为他觉得,要收购美国最知名的企业之一,而且它还被认为是美国的象征,作为掠夺者,可能有点越线了。

对通用汽车,他也有同样的考虑。尽管金斯利认为这是个低价买入的好机会,想要尽力说服伊坎购买大量的股份,伊坎的回答还是很直率,也是在点子上的。金斯利回忆说,伊坎只说了一句简短的话:"他们会把我们吊死的。"

KING ICAHN

第九章
伊坎对洛伦佐：获得环球航空

> 对于卡尔来说，没有"一杆进洞"这样的事情。你知道在高尔夫场上，当你的球落在洞口几英寸处，你的对手一定承认你接下来的轻击肯定可以进球——这就是一杆进洞了。但是这个对卡尔行不通。每件事情都必须经过谈判，每件事情都有个价格。我从来没听卡尔说过，"嘿，差价我们一人一半"。
>
> ——詹姆斯·弗罗因德，世达律师事务所合伙人

1985年春,伊坎参加了一个在20世纪80年代颇具影响力的活动——由德崇证券主办的每年一次的洛杉矶垃圾债券大会。出席会议的都是声名显赫的金融大鳄,大多是迈克尔·米尔肯的垃圾债券投资者和使用这些债券掠夺公司的公司掠夺者。在会议上,伊坎偶尔听到了环球航空公司首席财务官罗伯特·派泽做的演讲。环球航空是一家较弱的航空公司,1984年2月份被其母公司环球集团剥离了出来。在听这个演讲的过程中,伊坎的兴趣被一个主要航空公司能够带来的巨大现金流潜力给激发了起来。尽管他一直以来都梦想可以涉足航空企业,可是直到现在,他才真正有所行动。

"环球航空的主要观点是,航空公司能带来相当规模的现金流。"布莱恩·弗里曼说——他是一位投资银行家,当年在伊坎和环球航空的传奇故事中扮演了举足轻重的角色,"其实这些道理伊坎都知道,其中并没有什么内幕。但是这段演讲让伊坎全身心地投入到了航空业。"

在大会剩下的时间里,伊坎四处走动,和德崇证券的大腕们闲谈,但是脑子里却一直思考着环球航空的事。当时,他可能已经忘记了自己曾经和马蒂·惠特曼有过一次交谈。惠特曼是个专门捡便宜资产投资的人，通过买卖处于困境中的公司发行的债券，他赚了不少钱。伊坎知道惠特曼很精明世故，于是曾找机会向他请教航空业的情况。惠特曼记得，当时他俩在纽约的班克斯维尔打网球。伊坎说："嘿，马蒂，航空公司看上去不错，不是吗？"惠特曼回答道："对于那些没有办法区分毛现金流和净现金流的人来说，的确不错。"

尽管惠特曼的回答很有见地，而且后来被证明是很有预见性的，但伊坎并没把这当回事，只是当笑话听。这次参加德崇证券的大会时，他觉得航空业总体上很有吸引力，特别是环球航空公司。

"我认为，环球航空的前任 CEO 爱德华·迈耶可能在不经意间让卡尔萌生了收购环球航空的念头。"肯特·斯科特——环球航空飞行员工会的前任主席说，"1984 年，当迈耶和乘务员们谈判的时候，他曾经在杂志上吹牛说自己已经储备了 4 亿美元的现金，以备罢工时可以确保公司正常运行而不受影响。现金给了他谈判时最强的筹码，因此他愿意吹嘘自己有多少钱。"

"我可以想象伊坎坐在他的泳池边，说：'天哪，金斯利，给我把环球航空的 10K① 拿来。我们可能可以用他们自己的钱把公司给买下来。'"

在德崇证券的大会结束后不久，金斯利就做了研究，结果显示环球航空的价值被低估了。另外，一位航空业的分析师写的一份报告得出结论认为，通过资产重组——原则上淘汰那些不盈利的航线和多余的飞机——可以对环球航空的利润产生重大的影响。但是伊坎更感兴趣的是，他发现环球航空在正在进行的和工会的谈判中，非常有可能获得工会的实质性让步。

受到积极的基本面和充满希望的前景的激励，伊坎开始吸纳环球航空的股票。他以每股 9.5 美元的价格购买了最初的一批股票，这个价格要低于公司的资产账面价值。当他确信可以像以往那样利用这样一个价格差赚钱的时候，他加快了吸纳股份的速度。1985 年 4 月底的时候，他

---

① 10K：美国证监会要求上市企业提交的年报。——译者注

已经吸纳了超过5%的流通股,到5月第一周,他持有的比例差不多达到20%了。

在这次收购中,伊坎被两股力量所驱动。第一也是最重要的,是获利机会。"这是经典的格雷厄姆·多德的思路。"伊坎说,"他在30年代写过书,其中说你应该在其他人都不愿意买的时候大量买进,当然,你得知道这是有价值的。"

"价值在那里,而且我认为它还会增加。它有很好的现金流,而现金流在这样的情况下是非常重要的。当你分析这些企业的时候,只要稍微深入一些,就会发现折旧的数额并不能反映真实的折旧情况,因此当你看利润的时候,利润也不准确。现金流可以更好地反映真相,环球航空公司就有很好的现金流。可以预见,他们一定会在和工会的谈判中获得对方的让步,而这又会对现金流和利润有所裨益。"

但是,伊坎喜欢的不仅是数字。当他了解了公司的光辉历史,包括霍华德·休斯[1]执掌公司的那段日子,他发现他迷恋上了飞行的浪漫。对于这个从湾水区出来的曾经的书呆子来说,能够执掌一家全球性的航空公司,拥有数架飞机和一队训练有素的飞行员,简直像是实现了以往的白日梦。他太为此着迷了,以至于做决策的时候,这个平常可以很冷静理性的人差不多要抛弃自己的原则了。

从实际层面来说,环球航空是个非常脆弱的收购对象。简单地说,是因为这个处于困境的航空公司连年的亏损已经把盈利抵消得一干二净,因此也无法吸引掠夺者们的注意,它甚至没有设置美国企业界为了抵御这些掠夺者已经建立的法律壁垒。

世达律师事务所的合伙人詹姆斯·弗罗因德是环球航空的代表律师,他说:"公司没有任何反收购措施。尤其是它没有一个分期任职的董事会,董事可以随意撤职,没有任何书面的条款来阻止股东的行为。如此一来,

---

[1] 霍华德·休斯(1905—1976):美国著名商业大亨、投资人、飞行员、航空工程师、电影制片人、慈善家,当时世界上最富有的人之一。——译者注

一个掠夺者可能把整个董事会一举替换掉，连召集股东大会都不需要。这正是伊坎在整个收购事件中所利用的一点，也对我们一路走来所采用的战略有深远的影响。"

伊坎在他惯用的虚张声势中拉开了进攻环球航空的序幕。

"伊坎和爱德华·迈耶会面。迈耶对伊坎说：'你不能收购这家受人尊敬的公司。'"肯特·斯科特说，"卡尔说：'看我能不能。'迈耶并不知道在曼哈顿已经热火朝天的企业融资是怎么回事。对于伊坎来说，迈耶就像他手里的一只小鸟，可以随时拔掉他身上的毛。"

和往常一样，伊坎摆出了他一系列可能的行动来迷惑管理层，让他们彻底被吓倒。用伊坎的律师，威嘉律师事务所的合伙人史蒂夫·雅各布斯的话来说，伊坎在 13-D 表格里声明"正在评估自己的情况。他可能考虑在将来获取控制权，同时也会考虑向环球航空提出兼并或者合并的可行性。伊坎可能也会考虑随时增加持股"。

对于迈耶来说，他职业生涯里的大部分时间都是在处理航空公司内部的问题。现在，要直面来自外部的力量，比如伊坎，这是新的挑战，也是个让他感觉不那么有信心的经历。"当你在伊坎的对面坐下来，你就对他有了一个大概的印象，他从来不正面回答你的问题。"迈耶说，"他用问题作为回答。即便他是在回答，也不是那么简洁明了的。"

有意思的是，德崇证券也是环球航空的投资银行。虽然这家公司对限制性的商业活动鲜有规定，但是内部却明确禁止为向客户公司展开的敌意收购提供融资。然而，华尔街上的人都认为是德崇证券有意给环球航空设局，为伊坎提供资金，然后邀请他来参加这次大会。尽管德崇证券的确干得出两面三刀的事情，但是有证据显示，伊坎的考虑和行动是相对独立的。事实上，当弗雷德·约瑟夫听说伊坎已经收购了大批航空公司的股票时，曾经试图对他的双方客户进行调停，打消伊坎收购的念头。约瑟夫把他的建议当成是对朋友的忠告，因为航空公司属于资本密集型企业，而且经营存在高度周期性。他告诉伊坎，收购航空公司只会在以后带来无尽的麻烦。"如果上帝不让你经营一个行业，"约瑟夫警告道,"那就是航空业。"

迈耶也声称,他劝说过伊坎放弃收购的念头,理由是管理航空公司并没有表面看起来那么简单。"我和伊坎会面过几次,每次我都会说:'你不会想要管理航空公司的。'"迈耶回忆道,"他完全被那4亿到5亿美元的现金流给迷住了。但是我说:'伊坎,那点现金流就连买飞机都不够。'"

德崇证券最不愿意看到就是两个客户之间伤和气。但是伊坎对此毫不介意。他也没有太在意约瑟夫关于避开航空业的忠告,因为他已经根据自己的判断积累了大量的财富。那种通过付钱从顾问那里获得指示的想法,在他这里根本行不通。

1985年5月,伊坎决心夺取对环球航空的控制权。为此,他安排了两次和迈耶的会议,商讨他的意向并试探管理层的反应。在会议上,伊坎强调有必要通过出售该公司5亿美元的国内资产来削减成本。这个主张源自一份咨询公司的报告,里面指出公司需要削减大多数国内航线,这些航线都不经停环球航空在美国本土的中转枢纽圣路易斯和纽约肯尼迪机场。这个策略能使公司把资源集中在那些最能盈利的跨国航线上。

可是,这份研究报告和当时克雷萨普-麦考密克-佩吉特公司咨询公司(CMP)刚刚为环球航空完成的研究结论大相径庭,因此迈耶和他的同事反对伊坎的方案。CMP公司的策略认为,应通过加强国内航线来推动更多国际航线。基于这个策略,环球航空为国内航线购买新飞机备好了现金。由于伊坎认为应该削减国内资产,而管理层却认为应该增加,所以讨论陷入两个极端,看上去不太可能统一意见。

为了寻求一致,伊坎和迈耶先在华道夫-阿斯多里亚酒店里的酒吧会面。两个人一开始就都不喜欢对方。作为一个会计出身,一步一步爬上来的企业管理者,迈耶是一个非常稳重的高管,喜欢戴牛角材质的眼镜,让伊坎感觉难以捉摸。他温文尔雅的举止和书生气更加深了这种印象。你可以想象,伊坎肯定心想:"像这样的一个会计,当上了全球性航空公司的头儿,能有什么作为呢?"

据伊坎回忆,迈耶谴责伊坎想赚"快钱"。伊坎则反击说,迈耶的唯一兴趣只是保住自己的饭碗。两人之间的敌意在会面结束的时候反而更强烈了。作为航空公司的主要股东，伊坎确信，他要通过获取对航空公司的控制权来彻底改变环球航空的业绩。

1985年5月21日，伊坎向环球航空发函，要求以每股18美元的价格收购公司所有的流通股。考虑到当下社会对绿票讹诈和企业掠夺者的一片指责声——伊坎担心这种指责会妨碍到他对环球航空的收购——伊坎提出的是一个正常并且不含敌意的报价。

"他承诺自己不会投票来支持这次现金收购，除非其他大多数股东赞成收购。"史蒂夫·雅各布斯回忆道，"换句话说，他不会损害其他股东的利益。他否认了进行绿票讹诈的企图；他声称，他会遵从所有员工的最大利益来经营航空公司；他还指出，每股18美元远超出现在公司股票的市场价格。"

伊坎恳请董事会将他的报价传达给所有的股东。他威胁，如果董事会不同意的话，他就会发起动议来替换董事会成员，把愿意将他的收购方案提请股东批准的董事换进来。然而，如果现在的董事会同意股东为伊坎的方案投票表决的话，他就不会这样做。

对于一个从来不曾想到自己会成为敌意收购对象的公司来说，突然发现一个外部人已经持有公司近1/4的股份，还寻求多数控制权，难免感到惊讶。管理层感到困惑、愤怒，并决心要制止这个不受欢迎的侵略者，于是他们采取防御措施来阻止伊坎的步伐。很快，公司开始在报刊上和国会里分别诋毁伊坎的个人声誉。这是为了能够制造出反对伊坎的舆论，然后利用这个来对国会和交通部施加压力，在掠夺者的前进道路上增加障碍。

就如伊坎的律师史蒂夫·雅各布斯回忆的那样，环球航空"在进行着精心安排的狙击。环球航空的董事长发表公开演讲，寻求立法保护，谴责卡尔是这个世界上最贪婪的人。广为流传的情节是伊坎即将收购环球航空，而这个公司奇迹般地从之前全美倒数第三的公司一下变成了国家的明星企业。环球航空声称，卡尔会为了一己之私而关闭航线，关闭堪萨斯城和圣路易斯的机场，解雇员工。此外，伊坎还会向环球航空的股东发行垃圾债券。环球航空的员工站在公司的售票柜台后面，或者在纽约的街道上高举着大的标语'阻止卡尔·伊坎'"。

"当我们试着在华盛顿找到游说团体，将伊坎的原意传达给国会的时候，我们居然找不到人。人都被环球航空请去了。"

在法律方面，主要的行动围绕着众议院下属分管航空的委员会展开。环球航空利用不断高涨的公众对收购的排斥情绪，试图通过影响委员会来阻止伊坎对航空公司的敌意收购，同时支持一项已经向国会递交的法案，该法案能促使交通部对伊坎控制下的环球航空能否继续健康经营下去进行调查。在调查期间，伊坎将无法通过出售线路和飞机来重组公司。虽然伊坎一开始就表明过他不会拆分公司，而是继续经营，但他还是必须面对大家对他的动机的担忧。

来自阿肯色州的众议院议员约翰·保罗·哈默施密特表示，对于收购是对付无效管理层的一个有效途径这样的说法，虽然他有"几分认可"，但是他也担心，这样的行为会对"公众出行和美国的国际航空利益"造成影响。这种担心部分源于像伊坎这样的掠夺者过去的声誉。他们买下被低估公司的股票，然后纯粹为了个人的利益而榨取或者出售公司资产，无视企业的员工或者企业所服务的顾客。

爱德华·迈耶利用面对委员会的机会攻击伊坎，并且表示，伊坎声称不拆分企业的话是不可信的。

"当我们对伊坎过去的记录审视再三，再看看过去几周我们无数次面对面会谈的结果，我们深信，伊坎是不会好好地管理和经营环球航空公司的，也不会考虑公司和员工的长期利益。"迈耶告诉委员会，"我们所希望的是举行一场听证会，然后做出决定。听证会应该迅速举行，在最终决定没有出来之前，伊坎所持有的股票应该存放在信托账户里。"

"考虑到我们的职责所在，我们不会愿意将环球航空公司交给伊坎和他那些不为人知的同伙，我们会寻求更合适的买家，并要求适当的监管审查。"

至于是否应该给环球航空公司股东一次机会来投票表决伊坎的报价是否符合他们的最佳利益，迈耶却从未提及。迈耶将公众的注意力从管理层的拖延，转移到对公司掠夺者的谴责上。

"上个月，《美国律师》杂志刊登了一篇伊坎关于其策略的备忘录，其中没有任何策略是针对目标公司管理的。其中提到，'他的敌人甚至包括他的朋友'都认为伊坎先生是这个星球上最贪婪的人。"迈耶继续说道，"没有人会说伊坎会把别人的利益放在自己的利益之前。鉴于此，我们的董事们强烈认为，这个最贪婪的人应该待在原地，而不是侵犯我们的领地。"

"伊坎已经给数位委员会主席写信，保证他已经改弦易辙，不会分拆环球航空公司，而是会把公众的长期利益摆在第一位。我也希望如此，可是这样的保证也让我想起我的孩子过去常常对我讲的那些谎话。在华尔街，今年最经典的笑话必定是这三个最大的谎言：第一，'我买你的股票只是为了投资'；第二，'我们对出售你的生意没有兴趣'；第三，'我们会考虑员工、顾客和社区的长期利益'。"

对于伊坎要求将他每股 18 美元的提案交由股东票决，管理层和董事会决定拖延 2 个月的时间，给环球航空的投资银行所罗门兄弟时间来寻找白衣骑士。向立法和监管机关申诉，是为了增强大家对管理层行为的信任，同时也是为了拖延时间。

如果迈耶期待国会议员会毫不犹豫地站在他这一边的话，那么他就错了。不少国会议员不仅没有加入他对伊坎的口诛笔伐，反而对管理层发难，指出公司的业绩非常糟糕。他们问，在这种情况下，为什么要阻止一个愿意高价收购公司的人呢？况且他说不定可以把公司带出低谷。

哈默施密特议员说："迈耶先生，在今年的第一季度，你的经营和净损失都是全行业第二糟糕的。你的公司的收益是全行业中最低的，而成本却是属于比较高的。另外，在过去几年里，你将航空公司大规模缩水了。基于这些，我很想知道，你凭什么认为国会要阻止一个有可能改善公司经营业绩的新东家呢？"

蒂姆·瓦伦廷议员也敦促迈耶回答一个关键问题，即为什么国会需要介入自由市场来保护环球航空公司的管理层："这次收购对广泛的国家利益有什么损害吗？我知道你热爱自己的企业，我也知道你说的这些跨国航线，但是国会需要担心什么呢？"

迈耶回答道："它与广泛的国家利益的关系在于，国家的财富积累是通过制造业、服务业不断拓展、维持和发展的。我想，如果我们大规模地出售公司，或者强迫公司被分拆出售，那么国家利益将会受到损害。我担心"

"那么，如果股东愿意企业被这样分拆出售，我们为什么要通过法律来限制这样的活动呢？"

环球航空原本期望国会能成为一个谴责公司掠夺者的平台，结果却引来了对公司管理层自身利益的质询。

格伦·安德森议员问："你为什么觉得有其他人会愿意提出高于每股18美元的报价？"

迈耶回答道："因为我们的投资顾问认为每股18美元是不够的，我个人也强烈地觉得这个价格不够高。"

"那好，我的理解是，环球航空公司现在正在考虑杠杆式的买断，作为伊坎方案的一个备选方案提交股东。这件事现在还是机密吗？"

"是的，安德森先生。"

当安德森议员问及，管理层提出的杠杆式收购是否会给公司带来比伊坎的方案更重的债务负担时，迈耶回答道："有可能，但我不清楚。"

当伊坎获得发言的权力的时候，他开始了反击。首先，他否定了那些认为他不分拆公司是精心安排的骗局的观点。突然间，他仿佛又变成了童子军时代的卡尔·伊坎。

"……我不是很赞赏环球航空管理层对我个人声誉的诋毁和对我提议的条款的误解。正如各位今天上午听到的，环球航空的管理层继续声称我会严重损害甚至毁灭这家公司。这让我既成了骗子也成了傻子，然而我两者都不是。在我所处的行业里，人们都知道我言出必行。我仅仅依靠口头协议交易的股票就不下数十万。我不会为了任何交易来承担抛弃个人声誉的风险。"

对于环球航空的基本目的——促使委员会暂停伊坎的活动，同时让交通部调查了他能否健康运营航空公司，伊坎认为，这些措施只对管理层有利。

"如果环球航空要什么，你们就给什么，让我白白等 90 天的话，这种做法等于在保护管理层。因为在这种类型的交易里，我们提出了 6 亿美元的报价，90 天是一个很漫长的概念，即便是 30 天也太久了，因为这给了环球航空稀释股票的机会。《商业周刊》提到，他们已经在和波音公司谈稀释股票的事情了。稀释后，他们就会把股票交给一个'最宠爱的儿子'或朋友。或许，这个朋友或宠爱的儿子……会被弄进董事会。

"在此期间，我却什么都做不了，束手无策……这就是他们所谓的'绿票讹诈'，但我们往往才是被威胁的一方。他们肯定会跑来对我说：'你看，伊坎，我们正在给这样或者那样的人发行所有的股票，你现在什么都干不了。我们强烈建议你现在把你的股票卖掉，否则我们会采取'毒丸计划'防御策略。我们会进一步稀释股票然后做其他的一些事情。

"航空公司这么做的目的是希望好保护自己……只有公司董事会将我的提议立刻提交股东大会考虑，它才会成为股东民主的典范。如果将我的报价的条款和管理层最近做出的反应相比较，你会发现他们做了 32 个'金色降落伞'①合同。这些合同将管理层充分保护起来，我提议的收购对他们毫无影响。另外，他们将我的提议秘而不宣 60 天，这段时间里其他股东毫不知情。

"迈耶先生对这 32 个'金色降落伞'的回应很有趣。他说，他们害怕猎头公司会挖走宝贵的管理层。我很想知道，有多少猎头公司以及其

---

① 金色降落伞：一种补偿协议，它规定在目标公司被收购的情况下，公司高层管理人员无论是主动还是被迫离开公司，都可以得到一笔巨额安置补偿费用，金额高的会达到数千万甚至数亿美元，会使收购方的收购成本增加，因而成为抵御恶意收购的一种防御措施。但其弊端是，巨额补偿有可能诱导管理层低价出售企业。——译者注

他航空公司会这么急着争夺一个在过去5年里一直没有盈利的管理层。

"国会一向都不会对孤立的交易进行干预。基于我报价里所包含的条件，国会应该马上拒绝环球航空实施新法案的要求。

"最可笑的是，他们逼我来国会，在每个议员前面诋毁我，把能够想到的坏话都说尽了，还在报纸上发表那些连我自己都没听说过的关于我的事情。搞笑的是，他们说：'看看伊坎，他唯一想做的事情就是把企业卖出去。'他们要逼我就范。换句话说，如果这项法律通过了，那么接下来会发生什么？我可以告诉你们，我将会在两周内收到一个收购我股份的价格，到那个时候，他们又会说：'你看伊坎，多坏的一个人，他压根就没打算过要买这个公司。'"

最后，国会下属委员会决定不干预自由市场行为，拒绝了环球航空公司暂停伊坎或者阻止公司被收购的请求。但是议员小克莱·肖的一番话可以被当成是对伊坎即将面对的挑战的忠告。

她向伊坎提问道："我这么问不是不尊重你，但是你到底是怎么想的？今天这家公司的总裁就坐在我们面前，他都不记得上次分红是什么时候。你必须立刻面对劳工的问题，在你面前就有两三个工会的合约要应付。你马上就要和联合工会谈裁员的问题了，可是他们却正准备招募工资低廉的飞行员。这么多问题，你要怎么样才能尽快解决？毕竟你要为你借的钱来支付利息啊！"

环球航空虽然没有在国会取得胜利，但是它又打起了别的算盘，他们让所罗门兄弟去寻找白衣骑士来超过伊坎的报价。如果在60天之内没有更高的报价，管理层就只能把伊坎的报价提交股东大会了。

这时候，第一个潜在买家出现了——国际酒店集团。它给出了一个一般的报价，每股22美元，其中60%是现金，剩下的用债券支付。另外，国际酒店集团还准备了一个备选方案，叫作前段加重型收购。通常，当部分股东开始出售手上的股份的时候，其他股东也会蜂拥跟进，因为他们害怕最后剩下的股票就卖不出好价格了。比如说，国际酒店集团可以给最早出售的60%的股票支付每股24美元的价格，剩下的就按照每股19美元支付债券。这相当于赤裸裸地将伊坎逼到绝境。

国际酒店集团试图通过这两个层面的收购战略来诱使伊坎接受每股22美元的报价。关键的问题是，它知道伊坎拥有超过10%的股份，因此存在"第16（B）条款"的问题，即如果伊坎在购买环球航空的股票6个月之内又卖出去的话，所得的差价就要归还给公司。这就让伊坎即便想采纳前段加重型收购这个办法也不可能了。

由于这个原因，国际酒店集团警告伊坎，如果他不接受该公司收购环球航空的报价，他们就将采取前段加重型收购的方式，迫使伊坎只能获得最后部分的债券。但是如果伊坎不反对，那么国际酒店集团就会仍然使用统一的每股22美元的价格来完成一次性的收购。作为策略的一部分，国际酒店集团人为地设置了答复的期限，伊坎只有一个小时来决定如何行动。

作为经验丰富的兼并和收购谈判专家，弗罗因德知道，国际酒店集团阻碍伊坎行动的企图是白费功夫。当伊坎最后面临两个选择——一个很坏和一个更坏的时候，他会超常发挥智商，将选择的范围扩大。通过这种方式，伊坎一举扭转了局势，国际酒店集团发现，他们面对的威胁远比他们给伊坎造成的威胁要大得多。

"我们觉得伊坎原则上肯定会'拒绝'。"弗罗因德在谈到国际酒店集团的最后通牒时说，"他肯定会去法院打官司，同时会在市场上竞购，将股份持有达到51%。那个时候，他甚至会把环球航空的其他股东逼到低于每股18美元的后段。"

换句话说，伊坎很有可能通过收购更多的股份来控制环球航空，进行报复。当他拥有那个持股量的时候，他完全可以向股东提出一个低于国际酒店集团的价格。这会导致国际酒店集团的报价引火烧身，迫使环球航空自己的顾问不同意这个方案。

虽然报价一般，但是国际酒店集团仍然算得上是个强盗般的白衣骑士。另一家公司，德州航空——由另一个航空大亨弗兰克·洛伦佐经营，也表示了收购的意向，但是只愿意支付每股20美元的价格。于是，环球航空只能寄希望于国际酒店集团来抵挡伊坎了。可是，即便是这个希望最终也化为了泡影。当谈判进入实质性阶段的时候，国际酒店集团的意愿进一步降低，抱怨可能没有办法拿出这么多的资金来完成交易。内部人认为，这是它在最后时刻退出这个交易的一种策略。

就在大家以为伊坎就要获胜的时候，德州航空突然表示它愿意在原来报价的基础上增加一些。这样的话，前景再度不明朗了。一个白衣骑士愿意为公司展开竞争，更好的消息是，伊坎透过秘密渠道——他的律师史蒂夫·雅各布斯和环球航空的法律顾问詹姆斯·弗罗因德——告知，如果德州航空的价格合理的话，他不会妨碍友善收购。作为一条金融变色龙，只要价格合适，伊坎总是愿意在买家和卖家之间游走。如果德州航空的报价合理的话，伊坎就可以把股票卖出售，拿钱走人，然后等待下一个机会。这样的前景也让环球航空感到振奋，于是和德州航空开始了密集的谈判。

洛伦佐创立了喷气机资本公司，并以此为平台，在20世纪70年代早期集资收购了得克萨斯国际航空和大陆航空，成了航空业的重要一支，为了扩张其航空商业帝国，他已经觊觎环球航空良久。在这次对环球航空的收购中，目前只有伊坎是其最大的障碍，但是洛伦佐深信，伊坎不是他的对手。

因为伊坎目前持有环球航空很大比例的股份，而且还可以继续扩大其持股比例，洛伦佐知道，想要仅仅依靠市场竞购——白衣骑士一般都喜爱的方式——是不够的。一旦得州航空开始竞购，伊坎也可以同时竞购，将其持股比例快速增加到51%，瓦解其成为白衣骑士的可能，或者为自己的股份争取一个更高的价格。

得州航空有一个可能的解决方案，是通过走后门的方式收购环球航空一项最有价值的资产，比如航空公司的航线系统。这样釜底抽薪的方法，会减少航空公司继续成为收购目标的吸引力，然后迫使伊坎放弃进攻。但是得州航空自己走漏了这个消息，而环球航空的律师认为伊坎会在法庭质疑这样的"资产封锁"，而且他有很大的赢面。

最安全的办法就是给出一个伊坎无法说"不"的报价。在这个情况下，合并——得州航空会以每股 23 美元的价格——看上去是最好的选择。得州航空和环球航空都聚焦在这个选择上来构建他们的合并提议，提交委托代理权声明，并且向交通部寻求批复。但是就在双方律师专心探讨可能出现的问题时，洛伦佐却开始担心自己是不是中了伊坎的圈套。为了避免在最后关头出意外状况，得州航空要找一个能够对付伊坎的有力武器。

"由于得州航空越来越担心伊坎从中作梗，所以弗兰克的人向环球航空施压，要求实施冻结①，比如拥有超级投票权的优先股。"弗罗因德回忆道，"环球航空的观点是，为了获得冻结，我们需要：（1）得州航空的资金支持到位；（2）更显著地提高合并的价格；（3）不管发生什么情况都认可的合并协议。"

因为这些条件都被无法满足——最重要的是，得州航空拒绝在他们的报价上做出任何让步，于是环球航空决定不实施冻结。在这样做的背后，环球航空担心的是，如果这样做，伊坎会把这看成是有意的挑衅，反而会促使他进一步夺取对公司的控制权。环球航空希望不要打草惊蛇，宁可给伊坎一根胡萝卜而不是大棒。大家都认为，不管伊坎的威胁有多大，只要价格合理，他还是希望能够达成交易并脱身的。

在拒绝进一步提高报价的问题上，洛伦佐表示他也相信伊坎是在寻找一个可以脱身的机会。尽管伊坎会对每股 23 美元的最终价格大声嚷嚷表示不满，但是最终，他还是不会放过这个机会的。这将成为洛伦佐犯下的两个错误中的其中一个。如果他当时将报价提高到每股 25 美元，环球航空就可能有理由展开冻结，把伊坎前进的道路彻底堵死。这样一来，无论是在哪种情形下，他都会击败伊坎，将另一个航空公司纳入他的版图。但是由于他坚定地把价格保持在每股 23 美元，没有做到先发制人，

---

① 此类条款在收购中的主要内容是公司的主要股东被"冻结"，无法将股票出售给除指定买家以外的其他人。——译者注

因而无法将伊坎在这个关键回合一举赶出竞购。

即使维持低价,洛伦佐其实也仍然有击败伊坎的完美机会,就是在环球航空原则上同意了洛伦佐的每股23美元的报价之后。为了让交易进行下去,伊坎必须撤出,获利大约8000万美元,同时洛伦佐也彻底获得了猎物。

伊坎决心利用他自己的实力作为谈判的筹码,于是表示愿意接受洛伦佐的报价。但是作为支持合并的代价,伊坎和莱昂·布莱克(之后成为洛伦佐的投资银行家)做出了一份试验性协议,由得州航空向伊坎支付900万美元作为佣金——这是在已经支付给伊坎的700万美元之外的——作为和平的代价。虽然布莱克认为,为了补偿伊坎,这是一个合理的价格,但洛伦佐却做出了一个让大家大吃一惊的举动,他拒绝支付这笔小小的费用。

"在德崇证券为弗兰克做出融资方案之后,我建议他从伊坎处获得一份休战协议,因为伊坎拥有三分之一的股份。"布莱克回忆道,"我说:'我算了一下,我们要额外支付900万美元的费用。'当时弗兰克说:'见他的鬼去吧,他是头猪。'然后挂了电话。"

"我再次打电话给弗兰克,说:'你这么做是疯了。我理解你不想为此支付费用,但是你应该知道你面对的是谁,他不是好惹的。'但是弗兰克说:'卡尔是不会真的想收购航空公司的。'"

拒绝布莱克和伊坎的非正式协议,洛伦佐这么做看上去像是在玩把戏。但是从他的角度,却自以为是很聪明的谈判技巧。他确信,伊坎只是个套利者,一定会在股价急剧上升的时候将手中的股份套现,获取8000万美元的利润。他的这个想法部分来自他认为德崇证券和伊坎的关系比和他更亲密,尤其是在菲利普和ACF工业之后,伊坎显然成了米尔肯的红人。现在德崇证券同时为交易双方工作,所以洛伦佐对布莱克的建议存在一定的怀疑。

在考虑伊坎的处境的时候,洛伦佐犯了第二个错误:他忽视了环球航空的工会,主要是飞行员和机师两个工会。对这两个工会来说,洛伦佐就是邪恶的化身。从他在 1983 年迫使洲际航空公司自发性破产从而激怒了工会以来，洛伦佐一直为工会所不容。在他准备收购环球航空的时候，工会就决定要破坏他的计划。他们打算让伊坎重新成为一个认真的竞购者，借给他可以和洛伦佐对抗的武器，这个武器就是工会对薪金做出的让步。

环球航空的工会早已经知道如果要让环球航空可以和美国和联合等其他航空公司竞争的话，削减劳务费用在所难免，因此他们也做好了在薪水上让步的准备。工会认为与其让贪婪的洛伦佐获得这个福利，还不如考虑让伊坎获得这个福利。

具有讽刺意味的是，这些工会在伊坎最初威胁提出收购的时候，是站在管理层那边打着"阻止伊坎"的旗号。但是那是在他们必须要在伊坎和迈耶之间二选一的时候。尽管如此，和往常一样，伊坎想要的远远超出工会愿意做出的让步。

这是多么奇怪的盟友啊——一个是独狼资本家，一个是工会——他们在位于广场酒店对面通用汽车大厦的威嘉律师事务所办公室里开始了不分昼夜的谈判。有好几次，由于立场的对立和火气的上升，会议室变成了吵架的战场。最糟糕的时候，伊坎和机师工会的谈判代表蒂姆·康纳利之间互相对骂，要多难听有多难听。

虽然据别人说，伊坎觉得当时的场景很有趣，但是当他置身其中时，他是不愿意也无法忍受的。

"已经很晚了——可能是凌晨 2 点——我正在办公室的沙发上打瞌睡。"布莱恩·弗里曼回忆说，"突然，我被一阵喊叫和尖叫声惊醒。当我起身的时候，我看到伊坎正在穿上他那件西装外套，冲出房间。他似乎在咕哝着类似'我才不会接受这玩意呢，我没必要接受'这样的话。当我让伊坎冷静下来的时候，他让我'走开'。"

"就这样，伊坎离去了——他离开了至少有超过半小时。我们都担心他可能去了洛伦佐那边。莱昂·布莱克和洛伦佐当时正在给他施压，让他重新回去谈判，我们猜他可能真的回去了。

"就在我们胡思乱想的时候,伊坎又回来了。看上去他只是出去散了个步,然后火气就消了。他说:'我们在这里是为了做交易,让我们继续吧。'"

在和工会的讨价还价过程中,伊坎利用洛伦佐给工会施加压力,让他们做出一个接着一个的让步和妥协。他多次提醒工会领导者,会把股份出售给洛伦佐,获得稳妥的利润。工会从来没有碰到过这样的事,但是这种"照我说的办,否则没有好果子吃"的策略,具有典型的伊坎烙印。

由于害怕伊坎真的会像他威胁的那样做,飞行员工会不断地做出妥协。

"飞行员工会的代表哈瑞·霍格兰积极地周旋于三个工会之间,以争取伊坎的加入。"肯特·斯科特说,"但是伊坎表现得很不情愿。'我为什么要加入呢?我现在把股份卖给洛伦佐,可以确保马上获利。我不想最终陷入烦琐的公司经营事务中。'"

"这当中有很大的成分是他在演戏。卡尔越是反对,工会做出的妥协就越大。工会做出的让步太大了,我敢打赌,他每半个小时就得离开谈判桌,到没人看得到的地方去偷着乐。"

"当你在和伊坎谈判的时候,你得知道,他的战略是威胁,不断的威胁。"弗罗因德说,"我把这个叫作'对抗式谈判',这是他的作风。"

"有一天在环球航空的谈判中,我遇到了类似的威胁。我说:'卡尔,如果你继续这样的威胁,我们只能起身离开,再也不和你谈判了。'他马上说:'好,我不会再威胁了。'

"但是半个小时以后,他又开始威胁了。我说:'卡尔,你看你又在威胁了。'他回答说:'不不,我只是让你看看你行动的结果会是怎么样。'满屋子的人听了都哈哈大笑。"

正如和菲利普谈判时一样,伊坎把谈判会议放在深夜。这样,他就可以在对手筋疲力尽、大脑混乱于想回家的时候,给予对方致命一击。

"我记得在环球航空谈判期间,有个会被安排在晚上9点开始。"环球航空来自所罗门兄弟的投资银行家迈克尔·齐默尔曼回忆说,"结果,卡尔直到晚上11点才现身。在大家谈判的时候,他却回家休息洗澡去了。当他进来的时候,环球航空的人看上去疲惫不堪,可是卡尔却神采飞扬。"

"卡尔会把你累趴下。"前飞行员工会代表汤姆·阿什伍德说,"他谈判到深夜,进行连续五六七个小时的谈判。他会跟你大谈特谈棒球和人工授精,当你已经不知所云的时候,他又接着前面没讲完的重点讲下去,不断阐述他的某个观点。"

"他很难对付。你本以为可以和他完全达成一致,但是等你休息一会儿再回到桌子前,就会发现根本没有。因为他改动了一个数字或者加了点障碍,结果导致所有的东西都不能让他满意了。如果你说5,卡尔会说6。如果你说6,他会说7。你说7的话,他会说8。"

伊坎的另一个策略是做好和对手打一场硬仗的准备。

"有一次,当我们正在谈判的时候,卡尔给我们讲了他高中时代的故事。那时,一群壮实的爱尔兰同学欺负他,把他推来推去,试图羞辱他。"环球航空乘务员工会的代表律师威廉·乔利——JWH律师事务所的合伙人——回忆道,"但是有一天,卡尔在楼梯上对其中一个同学发起了身体上的攻击并威胁他,让所有人都知道,今后他们再也无法像之前那样欺负他了。伊坎想让大家知道,没有人可以糊弄他。最后,他一直说,我会给你颜色看的,我会给你颜色看的。"

在某个阶段,对手曾密谋想迫使伊坎接受比他之前要求的略小的让步,这是伊坎刚和国际机械师协会达成非正式薪水协议之后发生的。当他看到手中的协议后,立刻回到机师协会那边,要求对方做出更大的让步。虽然机师协会决定要守住底线,但是他们也担心这会让伊坎退出谈判。

国际机械师协会不愿意看到环球航空被洛伦佐收购这一最坏的结果,所以宁可继续和伊坎谈判。当伊坎和飞行员工会达成协议的时候,工会做出了明显让步。事实上,国际机械师协会把飞行员工会当成诱饵,希望他们的大幅度让步可以让伊坎作为收购者继续谈下去。只有当伊坎还愿意继续谈下去，机师们才会开始更为认真的谈判，给予伊坎一定的妥协，但是幅度远比飞行员工会的小很多。

在这些涉及工资的艰难谈判中，布莱恩·弗里曼作为国际机械师协会的顾问，炮制了一份计划试图来操纵伊坎。他和伊坎谈判的时候，总是让国际机械师协会主席约翰·彼得保罗保持办公室里的其中一部电话没人接的状态。

"每次卡尔要这要那的时候，我就会说，我必须征求一下客户的意见。"弗里曼回忆道，"为此，我会打那个让彼得保罗不要接的那个电话。卡尔会对我叫：'你无能。你连自己的客户在哪里都不知道。'我会说：'好吧，卡尔，如果在《华尔街日报》的一个版面发启事说弗里曼是混蛋会让你觉得好一些，那你就那么做吧。但是我现在的确无法和彼得保罗取得联系。'伊坎却不知道，我如果真的想要和彼得保罗通话，只需要打另外一个电话就好。但是这只有在我知道我们能够接受卡尔提出的要求的时候。"

在工会和伊坎短兵相接的同时，他们同时也在秘密和其他有可能收购环球航空的买家接洽。这些潜在的买家中包括了杰伊·普里茨克——芝加哥的亿万富翁，曾经收购过布兰尼夫航空公司。

他们一开始就意识到，普里茨克的确是有兴趣收购的，但是他要求飞行员和机师要同意减薪25%。虽然他们可以进一步和普里茨克磋商，但是弗里曼和工会没有时间来讨论这些。当前首要之举是锁定伊坎，杜绝洛伦佐的收购可能性。

工会也联系了东方航空公司的总裁弗兰克·博尔曼。从几个方面来看，他是最理想的人选。博尔曼很热衷于将东方和环球航空公司的飞机和路线图统一起来，工会也相信，这位曾经担任过宇航员的总裁会对他们慷慨一些。

深入性的会谈是从7月中旬开始的，东方航空公司的管理层和环球航空的飞行员和机师工会在曼哈顿的苏利文–克伦威尔律师事务所展开了大范围的谈判。虽然博尔曼的条件让工会觉得很满意，东方航空的来自美林证券的银行家却无法为博尔曼的融资提供保证。由于时间紧迫，工会决定还是锁住伊坎更为重要。

虽然工会很讨厌伊坎的吝啬，但是他们深知，在一个关键因素上，伊坎是最佳的：在狙击洛伦佐的生死搏斗中，他是他们唯一的救星。基于这个原因，每次他们以为自己已经到达了所能承受的极限，却还能够进一步妥协。

在对工会的底线上，伊坎希望飞行员和机师工会都能在薪金和福利方面削减20%。飞行员工会同意用让步换取将洛伦佐踢出局，但是机师的薪水本来就比飞行员低，对洛伦佐抵制得也没有那么厉害，所以只愿意做出削减15%的让步。伊坎一边嘴上称，这样他还不如直接把股份出售给洛伦佐算了，一边又回到飞行员工会，要求飞行员工会再做出进一步让步来弥补那5%的缺口。飞行员工会在惊愕中还是不得不屈服了，最后同意削减26%。这两个削减加在一起，为伊坎控制的环球航空节约了2亿~3亿美元的开支。而这一转变的责任都被转嫁给了工会。

"卡尔很聪明——有的时候聪明到令工会、管理层、银行家及每个和他打交道的人都难以相处的地步。"布莱恩·弗里曼说，"你会对他生气——认为他很贪婪，冷酷无情。"

"但是人们总是对卡尔感到愤怒，不是因为他做了哪些不道德的事情，而是因为他比你聪明。他总能把他自己的利益最大化，却让你付出代价。他总是可以在最大限度范围内将交易进行下去，而不至于弄僵。"

有意思的是，正当伊坎占尽工会的便宜的时候，洛伦佐开始意识到，自己对伊坎个性的把握——特别是认为伊坎没有吞并环球航空的胃口这点，明显是误判了。出于这一考虑，布莱克开始拼命地尝试解决伊坎提出的那笔佣金，希望能够为洛伦佐的收购铺平道路。

带着这样的想法，布莱克给伊坎打了电话，恳请他重启谈判。在屡次遭到拒绝之后，布莱克决定不管怎样都要见上伊坎一面。就在伊坎挂上电话之前，布莱克获悉他正要去克里斯特塞拉大饭店赴宴。

一小时以后，正在这家曼哈顿牛排高档餐厅和朋友一起用餐的伊坎突然发现，在餐厅的另一头，布莱克正一个人坐着，心不在焉地翻着菜单。虽然伊坎根据以往的经验知道布莱克很有毅力，但这样的执着还是超出了他的想象。

在伊坎的朋友离去后，莱昂像箭一样穿过大堂，来到伊坎的桌子前，顺着之前电话里没讲完的地方接着说了下去。布莱克坚持说，他们已经找到办法让伊坎和洛伦佐可以达成协议了，但是伊坎则回击道，他不打算通过第三方和洛伦佐进行谈判。

在伊坎看来，这个要求基本上就可以立刻解决问题了，但是布莱克还有别的计划。他让伊坎再坐一小会，他自己则迅速走了出去。过了几分钟的时间，他又进来了，后边跟着弗兰克·洛伦佐。

虽然布莱克为自己魔术般的举动感到沾沾自喜，但是伊坎和洛伦佐之间的气氛却很紧绷，对对方都不是很耐烦。虽然他们开始了谈话，但是明显并不融洽。很快，谈话终止了，伊坎显得很不高兴。他表示自己要回家了，布莱克拖着洛伦佐跟在后面。

伊坎和洛伦佐走在夜幕降临的纽约大街上，两下无言，布莱克则努力为两人牵线搭桥。快要到伊坎家的时候，他已经迫不及待想逃了。但是布莱克请求能让他们一起进公寓。

上楼之后，场面变得更怪异了。布莱克迅速把洛伦佐推进卧室，试图让后者答应向伊坎支付佣金。接着两人发生了一阵争吵，伊坎——此时一个人坐在客厅——可以听到争吵的每个字。因为争吵声太大，伊坎还叫布莱克和洛伦佐冷静下来，并且不安地警告他们，如果再不安静一些，他会被大楼管理处驱逐出去。

最后，洛伦佐还了个价。不，他才不会支付1600万美元来填补伊坎的费用呢，他觉得那样做是愚蠢的。获得佣金后作为回报，伊坎自然会同意以他持有的股份来投票赞成得州航空和环球航空的合并提议。但是洛伦佐担心的是另外一个可能，即在得州航空的提议被表决通过之前，有另外的买家比如西北航空突然冒出来收购环球航空。伊坎完全可以把他的股票出售给出价更高的那个，所以洛伦佐付给伊坎的1600万美元就等于打了水漂。尽管当时出现另一个买家成功收购环球航空的概率微乎其微，但洛伦佐好斗的性格和他不想被伊坎所左右的想法注定他无法有更多进展。

所以洛伦佐不打算支付佣金，而是提出购买伊坎股票上的一个期权，在之前报价的基础上增加到2200万美元来买断伊坎的股份。但是由于伊坎决定保留自己的权力，所以期权的提议立马就被扼杀了。

伊坎这么决定还有另外一个原因。由于已经和工会达成协议削减环球航空的人力成本，伊坎人生第一次觉得，自己有把握把这家航空公司收入囊中，然后依靠他和工会的关系来扭转公司的经营业绩。察觉到一笔划算的交易即将达成，再加上能够拥有一家航空公司的那种浪漫情怀，伊坎一改往日那种没有人情味的形象，直接无视了洛伦佐"又廉价又来得太晚"的报价。他将其报价提高到每股24美元，又开始积极吸纳股份，这次他的控股达到了45%。现在轮到洛伦佐困惑了。

"得州航空现在面对的是一个控股45%的股东，而且他还获得了环球航空全体员工的认可。"得州航空的律师迪克·卡切尔说，"我们没有太多的选择，只能将报价从每股23美元提高到26美元，卡尔的报价是每股24美元。很显然，如果卡尔不接受每股26美元的报价，那么除非环球航空可以为我们做些什么，否则我们没戏。"

"我们提高报价出于多方面原因。我们认为，在这个价位伊坎可能会出售他的股份。6月时他曾经说过，他不会利用自己的持股比例来破坏任何友善的收购。我们也相信，新的报价可以让他不去购买更多股票。"

洛伦佐的谈判代表再一次希望通过冻结让得州航空占上风，以使交易锁定在每股26美元的价格上。尤其是得州航空希望环球航空可以：(1) 赎回所有的可转换证券来稀释伊坎的持股比例；(2) 给得州航空一项核心资产，比如跨大西洋的航线；(3) 向得州航空出售拥有超级投票权的优先股。

很明显，得州航空的唯一选择只有要求采取冻结措施。因为伊坎已经持有 45% 的环球航空的股份，可以轻易地否决任何试图和洛伦佐合并的动议。唯一的希望是给得州航空它想要的冻结权，然后稀释伊坎的股份，那么他就没有兴趣将收购继续下去了。

但是就在环球航空在仔细考虑这些选择时，有一件事越来越明朗：给予得州航空冻结权并没有一个坚实的法律基础，即便可以做到，伊坎也能在法庭上轻易推翻这个决定。更糟糕的是，伊坎放话说如果环球航空实施冻结，他就会采取报复性措施，降低其对股东的收购报价。这是个精明的策略。在伊坎看来，洛伦佐的每股 26 美元的报价只是一个施压的手段，用来迫使他提高报价，最终增加得州航空所持有的环球航空股份的价值。伊坎不仅不抬价，反而还降价，这是让环球航空感到恐惧的地方。如果环球航空企图依靠得州航空软弱无力的报价来对抗伊坎可靠的报价，必然将引起股价下滑，引发全体股民的不满。伊坎能够看到桌上所有的牌，所以他打的每张牌都是好牌。

弗罗因德曾经试图给伊坎施压，让他再把报价抬高 1 美元，认为这会确保伊坎的成功。但是实际上，他没有意识到自己其实触碰到了伊坎的内在力量——这恰恰是让伊坎沮丧但却支持他获得成功的关键力量。

"我们在世达的会议室谈了数小时，"弗罗因德回忆道，"我告诉伊坎，如果他再增加 1 美元的话，董事会将更倾向于他。如果他没有增加这 1 美元，董事会有可能倾向于洛伦佐。我告诫他，这个决定肯定会影响到最终的结果。"

"我花了 3 个小时来说服他增加 1 美元。我告诉他为什么增加这 1 元对他有着决定性意义，但是他并不动摇。如果换做其他人，在这样的形势下，可能就会商量增加 50 或者 75 美分了，但是伊坎不会——多一分钱都没门。他有胆量坚持自己的判断，很显然，他相信不用加钱也能获得环球航空。"

弗罗因德在谈判中所采取的一个策略是提醒伊坎他之前做的承诺，即如果有更好的报价出来，他不会出手阻挠。

所以这时，弗罗因德让伊坎遵守承诺，虽然伊坎其实很强大，不容易被打压，但是一旦交易成了，那么他就成了一个守信的人。

"你向我保证过不会出手阻挠，可是现在你就在阻挠，"弗罗因德指责道，"你说你是守信的人，但是你却没这么做。如果你出手，就是个两面三刀的人。"伊坎气愤地用例子还击说自己在环球航空的交易里信守了承诺。

弗罗因德点头："好吧，卡尔，不如我们就认为你守了3/4的承诺吧。"

"不会吧？"伊坎继续回击，"不能说是80%吗？我至少守了80%。"

对于一个将自己的一生都视作拍卖会的人来说，在个人荣誉问题上讲价看上去十分合理。

环球航空仍然幻想能在最后一刻阻止伊坎战车，因此继续寻求白衣骑士，向其提供有限度的冻结，包括拥有超级投票权的优先股，可以获得和伊坎一样的投票权。如果董事会最终决定选择得州航空，冻结可以增加伊坎不反扑的机会，并且最终将公司出售给洛伦佐。抱着这个打算，弗罗因德让一个律师在特拉华州准备了关于超级投票权的公司章程修正，文件都准备好了，随时可以签署。

1985年8月20日，董事会召开，洛伦佐和伊坎之间的较量到达了最紧要的关头。这个会议在纽约第三大道605号的环球航空全球总部召开，在这个关键性的会议上，洛伦佐、伊坎和工会发言。就在同一天，工会正式批准了他们和伊坎签订的协议，这增强了伊坎在谈判桌前的威慑力。

伊坎和他的工会盟友在董事会前面摆出联合的阵势，让人印象十分深刻。"那天会议里暗藏杀机。如果董事会选择了洛伦佐，工会可能会否决这个交易，甚至关闭整个航空公司。"当时在场的一位环球航空顾问说，"如果你合上眼，可以看到人们在往煤气罐里加糖，用弹簧刀割开椅子的场面。没有直接的威胁——但是能让人感觉到，如果工会的意见被否决了，他们肯定会搞破坏。"

尽管管理层更倾向于洛伦佐，但环球航空的董事们——包括美国前国防部长罗伯特·麦克纳马拉，曾担任约翰逊总统幕僚的杰克·瓦伦蒂、彼得·尤伯罗斯和百事可乐前总裁安卓·皮尔森——不得不对满是漏洞的得州航空的报价提议提出质疑。

"得州航空的报价每股高出 2 美元是不错，但是董事会之前已经批准的每股 23 美元也是合理的价格。"弗罗因德说，"不幸的是，得州航空的报价提议不能马上付诸实践，需要 6 到 7 个月的时间才能完成，对于冻结的合法性也完全得不到确认。"

在讨论决定的时候，董事们自己也发现自己对得州航空的提议不是很认同，却对伊坎能和工会达成协议感到印象深刻。投票的结果是赞成伊坎。虽然环球航空在并购谈判中有义务把洛伦佐的报价提交股东讨论，得州航空却拿了 1800 万美元的终止费用（并购谈判中规定的）灰溜溜地退出了，因为他们在和伊坎的争夺中输得一败涂地。

董事会的这个决议在 20 世纪 80 年代收购战中有着划时代的意义。在十几宗类似的掠夺者挑战管理层的争夺中，董事会一般都是和"好人"（即管理层）站在一边的。但是在这个案例里，董事会认识到，"坏人"的报价提议却是最好的。

从迈耶的角度来看，伊坎能夺取最后的胜利，在于其有利的条件和个人能力。"我承认，我的谈判能力就从来没有办法和伊坎相比，但是事实上我也没有太多选择。"迈耶说，"即便有伊坎的能力和选择，我可能也不会那么顺利。"

伊坎是在充满棘手而坚定的对手的情况下获胜的，他的对手里包括了充满敌意的律师、投资银行家、弗兰克·洛伦佐和环球航空董事会。之所以能够取得这样的成果，和他作为金融战术家和谈判家的能力密不可分。即使是在到处都有自诩为天才的商学院毕业生的华尔街，大家都一致认为，伊坎是独树一帜的。

从某种程度上来说，他的成功基于智慧技能，使他可以洞察棋局。当他的对手还在用线性思考——如果我要从 A 到 B，那么我得经过 C——伊坎看到的却是一张图上存在十几种不同的可能性。这种思维敏捷的能力让他可以从 C 到 F 到 Z，最后回到 R，这么一来，他的对手彻底被搞晕，处于崩溃的边缘。

"人们试图打败伊坎，但是却总不能如愿，并因此感到困惑。"布莱恩·弗里曼说，"但是我可以告诉你他们为什么会输。因为他们以为知道卡尔的目标，实际上卡尔却没有一个固定的目标。"

"卡尔既是买家也是卖家。他可以向前、向后甚至往边上走。他的视野是全方位的。对他来说，任何事都有可能是个契机。"

当黄昏来临的时候，伊坎最终获得了胜利。在董事会会议之后几个小时，他穿着环球航空的夹克衫在办公室里来回地走，用少见的兴奋语调宣布："我们刚刚买了家航空公司。"

当时，希纳尔舅舅给了他一个忠告，他却没太在意。

"在卡尔收购环球航空前的某天傍晚，我去他家做客，"希纳尔回忆道，"他正在和金斯利及一些环球航空的人开会。我记得我对他说：'你要买个航空公司做什么？别买。就让洛伦佐买好了。你为什么不买波道夫古德曼①呢？那是我喜欢的行业。'"

获得环球航空是伊坎职业生涯的一个巅峰。无论是从哪个角度来看，这个从皇后区成长起来的中产阶级子弟都很成功。他现在拥有了财富、权力、地位、职务并受人尊重，他好像快要成为他所向往的伟大人物了。为了迎合他当时的情绪，1986 年 2 月，丽芭在福克斯菲尔德为她丈夫举行了一场盛大的派对，来庆祝他 50 岁生日。

博斯基也参加了派对，当时他穿了一件披风，挂着拐杖，戴着一顶高帽子，看上去就像是"德古拉伯爵"。

考虑到伊坎对正式派对的厌恶，丽芭没有准备正式的晚宴，只是叫了自助餐。伴随着乐队的演奏，来宾致辞，并轮流向伊坎敬酒祝贺。丽芭还准备了一个巨大的蛋糕，做成环球航空客机的样子，象征着伊坎最近的战利品。伊坎收到的礼品各式各样。其中，希纳尔舅舅的礼物最感

---

① 波道夫古德曼（Bergdorf Goodman）：美国著名的奢侈品百货精品店。——译者注

人。除了一本在纽约老书店里淘到的皮质珍稀诗集之外,还有一个蒂凡尼的相框,里面的照片上,当年19岁的希纳尔舅舅牵着3岁卡尔·伊坎。伊坎微笑着,裹在厚实的棉袄里。

KING ICAHN

第十章
伊坎董事长:模范榜样还是"劫贫济富"?

> 卡尔会考虑任何可能。他会说黑可以是黑的,也可以是白的,可以是红的,也可以是蓝的,可以是绿的,更可以是粉红的。他把每种可能都考虑到。只有做到这样,他以后才能对你说:"我没有骗你。我告诉过你黑其实是粉红的。"
>
> ——布莱恩·弗里曼

无论从哪个财务标准来看，环球航空都不算是一家很成功的公司，其最辉煌的时候还是二战结束后作为美国海外航空公司的旗帜，在海外航线领域和泛美航空开展竞争的时期。但是，二战后那段时期的掌门人霍华德·休斯，更像是一名飞行爱好者，而不是航空公司管理者。他最大的失误在于没有很快融入喷气式飞机的时代，而是仍然使用螺旋桨飞机来和泛美竞争，泛美则以最快的速度从波音购买了新的707飞机。

休斯离开之后，环球航空才得以更新飞机。收益于受管制时代很多线路是独占的，因此公司在那个时期赚了不少钱。在看到20世纪60年代公司整合的趋势时，公司管理层就开始了一系列的资产收购，其中包括了甘亭公司和希尔顿国际酒店。

因为热衷于扩展其商业帝国的版图，管理层反而把工作重心偏离了航空公司的主要业务——可是航空业务的特点是资本密集，而且其盈利受旅行人数和燃油价格的周期性影响。结果，这个庞大集团的母公司环球集团放弃了环球航空。到伊坎接手的时候，航空公司犹如一头濒死的巨兽，虽然跨大西洋航线还有盈利，但是却被缺乏管理的国内航线所拖累。

不管怎么说，伊坎还是以极大的热忱开始了他在环球航空公司的管理生涯，这也给了他这个让人闻风丧胆的掠夺者——被大企业组织谴责成为资本主义下的寄生虫——正名的机会，可以让他从一个收购套利者转变为行业领袖。由于受公众日益增长的对这种绿票讹诈的谴责的影响，伊坎也开始有想法抛弃这种为他带来第一桶金，并且成为其收购资金来源的形式。伊坎总是在意最坏的情况，因此也害怕自己成为众矢之的。他渴望能成为一个被人尊重的真正的企业家——就像安德鲁·卡内基、比尔·佩利、汤姆·沃森、罗斯·佩罗等——这些人都建立起了庞大的商业帝国，成为美国历史上的传奇人物。

同样重要的是，由自己出任一家美国大企业的CEO，给了总是抨击管理层的伊坎充分的机会去验证自己关于企业高管的"达尔文退化论"。作为所有者而不是专业的管理者，伊坎确信，他可以为新的美国企业界塑造一个全新的模式。如果他获得成功的话，即便是那些指责他的人也不得不承认，"卡尔是个全能王"。

从他担任环球航空的董事长的第一天开始，伊坎的梦想就被现实搅得一团乱。1986年4月，就在卡尔成功收购环球航空3个月以后，阿拉伯恐怖分子劫持了一架环球航空的大型喷气式飞机。本来准备要参加德崇证券的年度全球垃圾债券大会的伊坎不得不放弃参会，转而去处理危机。

同一年年末，里根总统为了应对日益增长的由利比亚撑腰的恐怖分子活动，下令对卡扎菲的非法领地进行空袭。出于对美国和西欧之间随时可能爆发暴力冲突的担忧情绪，环球航空跨大西洋的盈利航线也陷入困境。在伊坎的职业生涯里，这是他第一次遇到无法威胁、恐吓或者买断的力量。

"卡尔发现了环球航空中的一些问题。"莱昂·布莱克说，"他看到工会对洛伦佐是多么的憎恶，他可以利用这种憎恨让工会妥协。他也看到航空公司管理不善，对应该如何对公司的成本结构做出调整深有见地。"

"但是卡尔对于收入的预计过于乐观了。在这个行业里，有太多他无法掌控的因素，比如原油价格、经济衰退、恐怖主义甚至是工会，尤其是最初的协定到期之后。"

对于一个从期权和收购刚获得一连串成功的人来说，这是来自残酷现实的一击。当他收购环球航空的时候，他以为这些成功可以一直延续下去。

"伊坎刚收购成功那会，他很自负，"环球航空的前销售副总裁爱德华·格莱茵说，"他喜欢经营航空公司。在一次圣诞派对上，公司高管们交换礼物。有人送了伊坎一件皮衣、一条丝巾和一个一战时的飞行员头盔，他就穿着它们在办公室里到处晃，像个战斗英雄。他很吃这一套。"

"但是，他不理解商业经营里的杠杆效应。1985年秋的时候，他看1986年的经营预测，会吃惊地发现原油价格上涨1分钱，就会导致公司的利润缩减1400万美元。他也不理解飞机上仅仅增加一名乘客就可以为公司创收1200万美元。这样的杠杆效应会让他感到惊异。他没有在这个行业里的经验，所以无法理解。"

"但是，他依然自负。他坚信航空公司经营不善的唯一的原因是管理层的不力。"

伊坎复兴环球航空计划的初始战略中，一个不可或缺的部分是他决定在飞行员和机师做出薪资妥协的基础上继续延伸，对所有的部门进行裁员和削减运营费用。这个紧缩政策的关键部分是要赢得乘务员工会的让步，乘务员工会是唯一没有和伊坎在收购前达成协议的工会。

乘务员工会没能和伊坎之前达成协议的原因颇具争议。1985年夏天，伊坎在和其他工会的谈判中就曾要求乘务员接受22%的减薪。但是独立航空服务员联合会（IFFA）主席维姬·弗兰科维奇认为，乘务员的平均工资连飞行员的平均工资9万美元的一半都不到，所以以乘务员的级别和工资，不可能超越机师工会承诺的15%的减薪底线。

双方可能还有再磋商的余地，但是弗兰科维奇——一个易怒、冷酷的领袖，和伊坎斤斤计较每寸得失——非常排斥伊坎那种凶猛进攻的方式。在经过数月艰苦但看上去徒劳的谈判后，她被她所看到的伊坎的片面和对其工会成员处境漠不关心的态度激怒了。

1985年8月的一个周末，两人之间的冲突到达了顶峰。这天，飞行员和机师工会的领袖们正和伊坎进行着马拉松式的谈判，最终达成了协议。弗兰科维奇也被邀请出席，却因处理个人事务而飞往了加州。在她缺席的情况下，伊坎和两个最重要的工会达成了协议，这让乘务员工会显得孤立无援。因为伊坎要求飞行员和机师工会声明不和其他工会组成联盟，在后来为了要报复伊坎的不妥协而申请总罢工的时候，弗兰科维奇的申请没有得到批准。

据弗兰科维奇说，伊坎一开始就打算孤立乘务员们，然后逼迫他们就范。

"当我在8月的周末回加州的时候，我给卡尔留了联系电话。"弗兰科维奇说，"但是他从来就没打过电话。然而周一返回纽约的时候，他厚颜无耻地对我说，如果我当时在谈判桌上，可能已经和他就机师接受的15%的减薪达成协议了。本来我可以接受的，但是因为我没在，所以我必须接受他一直提的22%的减薪目标才行。"

"这很荒谬。如果周六可以是15%，为什么到了周一就不行了呢？这是典型的伊坎。他采用分化的策略，想办法把责任从自己身上转嫁给他的谈判对手。但是真相是，即便我整个6月和7月在伊坎的办公室住下来和他谈判，结果还是没两样。他不可能同意我们只削减15%甚至17%，他不会这么做的。

"看，伊坎在谈判桌上的确风采迷人。他谈生活、政治、他在世界上的地位、他的使命。但是他随时都在准备对你一剑封喉。我们从一开始就都知道他是条鲨鱼。问题是，怎么才能让鲨鱼不咬我们呢？"

在伊坎看来，和乘务员工会摊牌纯粹是出于简单的经济学原理。如果他不施行减薪，就无法在市场竞争中立足。在拉里·金[①]主持的电视

[①] 拉里·金：美国家喻户晓的主持人，有"世界最负盛名的王牌主持人"之称。——译者注

节目里和弗兰科维奇针锋相对的时候，伊坎这样概括自己对这个问题的总结：

"在和我们竞争的航空公司里，他们的乘务员一个月拿 1000 美元，一年 12000 美元。我们的乘务员呢？一年赚 35000 美元。就算不是天才，你也能知道，如果我们还这么做，就无法生存下去。"

就在伊坎和弗兰科维奇在全国观众前面辩论的时候，一种对 80 年代金融大鳄的憎恶情绪开始浮出水面。第一个打进电话的观众利用这个机会来鞭笞伊坎，表达了长期被压抑的数百万人对于这些通过绿票讹诈和企业掠夺撼动美国大企业的人的怨言。这是"咆哮的 80 年代"的另一面——在那些聚敛财富的少数精英和绝大多数丧失财富的人之间，鸿沟越来越深了。

"这不是企业雇主和工会之间的争论。"打进电话的观众说，"这是工会和华尔街之间开展的关于美国命运的辩论。这家伙收购了航空公司，然后随意处置，让整个工会都停摆了。"

乘务员工会号召在 1986 年 3 月的第一周开展罢工。在 31 天的冷静期的最后一天——冷静期后，IFFA 可以根据《铁路劳工法》的条款自由组织罢工——伊坎和工会的领导人开了一个长达 11 个小时的会议。但是根据 IFFA 律师比尔·乔利的说法，伊坎开会的时候并没有流露出任何要解决问题的意思。

"他在会议刚开始就提出：'我不知道我为什么要来。我和你们也没有什么好说的。你们知道应该做什么，我需要的是能够节省 1.1 亿美元的成本。我不能接受少于这个数目，我是个说话算话的人。'

"为什么他要提他说话算话？因为他是谈交易的，所以他认为，一旦他说了要做什么，就不能轻易做出让步。"

当工会提出另一个方案，可以通过直接减薪和改变工作规则来获得额外的 1500 万～2000 万美元的费用削减时，伊坎再次立马否决了这个提议。他的谈判代表，环球航空总裁比尔·霍尔，让工会拿出个更好的方案来。

工会领导们尽职地通宵达旦，拿出了一份可以节约超过 5000 万美元成本的计划。这次，IFFA 的领袖还获得了一份所罗门兄弟的报告，上面显示 5000 万美元的成本节约完全可以让航空公司恢复盈利。

"但是卡尔坚持说他完全不满意。"乔利说，"因为他不是来谈判的，他是来发号施令的。伊坎走进房间的时候早已经划好了他的底线，他是不会更改那条底线的。"

"他当自己是在打扑克牌。玩家前面有一大笔钱，只有赢家才能全部收入囊中。他玩的目的不是为了分这笔钱，而是为了赢整笔钱。这就是伊坎的做法。"

从伊坎对待乘务员工会的方式上看，他的最终目的不是仅仅削减 15%、20% 或者 22%，而是削减到他心里想的那个具体月薪 1000 美元的数字。这会给超过 6000 位雇员的生活带来严重的影响，让他们怨恨公司，但是伊坎并不介意这些，他只在乎通过这样整体的削减，可以对环球航空的利润有积极的影响，对他个人的投资也有好处。

"我把他看成是侠盗罗宾·汉的对立面。"弗兰科维奇说，"他劫贫济富。固然，他是个金融天才，这无可争议，但是他的财富来自那些为他工作的人的口袋。他是现代版的贵族式强盗。"

但是乘务员看出了伊坎减薪举措中的别的内容。对于很多工会成员来说，强迫这个公司里唯一的女性会员占绝大多数的工会接受大幅度减薪，是一种明目张胆的性别歧视。

"他一开始就对我们很糟糕，"乘务员工会前副主席卡伦·兰斯说道，"他喊我们'女孩们'。他告诉我们应该做出更大的让步，因为我们的丈夫可以赚钱给我们花。"

"他无法理解那些没有他那么富裕的人是怎么想的，他不理解我们中的很多人都是单亲妈妈，或者家庭需要两份收入才能生存下去。他告诉我们：'如果你们无法维持生计的话，那么你们应该嫁个有钱人。'"

"在一次环球航空纽约总部召开的会议上，他来到一扇窗边，俯视着下面说道：'你们这些乘务员是完全可以替换的。我可以从下面街上随便找一个女生，然后把她们变成乘务员。'"

1986年3月7日，乘务员举行罢工的时候，本以为能造成航空公司的瘫痪。但是伊坎不仅没有屈服，还利用这个机会用每月1000美元的代价来替换那些参加罢工的乘务员。这样做等于火上浇油，直接把事态从对峙转化为公开敌对。

乘务员工会被华尔街大亨像奴隶主一样对待他们的行径给激怒了——决定要让公众对他们产生同情——于是他们制作了一段影片，由杰西·杰克逊主演，将伊坎塑造成为劳工大众的敌人。

"全世界的伊坎们必须面对的是，当这些工人兄弟再也买不了食物，买不了汽车，整个经济被少数几个贪婪的人所把持的时候，"这个影片呼吁，"一面是伊坎在盈利，而另一边则是工人失去工作以及在环球航空继续谋生的能力。"

在罢工过程中，愤怒的乘务员在伊坎贝德福德庄园的大铁门外集结示威。

起初，当外面的人群把房子团团围住并高喊口号的时候，伊坎躲在房子里不出来。但是过了会儿，伊坎向人群走了过去，他确信可以用他强大的谈判能力将这些人的愤怒转移给宿敌维姬·弗兰科维奇。

他身着厚厚的滑雪衫和休闲长裤，走到人群的中央。在他刚开始讲话的时候，人群爆发出刺耳的嘘声和起哄声。

"你们选了周六到我家来，"伊坎用礼节课程作为开场白，"我出来和你们对话。至少你们可以有礼貌地听听我要说什么吧。"

很快，伊坎声称弗兰科维奇没有把真相告诉她工会的会员，他控诉道："问题在于你们都被洗脑了。"

人群显然被激怒了，开始团团围住伊坎，不断地控诉他的行为。在被指责没能和弗兰科维奇会面谈判达成协议时，伊坎继续他的进攻："她说她希望和我会面，但是我不想去，因为我不喜欢和她打交道。你们不能逼迫我去喜欢谁。我手下有一群人都有资格和她打交道。但是她只希望和我谈，而我又不愿意。"

当另一个人试图挑战伊坎的涵养，问"你觉得96%的人都在罢工是什么感受"的时候，伊坎将这个问题抛给了工会。"我认为你们都疯了。"他说，"我会告诉弗兰科维奇，她正带领你们走向深渊。如果你们继续罢工下去，我有10000个申请工作的人来接替你们。"

这话出来，起哄声和奚落声更大了。一个乘务员大叫道："你和你的好友洛伦佐是一丘之貉！"

"怎么可能！我和他是对头。"卡尔反驳道。

"不，你们是一类人。"

人群中爆发了控诉和辱骂声："你从工会妥协中得到的钱到哪里去了？为什么航空公司还在亏钱？"

考虑到这群愤怒的员工会失控，伊坎穿过大门回到了他美丽的庄园里。就在他走回去的时候，人群开始高唱"永远团结一致，永远团结一致，我们的工会让我们强大"。

但是实际上，事后，工会被证明不堪一击。IFFA刚开始号召罢工的时候，有6000个会员参与。但就在2个月后，工会再次号召罢工的时候，工会里除了18个会员之外，其余都被最低月薪为1007.5美元的工人替代了。根据工会的无条件返回工作的提议条款，环球航空必须招募工会会员来取代空的职位，但是要把所有的会员都找回来，IFFA至少需要3年的时间，而且职位大多数都是主动辞职之后空出来的职位。

在这场和伊坎的战斗中，IFFA显然是输了。但是反过来说，伊坎也没有赢。是的，伊坎的确大刀阔斧地调整了环球航空的薪资结构。然而这么做，他也狠狠地得罪了航空公司的一线员工。最终，这些员工会在他公司的客机上，不是以友好的大使形象，而是带着怨气地来为乘客服务，以此来报复伊坎这个邪恶的化身。

"我在飞特拉维夫的747航班的上层工作，"一位IFFA会员回忆说，"一个女人跟着我进了厨房，问：'你们不是在罢工吗？'我说'是的'的时候，她回答道：'肯定很糟糕。你怎么看待他——卡尔·伊坎？'我说：'对于他干的这些事情，我会很开心地掐死他。为了那些因为他而丢了房子的人，为那些被迫破产的人。'"

"结果后来发现，那个女人是质监部门的，她向上级汇报说我非常认真地威胁要杀死卡尔。但我只是开玩笑的，就好像你在谈论激怒你的那些人时那样。他们却抓住这点不放。"

一个乘务员的抱怨是很难引起伊坎的注意的。但是在这次的事件上，他却犯了短视的毛病。他除了关心数字之外，没有考虑到人的因素也是创造高质量服务的重要组成部分，而高质量的服务恰恰是顶尖航空公司能吸引和留住顾客的一个竞争利器。尽管这些"软性"的问题没有引起对数字更为敏感、以达成交易为目的的伊坎的注意，但是这些因素都会影响载客率，而载客率是衡量航空公司盈利能力的一项关键组成。由于伊坎热衷于金融工程，而不是一砖一瓦地搭建一个商业帝国，他无法看到受到良好激励的乘务员、高质量服务和公司利润之间的联系。

"伊坎是个聪明的谈判者，但他也有致命的弱点。"著名的劳工谈判代表西奥多·基尔在代表 IFFA 和伊坎会面之后说，"他把重心放在公司的利润上，看得不长远。除此之外，没有其他办法来解释他为什么对乘务员如此压迫。这些乘务员是代表他和公众打交道的第一线员工，这些人是在帮他建设他的商业帝国，而不是他的敌人。"

"你必须得理解这个人。在乘务员提出无条件回去工作之后不久，我就去芒特基斯科见伊坎，并被领进了他的办公室。办公室很棒，很高大，装饰的都是英国古董的昂贵复制品。当我赞美他那块很大而且颜色丰富的东方毛毯的时候，他告诉我，这是在伦敦拍卖会上以不错的价格拿下的。当我称赞那张令人称赞的桌子的时候，他说他太喜欢那张桌子了，就把生产那张桌子的公司给买下来了。当我评论那幅画着一位身穿红袍的英国大法官的油画的时候，伊坎评价说画商开价太高了，他不想付那个价钱，所以就租了那幅画。"

从会议离开的时候，基尔对伊坎的印象是，他生活在一种让人很难理解和接受的精神状态中。

"伊坎的底线是：如果你不能通过狠狠地压低别人的价而获得一个好

价钱，那么那样东西就不值钱。"基尔说，"对他来说，仅仅占有没法带来愉悦，除非是讨价还价得来的。"

1986 年，由于环球航空处在亏损的边缘，伊坎利用这个机会，又对飞行员下了狠手。尽管飞行员一开始就做出了较大让步，伊坎却还想要更多。卡尔和工会的协议规定了他可以在航空公司出现重大亏损的年份出售环球航空的资产。伊坎明白飞行员们都害怕资产出售，因为这预示着航空公司开始走向终结，于是他利用这个心理来逼迫飞行员工会就范。

"他释放的信号是'我可以分拆公司'。"肯特·斯科特说，"但是了解他的人都知道他在扯淡。'我不是说我会出售，但是我可以。如果我出售，不要说我没告诉过你。我可以这么干，但是可能我不会这么干。'"

"然后他最后会说：'如果你们和我延展协议，可能，但是也只是可能，我不会去出售资产。'这个信号就是，只要你们保证工会不组织闹事，成本也得到控制，我就会保护你们这些人。"

为了延展协议，伊坎和飞行员工会的行政委员会在 1986 年 9 月在纽约莱克星顿酒店会面。

"18 个工会领导人和所有飞行员都在酒店等候与伊坎会面，他却迟到了一个小时才到。"肯特·斯科特回忆道，"这是他的风格——让别人不安。最后，他从前厅进门，身边跟着他的高管比尔·霍尔和马克·巴克斯坦。卡尔坐到桌子的上首，马上开始了他'我可能，我可以，我没说我会出售资产'的论调。"

"卡尔善于控制形势，他在公众场合是威严的。他身高 6 英尺 3 英寸（约 1.9 米），是个亿万富翁，又是非常圆滑的谈判专家。他让飞行员们感到不知所措。其中有个飞行员还拿出了傻瓜相机请伊坎和他一起摆姿势合影。当另一个飞行员质询伊坎，说他自己也有个公司，因此他知道卡尔在运行环球航空时犯了错误的时候，卡尔把这个人反驳得一无是处。"

伊坎展现了权力和财富的完美结合，飞行员们完全被他给迷惑了。"他就站在那里，"斯科特回忆道，"将环球航空像鸡蛋一样攥在手心里，想什么时候捏碎就什么时候捏碎。"伊坎知道每步应该怎么走,应该说什么,他做得如此完美,制造出了一种令人畏惧的氛围。假设他一走进会议室就要求延长协议,肯定会被马上拒绝。但是伊坎知道怎么样做更好。"他制造出了第三次世界大战的气氛,"斯科特记得,"就是飞行员都害怕的资产出售。仅仅是为了让他的一点要求得到满足,他就创造出了类似史诗大片《宾虚》那样的效果。"

最后,伊坎的策略被证实奏效了。飞行员们屈服了。

虽然在管理环球航空的早期,他遇到过各种各样的问题,但伊坎还是取得了一些成效的。他以很快的速度精简了运营多年的老体系,重新整合了从圣路易斯和纽约肯尼迪机场出发的航线图。在最后一点上,他看出,如果可以消灭另一家从圣路易斯首发的竞争者奥索卡航空公司,就可以让环球航空主宰这部分市场及由这个航线延伸出来的航空网络。虽然环球航空的前管理层也曾经提出过收购奥索卡的建议,但是谈判不仅没有丝毫进展,而且双方分歧比刚开始谈判时还大。但是伊坎重启了这个进程,并不顾一切地最终成功完成了这个 2.37 亿美元的收购交易。

"对奥索卡的收购是我们和卡尔之间关系到达顶峰的时刻。"肯特·斯科特说,"双方飞行员的融合对我们来说是历史上第一次有实质意义的进步。因为我们当中大多数人都比奥索卡的飞行员要资格老些,所以获得了职位的晋升。"

尽管在最初几个月里存在困难,但伊坎似乎在扭转公司业绩上取得了实质性的进展。由于工会的妥协和燃料价格的意外下降,伊坎降低了公司 6 亿美元的运营费用。鉴于公司在圣路易斯基本处于垄断地位,伊坎提升了票价,并且还开辟了十几条新航线,把之前奥索卡最好的几条线路也纳入了环球航空的路线图。

这个时候,伊坎开始相信他的梦想,认为自己已经成了一个巨大航空帝国的大亨,自己的理论都是正确的。他相信:经营一家公司和发动一场收购战的困难程度差不多,关键的成功要素是强硬和智慧。他知道这两个先决条件他都不缺,而且还很富余。

受到成功收购奥索卡航空的鼓舞，伊坎又开始了他的另一个兴趣——扩充他的航空帝国版图。

"卡尔很有企业家精神——如果他脑子里产生了一个主意，他就会调转船头，迅速实施这个主意。"环球航空前高管爱德华·格莱茵说，"我记得，我曾经在他的办公室和他谈起将要出售部分预约系统。这时突然有人进来找他谈话，话题转向了达美航空。"

"突然，伊坎跳起来说：'我们为什么不去收购达美？赶紧给我把达美的数字弄来。'"

几小时后，伊坎的助手已经收集了一堆达美的打印资料，包括了它的资产、现金流、投资回报率和资本结构，还有企业架构和反收购防御措施等。当达美的形象渐渐清晰之后，伊坎和助手们看到了收购达美的契机，然后迫使达美也采取类似环球航空的低薪。如果按照此计划进行的话，达美的盈利能力会迅速上升，其现金流就足够伊坎用来偿还收购的债务和佣金了。

"这个主意看上去前景不错，但是有个关键的障碍。"布莱恩·弗里曼说，"达美永远也不会接受友善收购，卡尔也没有足够的资金来展开竞购。另外，他还担心自己和亚特兰大（达美总部所在地）的政治人物之间会存在关键的政治问题需要解决，除此以外，也有人担忧环球航空的成本结构无法适用于达美航空。"

即便如此，伊坎对交易的热忱也反映出他在担任环球航空一把手期间的万丈雄心。

"人们进入航空业后，通常会感到很困惑。"弗里曼说，"这个行业外有一层光环，甚至包裹着男人气概，外界媒体对它的报道也很多。人们以为只要比前面运营的人聪明，就一定可以赚大钱。所以他们被其深深吸引。"

1987年2月，伊坎得知全美航空和彼得蒙航空计划合并的消息后，决心要捍卫自己公司的市场地位。为了防止被他人收购，他迅速做出回应。2月21日，伊坎向全美航空的董事长埃德温·科洛德尼抱怨这场合并会改变行业的竞争状况,置环球航空于不利的境地。他警告科洛德尼说不会任由这场合并进行得那么顺利。他还有另外一个主意:环球航空或许可以收购全美航空,或者全美航空也可以来收购环球航空。

第二天,伊坎又给科洛德尼致电,抱怨他不想让环球航空被"孤立"。那天稍微晚些时候,伊坎又打去电话,说他不想为答复再等很久,环球航空准备出价每股 50 美元来收购全美航空的股份。

伊坎为了阻止全美航空和彼得蒙航空的交易,又使出了惯用的伎俩。他要收购股份,然后利用这个理由来威胁并挫败他的对手。

3 月 4 日,就在彼得蒙航空和全美航空董事会敲定最后的合并协议的当天,伊坎宣布他已经成为全美航空最大的单一股东。对其对手来说,更糟糕的是,他同时宣布以每股 52 美元的价格收购该公司。这个举动等于为合并画上了句号,迫使董事会放弃了这次交易。

"因为有伊坎的报价,董事会不得不暂停合并行为,直到他们搞清楚这个报价到底是怎么回事。"全美航空的一位顾问这么说,"因此,他们找来投资银行家和律师就伊坎的报价提出建议。他们得出两个主要的结论。第一是这个报价说不通。司法部会以反垄断法的理由宣布这个报价无效。即便突破了这个障碍,伊坎有没有足够的资金来完成这个交易,也有很大的不确定性。"

"第二,大家普遍认为伊坎并不是真的想收购全美航空,他只是想破坏全美航空和彼得蒙航空的这次交易。他担心合并之后的航空公司会是环球航空的主要竞争对手。同样重要的是,合并同时也减少了两个最有可能收购环球航空的公司。其实从一开始,出售环球航空一直就在伊坎的秘密计划中。事实上,在两家航空在谈合并的时候,伊坎和全美航空的谈话中有一个建议就是由环球航空、全美航空和彼得蒙航空开展三方的合并。"

为了阻止伊坎破坏合并,全美航空在匹茨堡联邦法院提起诉讼,要求法院颁布禁止令,禁止伊坎展开收购行动。

根据全美航空的申诉,伊坎的报价目的是"破坏彼得蒙航空和全美航空之间的合并，并且通过一场昂贵的、破坏性的收购战，损害全美航空的利益。伊坎完全清楚，很多专家都相信政府是不会批准环球航空、全美航空和彼得蒙的三方合并的。作为一个经验老到的公司掠夺者，伊坎完全清楚，一次失败的收购尝试会对公司造成毁灭性打击。另一方面，如果伊坎成功阻止了全美航空和彼得蒙的交易，而且获得了对全美航空的控制权，他就在客观上消灭了一个竞争对手"。

有理由相信，伊坎对全美航空的行动有部分源于对几个月前科洛德尼的一个决定的报复。

"我一直试图把环球航空出售，来避免被卡尔觊觎。"布莱恩·弗里曼说，"从一开始，我们就知道卡尔可能不是个能够长远领导环球航空的合适人选。他那种要求回报的企业家精神会导致他致力于从公司获取什么，而不是打造公司。因此我一直在和一些潜在的买家会谈，希望他们能够取代卡尔的位置。"

带着这样的想法，弗里曼也和全美航空交流了这个意向。"当我和科洛德尼会面让他来买环球航空的时候，他喋喋不休地让我放弃这样的念头——环球航空一文不值。"

"我告诉卡尔这件事后，他告诉我不要再做这样的事情，并且告诉我，我不是他的代理人。"

科洛德尼和伊坎之间的关系恶化是在所难免的。作为一个坦诚正直的企业人和航空业业内人士，科洛德尼对伊坎这个闯入航空领域的金融机会分子很难认同。从内心来讲，他也很排斥伊坎过于具有侵略性的谈判方式。

伊坎在打全美航空这张牌的时候，他的这种咄咄逼人的风格如此鲜明，将其买家和卖家的才能都发挥得淋漓尽致。通过他在全美航空公司所吸纳持有的股份，他表达了以下观点：（1）要求管理层购买他的股份；（2）通过股价上升获利；（3）如果合并没有成功，那么他就会收购全美航空。

最终，联邦法院初步批准了全美航空要求的禁止令，要求伊坎必须证明他的报价不是仅仅为了阻止全美航空和彼得蒙的合并案。

"法官初步给予的这个禁止令有点让人惊讶,因为在类似的案例中,法官一般会服从市场规律。"全美航空的顾问说,"但是法官可能意识到,伊坎的行为会对暂停的兼并有很大的负面影响,所以愿意从全美航空的利益角度出发,先暂停伊坎的行为。即这个案件可以进入完全的司法程序,到时候伊坎可以设法撤销这个临时禁止令。"

"但是事情没有发展到这一步。在全美航空从法院得到它想要的之后,伊坎并没有追击。很显然,他意识到这个判决是有依据的,他不可能赢得这场诉讼。

"他真正的目的是想利用破坏兼并的威胁手段来出售环球航空。当他看到这不可能成功,就没有任何理由继续虚张声势下去了。"

到1987年年底,伊坎自夸说他已经完成了公司奇迹般的转变。公司已经呈现盈利,销售收入达到了2.4亿美元,1988年将会达到2.59亿美元。

虽然这些数字看上去让人印象深刻,但是如果仔细推敲的话,利润中的一大部分都来自伊坎的金融规划能力,而不是其管理才能。比如对于资产折旧方法,伊坎采用了较为宽松的政策,允许将宽体式客机的使用寿命延长,这就削减了4400万美元的成本。另外,别忘了环球航空从对休斯工具公司的漫长诉讼中也获得了近5000万美元。

扣除这些及其他非正常项目,再把前几年的税收亏损转入当年,环球航空其实应该还是处于亏损状态的。虽然在伊坎的统治下,环球航空的数字有了起色,但本质上公司还是没有好转,飞机依然陈旧,管理结构依然羸弱,劳工关系依然紧张。

在某种程度上,伊坎面临的问题可以追溯到他自己缔造的企业文化。

"卡尔身边始终围绕着一群人,这些人让他相信,他可以获得东西而不用付出任何代价。"航空咨询师鲍勃·曼恩说,他曾在1988年12月到1990年2月间担任环球航空的营销副总裁。

在乘务员罢工之后,航空公司启动了以"新环球航空:看看我们其实有多棒"为主题的广告宣传。这个广告的设计初衷是消除之前罢工的影响，对航空公司重新定位，重新夺回市场份额并且保持顾客忠诚度。原则上，它应该是个持续更新的广告宣传。随着服务的改善和市场份额的扩大，新广告应该被系列推出。但是这个计划被搁置了，因为服务质量不断下降。这是因为恰当和必要的资本投资并没有到位。

环球航空的高管们让伊坎相信，他可以向一个人借钱还给另一个人。他们并没有全面提升服务水平，而是从国内航线直接抽调服务力量来提升北大西洋航线的服务水平。但是这些有经验的管理者没有告诉伊坎，而伊坎也没有察觉的是，这样的伎俩是不可能长久的。国内航线的服务质量下降了。由于国内航线在环球航空的关键地位，这样的"拆东墙补西墙"策略并没有什么效果。

"我想，有一些直接向伊坎汇报工作的高管对伊坎有意识地隐瞒了一些事。"曼恩说，"他们只是告诉伊坎他想听到的。"

伊坎的高管团队也开始出现分化，产生了三种不同的战略供伊坎考虑：（1）针对有限的几条关键航线，建立一个针对利基市场的航空部门；（2）将环球航空打造成为一个世界级的航空公司；（3）只是抱着短期打理的态度管理好公司，伺机将资产或者业务出售。

随着时间的推移，伊坎对每种战略都有所采纳，在这些战略之间不断找寻最有效的解决办法。但是他内心还是最倾向于第三种策略。卡尔比其他任何人都知道，要想重建环球航空，使其从长远角度能够和全美、达美、联合航空在一起竞争，需要在飞机、计算机系统、员工和管理方面进行大量的投资。而这些投资带来的回报却很缓慢——尤其是经营航空业犹如坐过山车一样，受燃料价格的不稳定、周期性的消费者信心和恐怖主义的影响——回报充满了不确定性。

从一开始，伊坎的计划就是扭转环球航空的业绩，然后将其出售，从而获得巨大的利润，给他个人带来巨大的财富，同时也让他从绿票讹诈者转变成企业家，赢得人们的尊重。最好的机会出现在1988年年底到1989年年初这段时期，环球航空的业绩出现了实质性的扭转。出于这个打算，伊坎和几个潜在买家举行了会谈。其中包括西北航空的联席董事长之一阿尔弗雷德·切奇。切奇飞到芒特基斯科会见伊坎，讨论交易，结果却发现交谈无法继续下去。从切奇的角度，伊坎的开价过高，基于一个对环球航空资产的并不合理的估价之上。就在切奇想办法还价的时候，伊坎再一次向大家证明了他只愿意按照自己想要的条件来。很显然，这个时候他并不急于出手环球航空。

可是，伊坎总是以资产负债表为依据来判断出售资产而不是增加资产的时机，而且每次交易总能有一条清晰的思路，对他来说，把钱投入这个经营困难而且难以扭转局面的大企业，令他越来越不放心。

"卡尔是个聪明的野蛮人。"马蒂·惠特曼说，"他之所以是野蛮人，是因为他从不听你的意见，固守己见。他看不到你可以通过投资企业赚钱，他只想变现——获得现金流。他没有理解这个国家那么多伟大的企业都是现金客户。这些客户使用市场，并且通过现金消费为企业贡献可观的财富。但是卡尔只想变现。"

"卡尔能够成为一个伟大的套利者的这些特质，让他成为最不适合经营环球航空的人。他证明了他无法运行一个实体企业。对于处于困境的企业，他无法施展重组的把戏。"

早在1987年，伊坎对于管理环球航空的注意力就被分散到开展潜在收购上去了。当澳大利亚投资者罗伯特·霍姆斯·阿·考特在10月股灾后试图出售自己在德士古的股份时，伊坎买下了这些股份，其中就有环球航空的资金。同时，伊坎也在美国钢铁马拉松集团持有相当多的股份。

尽管伊坎还没有完全放弃要将环球航空建设成为高盈利的航空公司——把自己变成新一代的李·艾科卡[1]，伊坎暗地里十分嫉妒大家对艾科卡的推崇——但他在继续其收购道路上看到了更大的机会，而且现在，

---

[1] 李·艾科卡：意大利裔美籍企业家。先后任福特汽车公司和克莱斯勒汽车公司总裁。福特经典车型"福特野马"的开发负责人。担任克莱斯勒总裁期间成功公司扭亏为盈，获得"美国产业界英雄"的称号。人们常用"艾科卡"来比喻"将公司经营转亏为盈的企业家"。——译者注

环球航空可以提供部分需要的资金。

另一个方面，由于伊坎总是在意最坏的结果，所以他决定是时间抽走他面临风险的资本了。他仍然保有对环球航空的控制权，但是用"其他人的钱"来运行。他通过环球航空私有化来完成这个目的。

1988年9月7日，私有化计划被股东批准。按照计划，环球航空买下所有的流通股，包括伊坎持有的股份。接着，它和伊坎控制的一家公司合并。公众股东让出他们的股票，同时获得了每股20美元的现金和为期20年（2008年）的30美元面值的债券。这个交易之所以被股东批准，是因为他们也觉得这是变现的好机会。那些在交易结束之后很快将债券出手的股东的确赚了不少。

伊坎也拿到了每股20美元，不过他的收益采用的是现金和德士古以及美国钢铁马拉松集团（USX）的股票的形式。这两个股票都存在环球航空名下，另外还有一个特别优先股（被命名为"伊坎优先股"），估价1.96亿美元。

私有化是依靠德崇证券发行6.6亿美元的垃圾债券完成的。之前佩恩·韦伯也曾承诺说要以更低的成本来做类似的交易，可是最终失败了。结果，佩恩不得不向伊坎支付100万美元的慰劳费——这是协议中就拟定好的，一旦潜在的融资无法完成，就要支付这个费用。

这个交易最终由德崇证券依靠其无与伦比的垃圾债券网络完成了融资，这也是20世纪80年代典型的能点石成金的金融炼金术的一种。伊坎是这个交易的总策划。当最后尘埃落定的时候，这位当年的掠夺者、现在的总裁获得了4.69亿美元，其中包括了他最初的所有投资和19%的利润（扣除初始投资成本的维持费用）。他在公司的股份持有比例也从私有化之前的76%～85%增长到交易结束后的90%。虽然伊坎的初始投资已经不在了，但他还是掌控着公司，可以从新发行的优先股中继续获利，同时，他也可以自由支配环球航空的资金，帮助其继续加大对德士古和USX的投资。

"私有化完成后，伊坎得到了足够的资金，而且是对他个人而言没有任何成本的资金。"弗里曼说,"这就好像是他想要个银行,结果一分钱不花就得到了。"

虽然私有化对伊坎来说像个圣诞礼物,这却让环球航空背上了巨额的债务,也吸干了那些本来应该重新投资于航空公司运营资产的资金。垃圾债券融资的不利之处对环球航空产生了深远的影响,就和其他十几家大公司一样,当进入20世纪90年代之后,80年代的好运就到头了。

工会对于私有化十分愤怒,谴责伊坎榨取公司的利益,让公司岌岌可危。考虑到航空公司现在面临的分期还款的义务,工会担心公司会为了满足还款要求而减少甚至放弃对公司资产的投资。他们看到伊坎用公司的资本来实现他对德士古和USX的收购。正如机师工会对私有化提起的诉讼中所谴责的那样:

"这个计划的本质就是被告伊坎将自己的投资从环球航空抽身而退,同时让他再度摇身一变,成为美国臭名昭著的'公司掠夺者'。"

在另外一起诉讼中,国际机械师及航空航天工人协会(International Association of Machinists and Aerospace Workers)说出了关键问题所在,它控诉"环球航空公司在1986年抵御伊坎的收购之后就已经是高举债经营了。它的飞机大多已经很陈旧,环球航空必须在接下来的10年内进行大量的资本投资。而现在,获取这些资本投资的灵活性由于伊坎的计划而受到了很大的局限。伊坎的计划会让环球航空丧失所有的财务'灵活性'。伊坎计划的总体影响是陷环球航空于财务困境,而唯一的受益人是伊坎。他通过公司私有化,向自己支付了一笔4.5亿美元的'红利'。对于为此负债累累的环球航空来说,却没有任何的好处或者报酬。环球航空因此而只剩下微乎其微的运营资本,很可能会出现流动性危机"。

在伊坎看来,工会对私有化计划的鞭笞,表明了他们对伊坎帮他们从洛伦佐手里把公司夺回来,并没有丝毫感激之情。

另外,伊坎当初和工会签署的协议里给了他将企业私有化的权力。那些怀疑伊坎是否会那么做的人——而且他只会尽早做——并不了解卡尔·伊坎维持有利条件和其带来的威慑作用的决心。

在伊坎家里晚餐的时候，布莱恩·弗里曼戏谑道，如果伊坎不停止对工会的蹂躏，他就准备找一堆人在他门口示威。当丽芭显得有点担忧的时候，弗里曼玩笑地说："别担心，我会让他们和房子保持 100 英尺的距离。"丽芭回答道："可是 100 英尺就意味着他们会进到大门里来了！"

在描述伊坎和工会之间像坐过山车一样的关系时，环球航空飞行员工会前主席汤姆·阿什伍德说："卡尔是个金融恐怖分子，他把员工当成人质。一开始，这些员工受斯德哥尔摩综合征的困扰，所以经历了一个时期，认为监禁他们的人是唯一能拯救他们的人。这就是在环球航空出现的事情。但是幸运的是，综合征很快就过去了，绝大部分人意识到伊坎绝对不是那个可以拯救他们的人。"

私有化也让伊坎和莱昂·布莱克之间的友谊关系加深了，因为后者是德崇证券的垃圾债券网络和伊坎之间的联系纽带。在某种程度上，他们的友谊是建立在共同利益的基础之上的。布莱克利用他和伊坎的关系来提升自己在德崇证券的地位，而伊坎则利用这个关系来确保无抵押的融资顺利进行。虽然他们可能会把对方当成所谓的朋友——一起打网球、下象棋，带着家人一起度假——但这些只不过是表象而已。

"卡尔和莱昂交好有两个原因，"一位知名的纽约律师说，"他们两个都对数字很敏感，而且动作很快。卡尔谈话时思维非常跳跃，很多人都无法理解，不知道他在说些什么。他们常常想'这是那个伟大的伊坎吗？'伊坎看上去没多少吸引人之处，就像达蒙·鲁尼恩[①]笔下的人物。"

"但是，莱昂可以理解伊坎的跳跃性思维，他可以一下就看到伊坎所描绘的画面，这让他们两个走得很近。而且一个事实是德崇证券代表了伊坎的巨大资金库。因此他有充足的动机来接近德崇证券里有权势的人，帮他获取他想要的资金。"

布莱克自己并不抱有幻想："看，卡尔和我的确互相喜欢也互相尊重，

---

① 达蒙·鲁尼恩（1884—1946）：美国记者，短篇小说家。——译者注

我们是朋友。但是我们的友谊起源真的和卡尔想要获得德崇证券的资金有关系吗？我这么说吧，卡尔不傻。80年代的德崇证券是资本的首选。而且我们也是在收购领域最实实在在的一个威胁。所以他是在帮助自己。

"卡尔现在是个亿万富翁。而要想成为亿万富翁，你必须要能够获得亿万的资金。"

由德崇证券融资的私有化对于伊坎来说是一次不错的交易，对股东看上去也一样。考虑到环球航空在过去数年几乎已经摇摇欲坠，股东们都很高兴现在有机会解套了。

但是，当一个已经病入膏肓的公司不断涌现问题，市场份额急剧下降，却还能够给某些人带去财富，那么不用说，肯定有人在赔钱。这个问题上，飞行员和机师几乎可以肯定，他们即将成为受害者。

"卡尔和工会达成的最初协议里，允许他在某个时间将环球航空私有化。"阿什伍德说，"我们当时本以为他会把其他公众股东买断，来加深他和环球航空的联系。"

"但是我们看了他关于将环球航空私有化的声明之后都震惊了。他没有用他的钱，而是用环球航空的钱来买断股东。我们立刻就意识到，他的计划和加深他和公司之间的联系毫无关系。他只是计划分两次从公司把他的钱取走，第一次是卖出他的股份，接着是把公司当作他收购其他公司的金库。这让那些对他有所指望的员工完全大失所望。"

"这次私有化很显然是美国人事管理局应该处理的一个案例。"亚历山大·格林——惠特曼－赫弗南－莱茵投资银行的常务董事，专业为处于困境公司进行重组——说，"实际上，卡尔利用了工会的妥协来谋求其个人股权收购。"

私有化也成了伊坎和工会关系的分水岭。原本，对奥索卡的收购、对线路的改进和最初的扭亏为盈让工会相信，他们在伊坎和洛伦佐之间做出了正确的选择。他们以为，可能所有华尔街的逐利者只对花边新闻感兴趣；可能伊坎就如他自己描绘的那样，是一位20世纪80年代的推动复兴的人：是个金融天才，也是个企业建设者，总之是一个守信之人。

可是这段弥漫在蜜月期的乐观情绪，在工会得知私有化的细节之后迅速转变成为愤怒和悲观。"当我们听说他关于私有化的计划，我们就知道，他所谓的要将环球航空带入先进行列的话是胡说八道。"阿什伍德说，"我们知道了他所谓的要对飞机进行升级，也是胡话。"

据阿什伍德说，伊坎任命的环球航空的总裁乔·科尔一直告诉飞行员们，卡尔要把环球航空建设成一个更好的公司。他会购买60架麦道80飞机来增加飞机的数量，同时也使客机更为现代化。

"起初，科尔也真心相信了伊坎的话。"阿什伍德说，"但是后来，他意识到伊坎说的话不是真的。他后来很诚实地告诉我们，他之前说的有关于伊坎的意图结果都成了假大空。"

科尔承认，伊坎对环球航空进行大量投资没有什么兴趣，但是他认为这是因为伊坎的意图发生了转变，而不是一开始就设计好的。

"当伊坎表示要重建环球航空时，他没有撒谎。"科尔说，"我不信他没有这个意向。但是后来出于各种原因，他改变了主意。这里面可能包括了对运营能力过剩的担忧，巨大的投资数额和他预测的和工会之间的矛盾。最重要的是，他觉得他在别的投资上可以获得更多回报。"

在伊坎、比尔·霍尔和飞行员工会的其他领导人一起开会的过程中，他们之间的关系降到了冰点。当伊坎利用这个场合宣布，董事会已经批准一项重大资本投资来支持收入增长的好消息的时候，工会领导人发现他们又来劲了。可能伊坎看到了曙光，又将重新投资环球航空了呢。但是当伊坎和霍尔深入交谈时，工会发现他们的愿望再次落空了。这项重大资本投资是为了改善环球航空客机上的吸尘器和维修肯尼迪机场一个损坏了的电梯。

"最让人吃惊的是这些人的认真劲。"肯特·斯科特回忆道，"他们把吸尘器简直说到天上去了，像是多么伟大的技术突破。靠吸尘器，我们就能成为顶尖航空公司？"

在阿什伍德看来，那些相信伊坎会重建环球航空的人从一开始就过于天真了:"狗改不了吃屎。不管是过去还是现在,伊坎都是个金融家。他不会经营管理,甚至管不好街边的小餐厅。如果餐厅的冰箱坏了,他是不会修的。他宁可把坏掉的牛奶卖出去,也不会去修冰箱的。"

通过金融运作,伊坎在他自己的企业内部留下了巨大的不满和怨恨。在私有化之后不久,环球航空机库的墙壁和客机厨房的烤箱上就写上了潦草的咒骂:"嘿,卡尔,这是给你准备的。"员工们为了发泄他们的恨意,在座舱和售票柜台贴满了恶毒的笑话。其中两条最受欢迎的是:

"卡尔和他的一位助手走在街上,正好一位金发女郎经过。助手对卡尔说:'嘿,你为什么不撩她?'卡尔回答道:'用什么?'"

"萨达姆·侯赛因看着镜子,问:'魔镜啊魔镜,谁是世界上最吝啬、最让人憎恨的混蛋?'——'什么?谁是卡尔·伊坎?'"

第十一章
伊坎对战德士古：又是一年，又一个5亿

> 当你和卡尔谈判的时候，他看上去总是在绕弯子。如果你想知道卡尔到底在想什么，只需要看看哪里有钱赚。卡尔的目标通常就是那些赚钱的地方。
> ——丹尼斯·奥戴，凯克-马欣-凯特律师事务所合伙人

伊坎收购环球航空的前一年，在得克萨斯州和俄克拉何马州的油田上，两家大企业之间突然展开了对抗，一方是墨守成规的大企业德士古石油公司，一方则是规模小却更灵活的鹏斯公司。

两家企业同时对于一家拥有丰富油气储藏的公司——格蒂石油公司发起了收购，对抗也起源于此。在收购即将尘埃落定的时候，鹏斯满以为自己已经取胜，正准备庆祝，却发现德士古用最后关头的报价，从鹏斯手中硬生生地把胜利夺走了。

在20世纪80年代，并购战中败北的一方通常会大声抱怨。但是鹏斯的CEO休·利特克的脾气是出了名的不好，所以除了发牢骚，他决心要做更多——起诉德士古在鹏斯收购格蒂的过程中有"侵权干预"行为。

战争只是刚刚拉开了序幕而已。德士古的前身是1902年创立的得克萨斯州油气公司，随着公司的逐渐成长，它已经成了美国最为傲慢和固执的公司。管理层认为，这家来自休斯敦的小公司企图对美国业界的明星德士古造成伤害，简直是痴人说梦。但是鹏斯雇用的休斯敦律师——号称"侵权案之王"的乔·贾迈乐让得州的陪审团相信，鹏斯的确承受了巨大的损失。德士古面临高达105亿美元的分期付款罚金，外加到宣判日为止所积累的 6 亿美元的利息。这大大增加了德士古的傲慢与不满。

一开始,趾高气扬的德士古以为上诉肯定可以更改初审的宣判。于是它从两方面展开行动,一方面寻求禁止令以防止鹏斯根据判决攫取其资产,另一方面寻求上诉争取更改判决。

起初,德士古进展顺利,它从纽约南区的美国地区法院获得了初步的禁令。但随后,事情的发展突然出乎了它的意料——得州法庭驳回了德士古于 1987 年 2 月提起的上诉,同年 4 月,美国高等法院撤销了临时禁令,这使德士古的资产再次暴露在虎口之下。为了防止事态恶化,这个曾经不可一世的石油巨头——尊严被对手踩在脚下,生存权也受到了威胁——在毫无选择之下,于 1987 年 4 月 12 日提交了破产申请,因而避免了缴纳数十亿美元的保证金,也包括向最高法院就判决申请终审。

接下来漫长而曲折的过程中,德士古的命运也变得不可捉摸。由于鹏斯对其索赔的不确定,德士古的前景也一片迷茫。1987 年 10 月 19 日股灾这天,公司股价暴跌,从 10 月初的每股超过 41 美元暴跌至每股 28 美元。伊坎嗅到了机会,于是命令环球航空(通过下属公司斯旺)开始在公开市场收购德士古的股票。在 1982 年 10 月 2 日到 10 月 23 日间,伊坎以平均价格每股 33.95 美元的价格收购了 4347500 股德士古的股票。受经济危机开始的影响,德士古的股票受到更严重的打压,于是伊坎继续收购,在 11 月 6 日到 11 月 13 日之间又陆续购买了 1537500 股。

当时,伊坎正在去马萨葡萄园岛看一处度假屋的路上,看到报纸头条报道罗伯特·霍姆斯·阿·考特在股灾中遭遇损失。报道提到,在银行家的敦促下,罗伯特·霍姆斯·阿·考特必须出售他拥有的一大笔资产,其中包括了一大批德士古的股票,占德士古公司总流通股的 10%。伊坎本来就在购买德士古的股票进行价值投资,又发现了这个可以从弱势卖家那里买到大量股份的好机会。

一抵达马萨葡萄园岛,他便立刻给罗伯特·霍姆斯·阿·考特打了个电话。伊坎很精明,在这个说话温和的澳大利亚人面前没有表现出他谋求利益的本意,而是以一个公平的买家形象出现,自称愿意帮助他脱离困境。

谈判一开始，伊坎就对罗伯特·霍姆斯·阿·考特的不利形势作了坦诚的评价。

"罗伯特，我了解到你现在面临财务困境。"伊坎说。

"是的，的确。"罗伯特·霍姆斯·阿·考特低声说道。

"我愿意给你报个价。"伊坎马不停蹄地继续说道，"你手上的这些股票现在是每股29美元，我会以这个价格来收购你手上所有的股份。我不会乘人之危，以每股26或者27美元的价格购买，我也不是来这里跟你要手段的。同样的，我也不希望你反过来再跟我要价每股31或者30美元，甚至29.125美元也不行。"

伊坎知道，作为一个狡猾的投资者，罗伯特·霍姆斯·阿·考特肯定会在答复之前询价，于是他给对方48小时考虑是选择成交还是拒绝。伊坎知道，英国投资者詹姆士·戈德史密斯也在关注德士古，很有可能也会对罗伯特·霍姆斯·阿·考特的大量股份感兴趣，所以他认为这个英国投资者是自己最主要的竞争对手。但是这也正说明，他基于市场价格的出价策略是很明智的。由于戈德史密斯素来喜欢讨价还价，伊坎认为他的报价应该在每股26或者27美元，这也是他一开始就声明不会考虑的价格水平。当罗伯特·霍姆斯·阿·考特到处搜索更划算的价格时，伊坎先前的这个报价将是十分具有诱惑力的。

只一天的工夫，这个澳大利亚人便打电话过来了，同意以每股29美元出售他拥有的2400万股德士古股票中的1200万股。11月25日签署的协议中，伊坎获得了罗伯特·霍姆斯·阿·考特拥有股票的全部投票权，并且获得了其剩余的1200万股股票的优先购买权。

"卡尔获得德士古股票的方法让人印象十分深刻，"罗伯特·兰格，曾经的德士古股东委员会（在公司破产期间成立）成员说，"他得知罗伯特·霍姆斯·阿·考特陷入困境，而且还遭受银行家敦促出售资产，便找准了这个时机出击。"

"这对他来说是个再熟悉不过的套路了，经典的卡尔式做法——他总是等到别人走不下去了，需要这个交易的时候才出现，然后以对他最有利的方式成交。"

有了这些股份，在这个面临生存危机的弱势企业里，伊坎便成了最大的股东。但是在这样不稳定的环境下，伊坎还是发现了机会。他在整体形势分析方面有特别的才能，能看到可操纵的空间，可创造的价值，最终将逆境转化成为巨额的利润。

忽然间，由 CEO 詹姆士·金尼尔带领的德士古管理层面临双重威胁：在 105 亿美元鹏斯的索偿金额之外，全美最著名的收购大亨现在成了他最大的股东。金尼尔不像伊坎之前打过交道的那些 CEO 那样不谨慎，他于 1987 年 1 月开始出任德士古的总裁，一开始就很清楚伊坎不可能袖手旁观。从伊坎决定开始收购霍姆斯·阿·考特的股份起，伊坎就已经决定要参与德士古和鹏斯的争夺战，促成两个公司相互妥协。协议一旦达成，德士古的股价便会上扬，他购买的德士古的股票也会成为他打得最精明的一场仗。很快，伊坎开始给相关的各参与方打电话——债权人委员会、股东委员会、德士古的破产律师（威嘉律师事务所合伙人）哈维·米勒、金尼尔和利特克。每次打电话，他最关心的问题便是双方能够达成协议的可能性。

"卡尔说，两家公司间必须达成协议，"米勒回忆道，"他极其需要一个和解，希望双方达成协议对股价会有积极的影响。他说：'我们可以以 40 亿美元的价格来解决这个问题。'我说，'40 亿美元都可以让一只黑猩猩乖乖听话了，实际的和解金额可以低很多。'但是你可以感觉到，伊坎并不是很在意多 10 亿美元还是少 10 亿美元。"

但是对峙的双方却陷入僵局。鹏斯声明它在德士古手上遭遇了损失，而且它的法律地位也被认可，因此坚持要求全部的和解金额。有经验的观察者都觉得这只是一种虚张声势罢了——是给德士古施压的一种手段。同时很明显的是，只要价格合理——大约在 30 亿到 50 亿美元之间——利特克应该就会接受和解。

可是呆板和傲慢的德士古并不是个讲道理的对手。他们不会承认失败,其高层反而表示,他们决心把官司打到最高法院,直到最后判决见分晓,德士古才会决定要不要付赔偿款。

约翰·韦恩[①]式的迎击姿态让德士古人为之自豪。但是这样的孤注一掷最后导致的只会是一荣俱荣、一损俱损。如果最高法院驳回了上诉,或者即使法院受理了诉讼,最终还是维持原判,那么德士古除了向鹏斯付钱之外就没有别的选择了。在那种情形下,德士古要支付的可能就是2倍庭前和解费用——这个金额等同于给德士古致命一击,让这家曾经的商业支柱崩溃。

自诩为"维权投资者"的伊坎决心要阻止的,就是这样的浩劫。他成了一个调解员,一方面向德士古施压,要求他们放下身段进行谈判;另一方面,他也希望利特克给出一个合理的价格作为交易的基础。像往常一样,为了给他的对手造成恐惧和不确定感,他也大量购买了鹏斯的股票,达到2%的持股比例。虽然伊坎没有明说,但是利特克明白其中隐含的威胁:伊坎既然可以成为德士古的最大股东,对获取公司控制权展开进攻,当然也可以对鹏斯做同样的事情。这一举动让利特克卸下防备的同时也让其敬畏掠夺者的威力,这便是伊坎式做法。

从表面上看,伊坎和利特克之间有着戏剧性的性格冲突:一个多面性格的纽约小子和一个来自美国西南部的油商。甚至伊坎的助手们都觉得他可能会对利特克失去耐心,把利特克这个不通情理的土包子给抛到脑后。但是事实是,相比和那些古板的德士古经理们的关系,伊坎和利特克的关系融洽多了。

"伊坎和利特克的背景的确没有什么不和谐的碰撞。"代表德士古股东委员会的芝加哥律师丹尼斯·奥戴说,"利特克就是一个从油田出来的浪漫派,但是他的很多倡导自然的公众形象更多是出于营销的需要而不是基于现实的。就像伊坎曾就读于普林斯顿,利特克也曾在安默斯特学

[①] 约翰·韦恩(1907—1979):美国电影演员,曾获奥斯卡最佳男主角奖。他演绎的角色极具男子气概,个人风格鲜明,说话语调、走路方式都与众不同。——译者注

院就读,他也非常聪明,很有自己的思想。"

无论是在感性还是理性层面,伊坎都很理解利特克。这是一个敢于挑战小概率事件,敢于蔑视权威,敢于在法庭上反击的男人。他有105亿美元的判决在手,有充分的理由让德士古为之胆寒,这也恰恰是他打算去做的——去促成一个大丰收的和解方案,如果换成伊坎,他也会这么做。

德士古的答复则完全不一样。这些职业经理人没有一个在德士古有较多的持股,却以股东利益为代价将公司置于危险境地,这让伊坎感到十分愤怒。从他小时候听父亲谴责这些强盗式资本家开始,他就不喜欢这些经理人。想到金尼尔和他的下属为了满足自己的虚荣心甚至考虑牺牲他的钱,伊坎就恼怒至极。

有一次他问金尼尔,如果不能和鹏斯达成和解的话他会怎么办。据伊坎说,金尼尔当时回答道:"那我就不管了,我去钓鱼吧。"卡尔进一步盘问:"如果你回来的时候公司都不在了,你怎么办?"据说金尼尔这么回答:"那样的话,至少我的鱼竿还在啊。"

对于伊坎来说,他是无法原谅对股东的资产如此露骨的漠然态度的。在《新闻周刊》的一次采访中,伊坎大发脾气:"金尼尔可能还有他的钓鱼竿,但是其他那些股东还剩什么?他们连鱼都没有了。这个体系的错误之处,就是管理层和董事会可以抛开股东做出决策。这种情况下,管理层和董事们可能会让这个公司走向毁灭的道路。"

由于德士古仍然处于破产保护阶段,所以公司的债权人和股东委员会试图构想一个与鹏斯公司的和解方案,希望能够获得金尼尔和董事会的批准。但由于双方都紧守各自的立场,矛盾重重,委员会无能为力。伊坎决心打破僵局,他将委员会视为实现目标的理想途径,倾向于借助他们的力量。他计划将委员会作为能取得实质性进展的力量,获得委员会的主导地位,甚至按照他的设想来重塑企业。但是,这群人从一开始就不愿意受他威胁,即便伊坎是并购之王。

"委员会是个非常多样化的团体,里面的人和伊坎在风格和背景上都有着很大的差距。"罗斯柴尔德公司的高级常务董事威尔伯·罗斯回忆道,"我们的委员会主席罗伯特·诺里斯是德士古创建人之一的重孙,他的母亲曾经是德士古最大的股东,而他的父亲则是公司最大的事务主管,因此他很早之前就很了解德士古公司了,而且几乎就是公司的一分子。他是一个牧场主,还是万宝路广告最初的男主角。"

诺里斯体格强壮,经常身着皮衣,还是约翰·韦恩的朋友,简直就是现实版的传统西部牛仔。

股东委员会里还包括了一位已退休的德士古前高管,他的家族继承了一大批德士古的股票;还有一个同样已经退休的小时工,服务于散户投资者及在德士古投入数百万美元的州养老基金的代表们,担当他们的保护者。整个团队一致认为,他们不希望也不需要伊坎来扮演救世主的角色。实际上,当伊坎进行其方案的第一步——为了能够主导这个委员会的事宜而试图加入股东委员会的时候,他就被冷冰冰地拒绝了。

"我们告诉伊坎,如果他想加入委员会,则必须签署一份限制性协议,禁止他继续交易德士古的股票。"罗斯说,"因为作为委员会的成员,他将会获取机密信息,所以我们始终坚持这一条件。卡尔拒绝签字,因为这会限制他的选择权,因此我们也选择拒绝他加入。"

经过私下的商议,股东委员会认为德士古和鹏斯的和解金额应该在30亿美元左右。但是当他们游走于各方之间的时候,他们才知道德士古的内部力量陷入了对峙。一种说法是德士古的董事长小阿尔弗雷德·德克兰倾向于与鹏斯公司和解,而曾经在朝鲜战争中效力于海军的金尼尔却十分顽固,更倾向于在法庭上与之对抗到底。

"显然,金尼尔决定全力以赴地准备高院的上诉,"罗斯说,"如果他没有努力争取,那他就是世界上最差劲的谈判代表。德士古的高管们暗中商议后提出,他们可以支付18亿到20亿美元,但是这并不是合理的报价,而是一种屈服,一种侮辱。只有在法院占不到优势的情况下,鹏斯才会接受这个报价,但是利特克和贾迈乐很清楚,他们恰恰是有优势的一方。"

"我们是做了功课的,相信鹏斯也一样。通过计算,你可以知道鹏斯占上风的可能性更大一些。高院只受理上诉申请中的5%,即使我们假定德士古无过失或无罪,法庭接受德士古的申请的可能性也只有五成,而受理之后只有五成的机会赢。因此,德士古只有25%的机会完全胜利。我们并不觉得这个概率值得公司去冒险。"

1987年12月,对于德士古的坚持不妥协,纽约南区破产法院的法官霍华德·施瓦茨贝里终于按捺不住,赋予了债权人和股东委员会与鹏斯签署和解协议的权利,并且将他们的和解方案提交破产法庭,持续已久的僵局终于被打破。

起初,施瓦茨贝里表示他会考虑由鹏斯及债权人委员会起草的和解方案,来结束僵局,这显然将股东委员会排除在外了。丹尼斯·奥戴决定阻止施瓦茨贝里的这一意图,召集了委员会成员诉诸法庭,表示股东同样应该参与和解过程,请求法官重新考虑。

他开始一个接着一个地介绍股东委员会的成员,明确表示每个成员都与德士古有财务利益关系,可以追溯到公司创立之初。

"我介绍了罗伯特·诺里斯和亨利·坎贝尔,他们两个都是德士古公司创始人的后代。"奥戴说,"我意在表明,他们不是街上随便找来的,而是与公司有直接利害关系的人,理应参与和解,表达他们的观点。"

"此时,法官说他从未将股东委员排除在外,并且同意我们和鹏斯直接进行谈判。"

形势陡然一变,德士古丧失了向法庭提交方案的独家权利——这超出了金尼尔、德克兰、伊坎和股东委员会以外其他人的预期。诺里斯、罗斯和奥戴早已秘密商议好,如果法官同意他们的请求,他们第二天就将直接飞往休斯敦,给利特克一个报价。

利特克私下给诺里斯致电,请股东委员会提出一个合适的报价来结束现在的僵持局面。诺里斯见交易的达成已经近在咫尺,便问利特克大概想要多少。

"他说:'至少超过30亿美元。'"诺里斯回忆说,"我问他能不能再具体点，给我个实际数字，但是他再次重复道：'至少超过30亿美元。'"

很显然，利特克给出了他的底线价格，他把主动权抛给了诺里斯。为了证明自己是个精明的谈判专家，这个曾经的万宝路男主角与委员会的其他委员进行了商议，建议正式报价30.01亿美元。虽然多数人都质疑鹏斯是否会接受这个如此接近底线的价格，诺里斯还是坚持觉得他们有机会成功。

在动身去休斯敦的前一晚，诺里斯和罗斯在纽约帕克艾美酒店与伊坎一起吃晚饭。具有讽刺意味的是，伊坎安排这次会面是为了吹嘘他已经在德士古和鹏斯的和解工作中取得了进展，委员会的业余人士应该靠边站，现在到了专业人士做主的时候了。

"卡尔和他的律师以及下属都在场。"诺里斯回忆说，"他天花乱坠地描绘着他是如何对付那些公司的——如何强势地吓唬住对手，把他们逼入死角。"

"他对我说：'诺里斯，你为什么不回你的牧场？我不会教你怎么养你的牛，所以你也别告诉我怎么来对付公司，你以为你懂什么？'"

"是没错，我对他说，'但是现在学也为时不晚'。"

在不透露他们计划的前提下，罗斯也来参加了晚宴，和伊坎确认他是否会接受30亿美元的和解方案。他不希望最后已经和利特克达成协议的情况下，却因为伊坎不同意而告吹。

"我对获得伊坎的支持很有信心，因为在晚宴期间，他明确表示，他愿意在一个更高的价位上和解。"罗斯回忆道，"所以就我而言，任务已经顺利完成了。"

和伊坎玩"我有个秘密"的把戏也许很有趣，但是和利特克谈判的结果会怎么样，会不会竹篮打水一场空，让诺里斯心里十分忐忑。那天晚上，他几乎没睡。"坦白说，当我们抵达休斯敦的时候，我一直在出汗。"诺里斯回忆说，"有一些股东团体威胁说，如果我们搞砸了，他们就会起诉我们。"

三人在四季酒店一起吃早餐，并且最后再排练了一次他们的陈述。

大家决定由罗斯开场，主要就财务方面的问题做阐述，然后奥戴快速地从法律和结构体系方面做论述，最后诺里斯将会提出和解的具体金额。整个过程就好像是美式足球比赛，奥戴和罗斯俩负责阻挡住对方队员，然后由诺里斯带球单刀直入。

设计好策略，他们便离开四季酒店前往鹏斯大厦。三人被领进一间带有浓郁西南部装饰风格的会议室，利特克坐在一张长桌的尽头，边上坐了两位鹏斯的律师。"当我们抵达鹏斯大厦的时候，奥戴和罗斯与利特克单独会见了几分钟。"诺里斯回忆道，"然后我进去说：'我是来向你提出我们的和解金额的，并不打算跟你谈判。如果你拒绝我们的出价，我立马就走。我们的出价是 30 亿外加 100 万美元。'"

一开始，利特克完全无动于衷，面无表情，好像什么都没听见一样。三人组里经验最丰富的罗斯也不知道利特克在想什么。利特克觉得自己是受到愚弄了吗？这会是暴风雨前的宁静吗？他会不会突然爆发？

时间似乎静止了，让人感觉无比漫长，最后，利特克说话了。

"鲍勃（罗伯特的昵称），"他说，"我可以接受这个出价。"

达成协议的消息传到纽约时，德士古的管理层被激怒了。他们的权力被僭越了，他们的战略被不受欢迎的侵入者给扰乱了——而这些侵入者恰恰是公司的所有者。由于德士古、伊坎、鹏斯和各大媒体都在寻找诺里斯，奥戴认为诺里斯最好先不要露面，一切等协议签字生效之后再说。此时他们最大的担心是鹏斯可能会想在 30.01 亿美元[①]的基础上加上额外的利息，因此试图找到诺里斯修改协议条款。在这个关键时刻，为了防止任何破坏协议签署的可能性，奥戴将诺里斯安排在广场酒店，用假名汤姆·克罗斯登记入住——这个假名源自诺里斯的 T-克罗斯牧场。

1987 年 12 月 11 日，在标题为"鹏斯和德士古股东委员会之间达成的协议"的新闻稿中，德士古声明"如果不是股东委员会单方面行动，鹏斯和德士古之间可能可以达成更为合理的和解方案。德士古向股东委

[①] 额外的 100 万美元在正式签署协议时被舍去了。——作者注

员会建议,由德士古继续和鹏斯谈判,并且相信谈判会有成果"。

这就是公司表现出来的对公众的反应。而在这背后,管理层早已失去了理智,认为自己的利益受到了伤害,想把从中作梗的恶人给找出来。

"德士古管理层变得不可理喻,"罗斯说,"在和解达成的第二天,他们要奥戴和我去公司在威彻斯特总部的一间大会议室参加董事会会议。"

"这个邀请就好像是星室法庭①秘密执行的诱捕计划。试想一下,一堆德士古的律师——来自克拉瓦斯律师事务所和威嘉律师事务所,德士古的投资银行家——来自摩根士丹利,以及公司的董事们,坐在一起将奥戴和我包围起来,指控我们的罪行。整个过程就像是审讯一样,不,比那个更糟糕,就是政治迫害。"

奥戴回忆道,他走进会议室的时候,德士古的律师大卫·博伊斯"转过身去,拒绝和我打招呼"。

就座以后,奥戴和罗斯发现会场笼罩在一片令人毛骨悚然的寂静之中。

很快,金尼尔开始讲话,一半内容却是对他们的斥责。他严厉谴责罗斯和奥戴私自和对方和解,而公司正打算以25亿美元的价格提出和解——但这个声明看上去不太符合他们之前要和鹏斯周旋到底的态度。

"在我看来,德士古根本没有打算谋求和解,"债权人委员会的律师乔尔·泽维贝尔说道,"他们根本没有做出任何努力,每次我们要求金尼尔给和解出个价,他总是扔出一堆陈词滥调,认为对方不遵守道德在先,还说管理层积极地推动谈判简直是荒谬之举。"

在闭门会议中大加指责罗斯和奥戴之后,德士古还是决定向公众宣布接受这个协议。明明此前德士古刚刚发布新闻稿谴责股东委员会擅自达成30亿美元的和解,而8天以后,它又突然转变了态度,宣布以下决定:

---

① 星室法庭成立于1487年,由于位于西敏寺一个屋顶有星形装饰的大厅而得名。它与英国枢密院、英国高等法院等一起构成了英国史上最重要的专制机器,英国许多报业先驱都受过这个机构的传讯、折磨或监禁。星室法庭也成为英国专制制度的象征。——译者注

"综合各方面的考虑，包括将鹏斯的和解要求降低到30亿美元，我们决定，最好的行动方案，同时也是最符合股东和员工利益的商业决策，便是去除束缚我们公司的法律枷锁。

"这次和解使股东、员工、债权人和商业伙伴得到了他们所要的承诺，即德士古的未来不会因为这次巨大数额的判决或者更高的和解价格而受到损害。"

一位德士古的高级顾问私下甚至说，金尼尔把伊坎当成一个突破口，鼓励他将利特克的要求降低到一个可接受的范围内。伊坎说服了贾迈乐接受35亿美元的和解价格，结果金尼尔又让他再回休斯敦去压低一些。

"能够拿下35亿美元的和解金额，伊坎十分兴奋，兴冲冲地跑进金尼尔的办公室告诉他不仅应该愉快地接受这个和解金额，更应该对他感激涕零。"顾问说，"结果金尼尔告诉伊坎，'你已经为我们省了5亿美元，如果你再努力一下，说不定还可以帮我们省更多呢！等你再砍掉10亿美元的时候，我们再谈。'"

虽然伊坎坚持说他的计划本来就是通过不断增加压力，使对方同意在30亿美元价位取得和解，知情人却都认为，伊坎对35亿到40亿美元的和解价格已经十分满意了。尽管对于罗斯、诺里斯和奥戴在那晚没有告诉他和解的事情，他表示很恼怒，但事实表明，最终可以以30亿美元取得和解，他也感到很惊喜。

随着德士古和鹏斯和解框架的签署，在增加持有的德士古股票价值上，伊坎更进了一步。但是这个时候，一个重要的买家突然现身，表示要收购德士古的股票。

这个人叫阿曼德·哈默，是西方石油公司的老董事长，他要求和伊坎会面，谈谈他手里的德士古股份。参加这个会议的还有伊坎的主要顾问们，场面热闹而滑稽。

哈默身体虚弱，听力也不好，会议开始的时候他告诉伊坎，他是个富有的年轻人，如果接受自己的报价，他将会更富有。根据当时在场人员的回忆，哈默一开始就表明了态度，他警告说伊坎完全不懂石油产业，如果他还算聪明的话，应该拿走他的利润然后将德士古脱手。说完这些，一位陪同的西方石油高管宣称，他们愿意以一个非常优厚的价格——每股45美元来收购伊坎手里的股份。"这个价格已经很不错了，可以说是个极高的出价，"他告诉伊坎，"我们本不应该给这么优厚的价格，但是我们想和你达成交易，所以我们已经给出了我们的最高价。"

伊坎对这个价格表示不屑一顾，因为这离理想价格还相差太远，于是哈默的助手提高了音量，说道："好吧好吧，虽然这很不合常理，但是我们愿意给你每股50美元的出价，这已经高于市价10%了。我的天，这是个多好的价格！伊坎，你最好现在就赶紧接受，我们不会再多加一分钱了。虽然这个价格有点高得离谱，但是我既然这么说了，那就一定会这么做。"

哈默虽然几乎听不到他的助手在说什么，但是他一直在对着伊坎微笑，好像他才是听到好消息的人。然而随后哈默感觉到，伊坎的反应并不像他们预计的，他便插了嘴，把助手之前说的话统统作废了。

"年轻人，你真是个傻瓜。"哈默说，"每股55美元已经是个极高的价格了。"

这的确是个好价格，但是伊坎并不确定这个报价里有多少诚意。另外，他仍想完成自己计划的第二步，即等德士古有根本性改变之后再出售自己持有的股份。作为油气行业业绩最差的公司之一，德士古迫切需要大规模的重组。伊坎的主要计划就是要剔除贪婪的官僚结构，同时出售有价值的资产。他有信心可以完成这样的重组，因此他将霍姆斯·阿·考特持有的另外1200万股德士古股票也收购了。

伊坎再一次把股东委员会当成了完成他目标的理想平台。考虑到自己对资产负债表的了解和对于出售公司资产以获利的极大才能，他认为自己才是领导这个委员会的最佳人选。于是他又开始了行动，试图影响甚至主导这个股东委员会。很快，他开始试图说服委员会将罗斯和奥戴排挤出去。这两个人有着丰富的知识和经验，对伊坎攻下委员会的计划会构成威胁。

"从一开始，卡尔的战略就是消灭反对他的人当中最聪明的那些。"股东委员会成员罗伯特·兰格（林德纳基金高级副总裁，后来也是德士古的股东之一）说，"也就是说，要除掉丹尼斯和威尔伯。卡尔相信，除去这两个人，便再没有人会妨碍他主导委员会了。"

"然而，委员会里根本没有人愿意把罗斯或者奥戴踢出去。当时大家一致认为他们做得很好，而且有他们作为顾问，委员会可以运作得更好。因此当卡尔建议我们解雇这两人的时候，委员会的回应有愤怒，也有戏谑，有些人对他说：'伊坎，你还是滚出去吧。'"

第一回合虽然输了，但伊坎很快又卷土重来。他这次的目标是委员会主席鲍勃·诺里斯。卡尔开始寻求控制权的时候，诺里斯所对伊坎的挑衅手段颇为不耻，两人之间产生了公开冲突。

诺里斯从来都不会主动挑衅他人，但也不会轻易退缩。卡尔不断施压，而诺里斯也坚持立场，一场冲突在所难免。当有传言说德士古邀请诺里斯加入董事会时，两人之间的冲突终于爆发了。

诺里斯回忆说："我对这个邀请没有任何兴趣，我让丹尼斯把我的意愿传达给德士古。整件事让人觉得不对劲，德士古好像企图将我牵扯进什么事，我可不想卷进去。

"但是第二天，卡尔就在《华尔街日报》上咬住我不放，说我其实是个个人利益至上的人，不仅愿意加入德士古的董事会，还谋划让丹尼斯·奥戴和我一起加入。"

背后到底发生了什么，颇具争议。据奥戴说，当时一个德士古的律师打电话给他，说有两个董事会的席位正空缺，他们考虑让诺里斯和他指定的一个人加入。考虑到德士古从来没有正式向诺里斯提供过董事席位，事实上即便提过，诺里斯也坚决反对，所以毫无疑问，德士古此次的做法是为了败坏诺里斯的名声，让公众以为他只考虑自己的利益，同时也企图在伊坎和委员会之间制造摩擦。那些知情人称，在奥戴接到那个电话不久，伊坎便从德士古的一个信息来源那儿听说了诺里斯接受董事会邀请的事情。伊坎踏进了这个圈套，在《华尔街日报》上说了那番话。

受《华尔街日报》文章的刺激，诺里斯飞往纽约参加股东委员会的会议，他很清楚，伊坎正计划对他这个主席发起全面的攻击。会议在广场酒店的总统套间里举行，这家酒店正是诺里斯的叔公、外号"下注百万"的盖茨所建。当时的气氛十分紧张，伊坎由金斯利陪同坐在桌首，抨击委员会把事情搞得一团糟。他完全没有按平时议程来，而是训斥委员们，声称作为公司最大的股东，他应该有更大的权力。他的目的是把委员会成员吓唬住，然而让他吃惊的是，这完全不奏效。实际上，当伊坎环视坐在他面前的委员们时，发现大家都结成了统一战线。伊坎本来要来吓唬他们，结果自己反而被吓唬住了。

伊坎继续他的攻击，而此时诺里斯掏出了一把瑞士军刀，这是他改变局势的惯用手法。他把刀从刀鞘里拔出来，轻轻地插入一堆纸里。虽然伊坎正忙着扮演凯撒大帝的角色，委员们却可以发现，他的余光一直紧紧盯着刀移动的轨迹。这是诺里斯释放的信息："你吓唬不了我，伊坎。"

"对于会计师或者律师来说，卡尔可能是个让人畏惧的人物，可是诺里斯让所有人都感到畏惧——生理上的畏惧。"奥戴说，"他健壮得不可思议，而且他生活在牧场，知道怎么样打理好自己的生活。当鲍勃把刀扎进那堆纸的时候，你可以看到伊坎的眉毛抽动了一下。他是真的害怕了。"

不过事关数亿美元的投资，伊坎是不会让这种单纯的斗气阻碍他赚钱的。他确信，利用委员会可以为自己争取更多的利益，于是他承认了这个公开的秘密——他直视诺里斯，告诉这个万宝路男人，他想得到委员会主席的职位。其中有个委员回忆说："这是我第一次看到有人想敌意收购一个委员会。"

好一会，两个人互相瞪着对方，一句话也不说，谁也不知道接下来会发生什么。伊坎探着身等回复，而诺里斯则笔直地坐着，前额微微抽动。局势十分紧张，一触即发，就在此时，一个委员突然介入，用深沉而清晰的声音说道："伊坎先生，我们已经有一个委员会主席了。"

伊坎意识到，不需要什么投票表决，这句话已经表明了大家的一致意见——委员会主席仍将是诺里斯。这个问题看似已经尘埃落定时，另一个争论的焦点又浮现了。诺里斯还在为《华尔街日报》的文章愤愤不平，他质问伊坎："谁告诉你我要进德士古董事会的，还说我会让丹尼斯·奥戴和我一起去？"

"我在华尔街听说的。"

"胡话，谁会这么说我？"

"就是这样，我是从华尔街听来的。"

听到这里，诺里斯暴跳如雷，他把对伊坎的所有的不满统统发泄了出来。

"我当时真想直接从桌子上过去抓住他。"诺里斯回忆道，"我警告他，下次他要再想说什么，最好先经过我的同意。'给我打电话，我们两个人自己来解决。我不想事后才知道。'"

本来伊坎满以为自己可以获取委员会的主导地位，结果反而被打倒了，于是他灰溜溜地离开了会议。

"伊坎最初以罗伯特·霍姆斯·阿·考特的股份持有人的姿态出现时，委员会成员们都十分兴奋，"委员会成员、加州公务员养老系统（德士古的主要股东之一）代表史蒂芬·费尔德斯坦律师回忆说，"卡尔总是出现在大规模交易的新闻里，他是个真正的商业明星。当他走进房间，一些委员立刻起身来和他握手。"

"但是仅仅在短短的 25 分钟时间里，他就成功地将好感变成了恶意。他要求获得控制权，而这冒犯了在场的所有人。他的这种做法是一个很大的失误，因为委员会其实很希望得到他的帮助，用他的影响力来为我们服务。"

诺里斯一开始就觉得，这个自大的纽约客对自己有点排斥，他也坚信这次在公开场合的冲突等于往伤口上撒盐，让裂痕很难再愈合。但随后，伊坎向诺里斯展示了不为人知的一面。伊坎离开 10 分钟后，给还在酒店的诺里斯打了电话，为《华尔街日报》的事向他道歉。

"听到伊坎说他很抱歉,我震惊了。"诺里斯回忆说,"他说他被委员会和鹏斯的私下行动给弄得很挫败,但是这并不能成为他在那篇文章里说那些话的理由。他承认应该事先给我电话,一起来解决这个问题。我相信道歉对卡尔来说是件非常困难的事情,因此我很欣赏他。"

"这甚至让我对伊坎产生了另一种看法:他的确是个有影响力的人物,虽然很好斗,但是也有他特有的正义感。"

很多人将伊坎和股东委员会之间的冲突看作是传统意义上的权力斗争,但他们并不理解,对于伊坎来说,他的斗争并非是为了权力,也不是为了抱怨或是发泄。诺里斯和他的支持者们可能认为伊坎的争强好胜是他个人的性格使然,但对于伊坎而言,这里面其实根本没有个人因素,他真正在意的是赢得胜利和随之而来的财富回报。

"人们说卡尔是个感性的人,但是其实正好相反。"威尔伯·罗斯说,"他是个理性的经济人。唯一对他有意义的是那些数字。他没有时间也没有兴趣来管情感的事情。"

12月,在平息了德士古危机之后,罗斯在他位于北达科他州的公寓里举行了一年一度的圣诞派对。虽然在德士古问题上曾经和伊坎针锋相对,但他还是决定邀请伊坎来参加。罗斯的朋友们打赌说伊坎一定不会出席,可是伊坎却接受了,而且还和大家打成一片,完全是个容易相处的客人。"你根本看不出来我们之间有过冲突。"罗斯回忆说,"卡尔并不是一个记仇的人,他可能觉得那是在浪费时间。"

不管能不能得到股东委员会的支持,伊坎都决定挺身而出推动德士古进行系统性改革,让这个逐渐落后的行业巨头转变成一家更为精简的石油企业。以其特有的方式,伊坎在下面一段熟悉的话中大谈平民主义,提出了即将到来的下一次进攻:

"利润并不是我唯一感兴趣的东西。"伊坎这么告诉《新闻周刊》。"我怀着一种愤怒。管理层有他们的私人飞机,他们的小金库,他们的豪华轿车。没有公司股票,却拥有公司的控制权。看着他们的表现,你会说:'你们做得很差劲,你们都让公司破产了,这几乎毁了我们。'结果你又说:'好吧,我们会再给你们一次机会继续管理公司,但是你们不觉得,如果事情又搞砸了,你们应该负起责任吗?'他们会看着你说:'我们不负责,但是请你们相信我们。'这让我感到很不满,对于股东来说也是一种侮辱。"

"在我看来,这是不合理的。我们是时候站起来反抗说:'我们受够了。'"伊坎继续将德士古的高级管理层描述成妄自尊大、无能的一群人,这刺激到了金尼尔的神经。金尼尔在油田工作超过 30 年,对德士古有着不变的忠诚。伊坎把自己标榜成正义的化身,这难免会让金尼尔暴怒。在给伊坎的一封信中,他如此表达自己的愤怒:

"从你介入德士古以来,你一次又一次地证明了,你只代表了一个德士古股东的利益,那就是你自己。"

在对股东的临时演讲背后,伊坎其实精心策划了一条可以迅速和显著提升股东价值的途径。很显然,德士古可以受益于这个决心推动转变的外部力量。这个时候,伊坎已经购入了罗伯特·霍姆斯·阿·考特的股份,德士古的业绩也处在最低谷,净资产收益率仅为 5%,连行业平均值的一半都不到。金尼尔嘴上说要重组公司,同时改造沉闷自大的企业文化,但是他的目标和推动变化的时间安排,看上去都和伊坎迅速而彻底的改变目标相违背。伊坎知道,他为德士古增加的每 1 美元价值其实最后都会落入自己的口袋里,所以他决定要让自己的进攻蓝图顺利实施。

他采用的仍然是经典的伊坎手段。一开始,他会向破产法庭递交关于德士古的重组方案。在他的方案中,他要终结限制性的投票章程——股东投票必须要达到 80% 以上才有权影响主要的企业决策,这样就把所有的权力都交给管理层了。他呼吁去除公司的这颗"毒瘤",因为这样的公司章程保护管理层不受市场力量的影响。"毒瘤"一旦去除,将会给公司带来一系列积极的选择——潜在的买家就可以竞购德士古的股票,促使股价上涨。伊坎本人可以成为公司主要的推动力量,通过收购或者获得控制权的方式来提高公司的效益。同等重要的是,管理层会存在恐惧心理。伊坎一直认为，如果企业管理层软弱无能却一直受到保护，股东的利益就会停滞不前。但是将总裁的前途和公司业绩挂钩，就会立刻改变这样的情况。因此伊坎认为，恐惧的情绪可以迫使金尼尔将公司运营得更好。从一开始，伊坎就警告公司："管理层有两个选择：要么就进行大规模重组，要么就出售公司。"

为了使两个重组方案都得到认真的考虑，股东委员会邀请伊坎和德士古代表团（包括董事长德克兰和律师哈维·米勒）一同参加会议。会议地点在佛罗里达州那不勒斯南部的基韦廷岛上，这个岛从1944年开始就归诺里斯家族所有。与会者本以为这么高规格的会议应该有非常豪华的设施，可是当他们到达之后才发现，这里充满了乡土气息，跟参加童子军露营差不多。

"当时，我们必须从主岛坐小渡轮去那个岛屿，我还记得伊坎当时坐在船上的情形。"一位委员回忆说，"他看上去和这个地方格格不入，像一个发育过快的孩子站在玩具船里。他脸上的表情好像在说：'我到底来这里干什么？'"

"但是当伊坎下船后，他的适应能力让我吃了一惊。并且，他有着谜一般的好奇心。他到处走动，问了很多问题，就像一个思维活跃的小孩，而不是过去我看到的那个充满威慑力地敲着桌子、以自我为中心的家伙。

"相比而言，德士古的成员则穿着西装打着领带，提着公文箱子，反倒真的和背景格格不入了。在岛上的时候，他们看起来一直很热又很不耐烦，好像是有人把他们从自己的世界赶到了这个原始的露营地。"

情况的复杂之处在于，股东委员会此次将一起衡量管理层的计划和伊坎的计划，这让德士古的成员颇为不满。金尼尔和德克兰认为，在和利特克签署和解协议之后，委员会实质上已经将最初的计划强加给德士古了，但是现在又在过程中改变了规则。他们发现伊坎的计划似乎更对委员会的胃口——这对他们来说简直就是噩梦，因为伊坎的计划包括了股东治理机制的条款，而这一条恰恰是德士古反对的。

"德士古的股东委员会开始衡量这两个重组方案。卡尔的方案中提出,所有股东对公司治理都应该有发言权,这获得了委员们的青睐与认可。"奥戴说,"他们问,在德士古的公司管理中,与公司有长期财务利益关系的股东为什么不能有更多的发言权呢?"

在岛上的时候,伊坎表现得十分得体,他在谈论治理机制问题时带着福音传播者一般的热忱。伊坎十分精明,他抛弃了以往咄咄逼人的行事风格。"卡尔变成了'安抚先生'。"兰格说,"他说:'如果有什么需要我或者我律师的帮助,请告诉我。'他从一个火药味十足的喷火龙变成了一个向我们嘘寒问暖的家伙。"

让人惊讶的是,会议结束后的第二天,诺里斯接到了伊坎打来的电话。伊坎先是做了一番难得的自我反省,然后又谈到返回纽约时因为风暴导致坐飞机很不舒服,接着又自嘲道,他沉溺于80年代赚钱的狂潮中完全抽不开身,一直都过着奢侈的富人生活,连偷得浮生半日闲的时间都没有。

"真是见鬼了,"他告诉诺里斯,"我必须找人聊聊。你看你坐在那里晒太阳,利特克也不知道去了什么秘密地方度假了,我太太又滑雪去了。只有我坐在办公室里为德士古的事情而焦虑,不应该这样啊。"

接下来的一次股东委员会会议在德士古办公楼的一个会议室里举行,这是一场马拉松式的会议,从中午一直持续到第二天拂晓。虽然离开小岛的时候,大家都倾向于伊坎的方案,但德士古管理层很快解决了在治理机制问题上的差距,承认了那几条关键的条款,包括一年内移除"毒瘤",将有效股东投票的条件从80%修改到2/3,并且增加了对支付绿票讹诈的禁令。

伊坎这次原本可以亲自参加这个会议,但他却宁可在家里和办公室里用电话参与。会议开到晚上的时候,他打给不同的委员,不断地游说,希望可以说服他们投票支持他的阵营。

"卡尔十分迫切地想得到委员会的支持,因为他知道,这能使他的方案被提交破产法庭合法化时更显分量。"奥戴说,"如果没有委员会的支持,人们会觉得他只是个自私自利的公司掠夺者,为了低价收购这个公司而不择手段。即便我们的方案也包含了一些重要的治理机制问题,卡尔还是对他自己的方案更有信心。毕竟在这个问题上,他的方案更深远一些,股东更容易召开会议,以团体的名义来对公司事务做出表决。可以说,卡尔的方案就是一份公司治理机制的愿望清单。"

委员会第一轮表决中,由于两名委员弃权,双方打平,明显出现了僵局。这个时候便需要由诺里斯——作为主席并且第一轮弃权委员中的一个——来打破这个僵局。起初,诺里斯拒绝并将决议权扔回给委员会,让另一个弃权的委员投票。但是委员们都不愿意再投,而是希望诺里斯来选择方向。

诺里斯倒向了德士古。这是可以理解的——他的叔公,绰号"下注百万"的约翰·盖茨是德士古的创始人之一,他的父亲莱斯特·诺里斯也曾在德士古担任主管长达45年。诺里斯考虑到家族中无论是在人事还是财务上都和公司有着利害关系,但是只注重数字的伊坎对这个结果完全无法理解。

"当时伊坎说:'你为什么不喜欢我?'"诺里斯回忆说,"我回答:'我从来没说过不喜欢你。我们都希望改善公司治理机制,但是底线不同。德士古有52000名员工,为了他们,我希望公司能够生存下去。而你来到这里,是为了要榨取这家公司的利益。'"

"卡尔回答道:'我不会那样做的。如果我想那样做的话,我必须有130亿美元的资金,而且需要数月的时间来完成。'

"这个回答更加说明了伊坎和我生活在不同的世界里。他只用钱说话,这对他来说就是个游戏。"

最终,诺里斯把票投给了德士古。

投票表决结束后,丹尼斯·奥戴开始以委员会的名义起草新闻稿,准备宣布这一消息。讽刺的是,他发现德士古的外部公关琳达·罗宾逊——"咆哮的80年代"的公关皇后——正和他处在同一间会议室里。他发现琳达正在为德士古起草新闻稿,于是问她能否运用她的专业才能为委员会也起草一份。但是经过争夺委托代理权的殊死搏斗,目睹了罗宾逊代表客户不厌其烦地做媒体的工作，这个要求自然无法得到回应。

"当我请她帮忙的时候，琳达看我的眼神仿佛在说：'要我来为你服务？没门。'"

之前，伊坎已经向破产法庭递交了他的方案，他本希望他的方案能够得到批准，和德士古的方案一起提交给债权人和股东委员会。在股东委员会投票之后的第二天，将举行破产法庭听证会，他们的方案将会是讨论内容。但是法庭听说了股东委员会并不支持伊坎的方案，而且法庭也认为备选方案并没有必要，这就意味着伊坎的方案没有机会被提交给股东进行投票了。

另一方面，伊坎向德士古施压开展实质性的资产变卖。管理层答应会出售50亿美元的公司资产——这可以缩减公司运营规模，并向股东提供现金分红——但伊坎争辩说这还远远达不到目标。他直奔要害，坚持认为公司应该将其两个重要部门——德士古加拿大和加德士石油出售，这样可以获取超过数十亿美元的资金。

毫无疑问，管理层拒绝了伊坎的要求，坚持说逐步出售资产才是更稳妥的做法。在遭到拒绝之后，伊坎宣布他将开展委托代理争夺来选举自己人进董事会，既为公司开展重组做准备，也为了能够执行其落选的重组方案中的公司治理机制条款。伊坎的人选中包括他本人、金斯利、环球航空的副董事长乔·科尔和库尔特·武尔夫，以及个人投资者小爱德华·唐尼。他们会同德士古方面的人选展开竞争，这里面包括了金尼尔、保德信金融集团前任CEO罗伯特·贝克、大通银行CEO维拉德·布彻、阿波罗电脑公司CEO汤姆斯·范德斯莱斯和PPG工业集团前董事长斯坦顿·威廉姆斯。

起初，伊坎只是将委托代理权争夺当作一种施压的手段。但是随着攻势的推进，伊坎开始扩大其目标范畴，相信自己可以周旋到底并且击败德士古。伊坎的信心部分来自他的委托代理律师DF金公司。经过对股东股份（以及他们可能会投票给哪一方）的仔细分析，他们告诉伊坎，选举结果会很接近，而且伊坎的赢面很大。听到这个消息，伊坎开始执着于胜利的前景，不断地跟踪关注预计投票结果。在纸上、晚餐的纸巾上甚至牛奶盒子上，都有他记录下的这些数据。

伊坎知道，如果能够让他自己的人进董事会，他对德士古就将会产生更强有力的影响。"一旦你将维权董事放进董事会，"丹尼斯·奥戴说，"他们就会搅乱局面，指责其他董事没有为股东权益最大化服务。这会让其他董事感到很不舒服，担心股东以违反受托人义务为名对他们提起诉讼。"

"在提出他的人选时，卡尔很清楚这些，而这也把德士古吓坏了。公司知道，一旦伊坎的人进了董事会，再把他弄出去就难了。"

伊坎的委托代理权争夺正在有条不紊地进行着，而德士古则挖空心思想让伊坎放弃。因为金尼尔和他的管理层知道，要和这个来自皇后区的喷火龙打交道，他们是完全斗不过的。于是他们委派了两位律师——乔·弗洛姆和大卫·博伊斯，和伊坎进行私人会谈。管理层希望他们能运用自己的谈判技巧，让这个掠夺者重新考虑是否进行委托代理权之战。

在纽约班克斯维尔距离伊坎的庄园几分钟车程的拉科瑞迈莱尔酒店举行的一次晚宴上，博伊斯由金尼尔陪同出席，向伊坎摆出了公司的态度。伊坎一边摆弄着他盘中的食物，一边听他们讲述他应该放弃委托代理权争夺的原因：（1）赢不了；（2）为了赢，伊坎肯定要说一些假话，比如能够融资以每股60美元来收购——而德士古会以此起诉伊坎；（3）德士古有足够理由确信，著名的杠杆收购公司KKR持有他们5%的股份，到时候会和他们站在一边。

德士古的智囊团给伊坎描绘了如此黯淡的前景，警告伊坎他的每一步棋都在德士古的掌握之中，而且他的每一个策略德士古都有应对方案。接着他们便不说话了，开始等待伊坎任何投降或者妥协的迹象。

伊坎沉默了一段时间。他把盘子里的食物拨来拨去，看上去似乎是在沉思。德士古的小团队觉得自己可能取得了突破性进展，也许他们说动这个并购之王了。

就在德士古刚刚燃起希望的时候，伊坎轻轻地把餐具放下，清晰而坚定地一举粉碎了对手的期待。

"你们都认为我会输，"卡尔说，"我却相信我一定会赢。你们的顾问是德士古付钱请的，而我的顾问都是我自己付钱请的。"

"所以我想我还是听我自己的顾问吧。"

看到伊坎绝不撤出，德士古做出了最后的尝试，希望能够私下达成和解。1988年5月16日，公司宣布正在和伊坎谈判，希望能够达成和解而不用开展委托代理权的争夺。当时，德士古忍痛做出了如下声明："任何解决方案将基于德士古全体股东的利益，绝不会单独考虑任何股东的个人利益。"换句话说，德士古不打算支付绿票讹诈。

接下来的好几天里，金斯利和伊坎的律师加里·杜博斯坦与博伊斯和弗洛姆一起，展开了一系列充斥着激烈争辩的会议，从伊坎家到和办公室一直到德士古的总部，来来回回。谈判围绕一份伊坎必须要签署的休战协议，协议禁止伊坎在休战期内继续增持德士古的股份，并且限制其出售其持有的股份。这个协议激怒了伊坎。

"除非对方是教皇，否则我就卖不了我的股份。我必须得是特蕾莎修女才能买德士古的股份，我完全被限制了！"

在谈判过程中，基于大规模资产出售所得，伊坎的委托人要求公司立刻向他们支付股票红利，但是德士古不同意以此来换取和解。在随后的法律诉讼中，德士古控告说："伊坎一再要求德士古的重组计划以相对高于其他股东的比例来处置伊坎持有的股份，并且要求公司让伊坎豁免他相应的债务，而其他股东则无法豁免。"

据德士古所说，伊坎采取了他独特的"用枪指头"战术，不断威胁道，除非德士古答应他的条件，否则就"要对德士古发起竞购"。

但实际上，德士古是故意将所有的骂名转移到了伊坎头上。谈判的争议在于，休战协议既要确保德士古不会再受掠夺者骚扰，同时也要确保伊坎有足够的灵活度来将其持有股份的利益最大化。伊坎原则上同意休战协议，但是每次德士古将条件变成法律术语之后，他就觉得拟定的条款让他无法接受。

双方互相指责对方应该为僵局负责，在这样无休止的争吵下，停战的可能性微乎其微。

5月25日，金尼尔在公共场合对伊坎进行谴责，标志着谈判的最终破裂："德士古以友好而开放的态度在过去的数周里不分昼夜地同伊坎进行了谈判，试图避免进行耗费时间和金钱的委托代理权争夺，并且消除伊坎的行为给公司股东和潜在商业客户带来的不确定性。但是无论怎么努力，我们的方案都无法满足伊坎的要求。我们的原则是对所有股东都一视同仁，而不会单独考虑伊坎个人的利益，也不能妨碍德士古未来的发展。虽然表面看来，伊坎提出的几种交易方案并不算是绿票讹诈，但是在德士古看来，他们的方案是以公司和其他股东的利益为代价而使伊坎一人受益。"①

接着伊坎也回击道：是德士古主动寻求向他支付绿票讹诈的，提出让第三方买家——第一波士顿以高价买断他的股份。这个提议据说是在纽约南蒂罗尔餐厅的一次晚餐会上提出的。

在这次由伊坎和克拉瓦斯律师事务所的大卫·博伊斯参加的晚餐会上，德士古方提出安排第三方来收购伊坎的股份，但是德士古会作为交易的后盾。伊坎称他当场拒绝了这个提议，因为这构成了绿票讹诈。

然而德士古的顾问坚持说，这个谈判——伊坎和博伊斯从餐厅一直谈到了路边——主要是为了找到一个方法来重组公司，为伊坎提供利润最大化的机会，同时又不会对其他股东利益造成损害。

这个私下谈判无疾而终之后，德士古将伊坎称为自私自利的逐利者，希望以此引起其他股东的愤怒，从而在委托代理权争夺中削弱伊坎的力量。

但是，伊坎继续施压，提出以每股60美元来收购德士古，收购的资金部分来源于将德士古53亿美元的资产出售。德士古回应道，伊坎在

---

① 德士古随后澄清了此次控告，指出"伊坎先前提出的交易方案本来是符合全体股东的利益的，但交易方案的形式、内容和时间都是为伊坎个人的利益需求而设定的，只符合伊坎的个人利益，而不是全体股东的利益"。——作者注

"攫取公司资产",企图把德士古变成"企业版的大乐透"。管理层拒绝将伊坎的报价提交股东表决,双方的冲突达到了顶点。

1988年6月6日,在《纽约时报》的广告页上,以股东利益为出发点,伊坎对德士古的管理层进行了谴责:"德士古的董事会不敢让股东对我们每股60美元的现金收购提议进行表决。我们相信他们很清楚,有了这个选择,股东会否决他们所谓的重组计划,投票同意我们现金收购的提议。"

德士古迅速反驳说,伊坎的"所谓报价"只是一种手段,来逼迫公司提高对伊坎的补偿价格,因为他们认为伊坎并没有那么多资金来完成竞购。

"我们没有任何理由相信伊坎先生可以筹集到大约为200亿美元的交易资金——包括了对德士古其他股份进行收购和支付相关债务的费用。"金尼尔说,"如果伊坎的提议不仅仅是为了他们的委托代理权争夺,那么他必须向德士古的董事会提交更多信息,并且给予董事会至少48小时的时间考虑是否批准这个200亿美元的交易。"

伊坎却依然在不断造势,发布了一条贴近大众风格的广告,标题是"德士古的股东们:管理层为什么不希望你们来对这个每股60美元的现金收购提议进行投票?"在其慷慨激昂的文字中,伊坎声称,如果"德士古的股东委员会有人被提名进入董事会,你们将在表决现金收购上有更大的把握,因为我们相信,我们能够说服另外3名董事支持我们的提案。是想要一切照旧,仍旧拿着1982年的红利水平,还是为每股60美元的现金收购投票,一切都由你们自己决定"。

出于对德士古在广告中质疑他没有能力获得这么多资金的气愤,伊坎在另一头也开展了行动。他雇用了一个调查员,对德士古的高管们进行了秘密调查。他的目的是搜寻管理层不正当运用公司资金的证据,比如使用在私人飞机和狩猎木屋上的花费。伊坎希望能够找到确凿证据扭转股东的情绪来对抗管理层,不过他最终并没有找到什么证据。

有趣的是,在战线的另一侧,德士古也在忙着挖掘伊坎的负面材料。

来自克罗尔公司——一个白领私人侦探公司,在野蛮生长的 20 世纪 80 年代就像是华尔街的联邦调查局——的调查员被派遣出去,搜寻伊坎关于环球航空或者早年其他收购活动中的不当行为。但是不管他们怎么细致地挖掘,如何搜索证监会的资料,也没有找到多少素材能给德士古用在反伊坎的广告中。

"我们找不到什么确凿证据。"一位德士古的高级顾问说,"我们发现伊坎做的交易都是合法合规的,找不出什么问题。"

1988 年 6 月 2 日,伊坎召集了一群证券分析师参加会议,他解答了关于融资能力的棘手问题。在这个紧凑的会议环节中,伊坎将人们的质疑转化为了钦佩。被问及他这次为什么不像德崇证券一样用"高度信心的保证书"来支持他的计划时,伊坎回答道:"我相信我拥有的资本已经超过了大部分的投资银行家。"

德士古的管理层以为伊坎的竞购提议不过是一种谈判的手段罢了,他们觉得伊坎只是在虚张声势,因此置之不理。但是对付这种狡猾的对手,这些企业人并没有太多经验,他们的置之不理是对对手必胜决心的低估。

在交锋的幕后,有很多资金雄厚的人士对参与这次收购十分有兴趣,伊坎私下和他们进行了一系列的秘密会谈。从 1988 年 5 月底开始的两周时间里,在距离福克斯菲彻斯特几分钟车程的威斯特彻斯特机场,各种私人飞机载着伊坎的潜在合伙人们在这里降落。这些高管——包括海湾加拿大资源公司和哈斯基石油公司的高层——由伊坎的司机迎接并驱车前往伊坎家一起用餐,展开关于收购的讨论,一直到次日的凌晨。

最有希望达成合作的是海湾公司,他们表示愿意投入 41 亿美元的资金进行友善收购,其中大部分资金是用来收购德士古加拿大的。如果海湾公司愿意出资,伊坎有理由相信花旗银行(环球航空的银行)会愿意提供额外的融资。虽然这个交易乍看起来前途无量,但伊坎担心海湾公司并不愿意在短时间内做出这么重大的投资,这会导致他到时候会不得不将德士古加拿大降价出售。

在另外一系列的闭门会议中，伊坎会见了戈登·怀特爵士——来自总部位于英国的汉森公司。他们的第一次会议在伊坎纽约的公寓里进行，随后他们在曼哈顿的一家餐厅进行了私人晚宴。这次会议之后，在一连串的电话会谈中，交易初见雏形，伊坎和汉森将携手对德士古展开联合收购。后来伊坎由金斯利和律师加里·杜博斯坦陪同，与来自纽约罗斯柴尔德公司代表汉森的投资银行家会面谈判。但最终，谈判还是被搁置了，因为汉森的律师提出技术层面的质疑——关于外国公司是否可以获得德士古海上船队的所有权问题。

同时，和汉森的提议类似，伊坎也和布恩·皮肯斯讨论了以组成合资企业的形式来进行联合收购的可能性。伊坎收购罗伯特·霍姆斯·阿·考特的德士古股份这个消息公开后不久，两人就交谈过。皮肯斯已经不太记得那次交谈的内容了，他说他当时可能对购买伊坎手中霍姆斯·阿·考特的那笔股份表示了兴趣。

"是他先打电话给我的，"伊坎回忆说，"他对我说，他对德士古很感兴趣，如果我有兴趣跟他交易，我可以给他打电话谈谈。"

伊坎当时正在探索融资的各种可能性，以完成对德士古的收购，所以他接受了皮肯斯的提议，给他打电话探讨合作的可能性。虽然皮肯斯一开始显得很有兴趣，但很快他的一位高级助手就给伊坎复电说，他们"盘子里的东西已经太满了"。

对于伊坎是否有能力完成每股60美元的竞价，华尔街的人们自始至终都持怀疑态度。从德士古的股价——仍然保持着每股50美元——就可以看出，对于伊坎是否能够将德士古以高价卖出，经验老到的投资者们并不是很有信心。

可是，德士古对伊坎的委托代理权争夺仍旧越来越担忧。为了设法获得多数股东的支持，管理层不厌其烦地游说，希望能获得机构投资者的支持。

在公司年会的前几天，为了显示其对重组计划的承诺的真实性，德士古宣布将出售其德国分公司——德士古德意志公司。另一方面，为了吸引机构投资者站在他们一边，德士古承诺董事会人选会先征求机构投资者的看法。

伊坎也正忙于拉拢活动。他必须落实每张他能获得的选票，他求助于华尔街的主要经纪公司，花费了大量的工夫请求他们提供一个平台，可以让他和他们的销售人员进行交流。这是个精心设计的计划，伊坎的目的是争取股票经纪和他们手里的小投资客户，这些小投资客户的控股加在一起也有几百万股。

双方之间的对抗愈演愈烈，超出了常规。德士古警告那些歌剧爱好者，伊坎可能会损害公司与大都会歌剧广播公司的长期赞助关系。为了反驳这一论点，伊坎这个令人胆寒的掠夺者突然摇身一变成了一个艺术爱好者。

"我热爱音乐，"伊坎说，"我每年都向卡耐基音乐厅捐很多钱。"

1988年6月17日，在塔尔萨的威斯汀酒店举行的公司年会上，委托代理权争夺到达了最后的关键时刻。直到最后一刻，伊坎还在继续施压，宣布如果他的人进了董事会，而董事会仍然拒绝将他每股60美元的收购提议提交股东表决，他就会考虑利用环球航空和ACF工业的股票作为抵押进行融资，展开敌意收购。

在塔尔萨，德士古和伊坎的团队都各自设立了总部来进行最后的部署。德士古的高管和顾问团占据了威斯汀酒店，而伊坎的团队则小得多，占据了双树酒店。临近投票，最后结果还悬而未决。一部分大股东原本站在管理层这边，现在却选择站到伊坎这边，因为德士古不让股东们对伊坎每股60美元的报价进行表决，这让他们很反感。詹姆斯·乌尔曼是百骏财务管理公司的受托人，该信托持有超过100万股德士古的股票，在谈及为什么要支持伊坎的时候，他提到："这家公司真正的所有者是股东，而不是董事会。"纽约市审计长哈里森·戈丁代表纽约市养老基金参与投票，谈到德士古时，他说："这个公司的管理层很差劲，不管是他们本身还是整个管理层文化，都官僚气息十足。"其他大股东虽然在精神上支持伊坎，却对他能否有足够资金支持他的交易方案深感怀疑。在这个阵营里，大多数股东都愿意给管理层一个机会把重组继续进行下去。

会议当天早上，伊坎到达威斯汀酒店之后，发现自己仿佛置身于油田当中——人们对这个来自华尔街的掠夺者充满敌意，因为他攻击的是地区经济的支柱。当地一个车库上喷漆写着标语——"伊坎，回家吧"。塔尔萨市有超过800名德士古的员工，他们称这天是"德士古日"，为了庆祝这个节日，股东们都被送上了红白大标语牌，上面写着"塔尔萨欢迎德士古"。

德士古充分利用主场的优势。伊坎到达酒店的时候，在大堂遇到一个全副武装的酒店保安，坚持要他和那些只拥有100股股票的退休员工一样排队等待登记。

"德士古故意设置了这些。"威尔伯·罗斯回忆道，"会议前一天晚上，德士古给他们的退休员工举行了晚宴。这些人对伊坎的一切都深恶痛绝——华尔街，犹太种族，金融操纵。"

"会议当天，房间里有一块很大的区域被拦起来，是退休员工和德士古那些古板的支持者待的地方。与之形成鲜明对比的是，卡尔则被挤到一侧的一个小角落里。从这形势上看就知道他那天不会好过。可以说，这可能是伊坎过得最不舒服的一段时间了。"

会议开始，金尼尔身穿灰色的西装、白色衬衫和蓝色的领带，直奔主题：伊坎每股60美元的买断提议还没有提交给股东作为一项单独的表决，"因为不论是过去还是现在，这项提议都是不切实际的。摩根士丹利认为，伊坎不可能获得足够融资。深入了解了这个计划的内容和伊坎的声明后，我们更加强烈地感到我们的分析是正确的。尽管伊坎联络了很多银行及潜在合作伙伴，但是他们的阵营至今仍然没有获得任何资金支持，也没有实质上的合伙人"。

随后，金尼尔开始向房间里占据主导地位的德士古支持者致谢。他把伊坎挤在角落里，让他意识到自己的脆弱，简直就是公司版的凌迟。

德士古的表演之后，那些把公司当成救世主一般的散户投资者被带到麦克风前发表意见。"我感觉卡尔·伊坎、布恩·皮肯斯和其他掠夺者的话都充满了欺骗、伪善和伪装。"有人说道。另一个人说："如果我们把公司交给伊坎，就像是把价值连城的小提琴交给一个大猩猩。"还有一个人称，鲍勃·霍普——那个经常主持公司表演的著名主持人——也站在德士古一边："两三周前，我和鲍勃·霍伯待在一起时谈起了这件事，他说：'我坚决支持金尼尔——那个拥有星徽肩章的海军战士。'"

尽管管理层想让这些人的讲话一直持续下去，可是另外一方也需要发言，对方阵营的股东们认为，德士古的领导层既没有绩效也不负责任，导致企业深受其害。

"我想现在是时候让你们这些人来解释一下了，"人群中一个愤怒的声音说道，"解释一下你们是怎样让我们不得不向鹏斯支付30亿美元的巨资。"

"你知道吗，我觉得德士古管理层就像一个有着6个孩子的父亲，有一位太太，在郊外买了房子。但因为他是个赌棍，欠了一屁股赌债，以至于现在不得不售卖他的汽车、房子和度假屋，他剩下的资产都得卖了。"

终于轮到伊坎发言，他略显犹豫地来到话筒前，有点被周围的环境给震慑住了。管理层一直坐在高于房间里1000个股东的讲台上，而伊坎却只能在靠近房间后方的最低处发言。伊坎开始讲话的时候，金尼尔对这个不速之客十分恼怒，他一直盯着地板，好像伊坎不在场似的。

摸出助手为了防止他信口开河而准备好的讲稿，伊坎开始读稿子。可是读到一半，他就改变主意了。他把稿子折起来塞进自己的上衣口袋，开始即兴演讲。他立刻又觉得自己有了掌控的能力和信心，不管讲台上有多少人反对他，他还是可以对众人的决策有所影响的。

伊坎的发言主要针对两个问题——公司民主和股东权利。他问道，他愿意出价每股60美元收购，而股东——作为企业合法的所有者——却没有权利来投票表决，为什么？

为了形象地说明他的观点，伊坎做了个类比，一个庄园主觉得他没有从他的资产上获得足够价值的回报。"一个访客说：'你庄园里有个非常漂亮的苹果园，你为什么不卖呢？'主人回答说，'我是想卖，可是管家总是在这里开派对，他在这里过得很舒服，不愿让别人踏足这里。他甚至在门口摆放了一挺机关枪，不允许其他人踏足来购买苹果园或整个庄园。'"

"你看着这个人说：'我不明白，你为什么不找警察把这家伙给踢出去？'你们只好相互耸耸肩，想不出解决办法了。

"这就是如今美国出现的问题。这些问题看上去没有答案，同样的，我们的美国企业界为什么到了这样的境地，也没有答案。"

伊坎接着谈到他反管理层的核心理论，将国家大范围的经济不景气和美国企业管理层的无能联系在一起。

"历史上，这曾在罗马发生过，在葡萄牙发生过，也曾在西班牙发生过，国家的大部分人口——他们的中产阶级不再工作了，所以人们再也没有能力生产制造，国家也开始走下坡路。

"但是我们的情况比这个更糟糕，因为我们国家有公司福利，产生了大量的副总裁和各种官僚们。如果把这些人都弄到高尔夫球场上去，可能对国家更好呢。但是他们却在工作，与一纸空文，与官僚主义，与流水线工人不得不终止工作的问题共同作业。"

卡尔大谈"达尔文退化论"在公司阶层中的体现，他的话让十几个到场的德士古高层都十分不悦。看到自己已经触痛了有些人的神经，伊坎正准备进一步攻击。但突然，身着黑西装和白衬衫的德克兰提醒伊坎，他的10分钟已经到了，他必须让出话筒。这引发了一阵小小的骚动。

伊坎反驳道："我觉得在这样的情况下，我应该有权利多说几分钟。待会儿你想说几分钟就说几分钟，我没有任何意见。"

德克兰回答道："会议有议程安排，必须按流程进行，这样可以确保其他有话要说的人有平等的发言机会。我很确信你应该可以在一两分钟内结束你的讲话。"

"可能就是公司这样的古板，才导致了我们今天的委托代理权争夺。"

话音刚落，那些支持管理层的人群中爆发出一阵嘘声。

和当代政治集会一样，伊坎和德士古的演讲都是表面文章。大多数的委托代理权已经被接收，大多数人都认为德士古会赢，因为它已经让机构投资者相信，管理层肯定会出售资产，否则就会重组公司。然而双方差距还是很微小，因为还有一个未知因素——伊坎能够取胜的唯一机会就看能否控制KKR持有的德士古股份了。

年会之前，KKR的经纪公司——贝尔斯登公司董事长艾伦·格林伯格曾致电伊坎，告诉他德士古有4.95%的股份待沽。虽然格林伯格没有说明这批股份的主人是谁，但伊坎已经对德士古股票的分布了如指掌，基本确定其主人就是KKR。虽然这份股权十分诱人，但是由于受限于特拉华州的法律条款，伊坎无法购买。因为德士古是在特拉华州登记注册的企业，当地法律规定，任何持有公司15%股份的买家必须迅速使持股比例达到85%，否则三年内将无法参与公司合并或者出售其资产。由于伊坎已经持有了14.9%的德士古股份，如果再购入KKR的股份，会立刻让他超过15%的红线。

为了锁定这批股份的投票权，伊坎和加拿大投资者山姆和马克·贝尔兹伯格进行了交谈。很快他们就出台了一个计划，由贝尔兹伯格成立一家投资集团来购买贝尔斯登公司的股票，但这么做的前提是贝尔兹伯格收购股份成功之后会支持伊坎一方。金斯利那个时候说："我们知道贝尔兹伯格是属于我们阵营的。"但是在和贝尔斯登的谈判中，贝尔兹伯格决定坚守底线，而贝尔斯登也决定绝不让步，交易始终僵持在每股0.125美元的微弱差距，最终没有达成交易。伊坎在失望之余，也很愤怒。

伊坎说，他也做过最后尝试，想直接从亨利·克拉维斯[①]手里购买股份。

"我告诉他，我需要他的投票。我说我觉得你也想要增加手中股份的价值，如果不投给我，你就是疯了。他说他希望股票有个好价钱，想看到股价再高一点。

---

① 亨利·克拉维斯，即KKR的公司创始人兼合伙人。——译者注

"我们这么来来回回谈了好几次,我说:'亨利,股价现在是每股50～51美元,你会以这个价格出售吗?'他说他觉得股价还会更高,达到55或者60美元。我不知道那是不是就是他的报价,但是当我问他:'你会以这个价格卖吗?我有兴趣以这个价格跟你买股票。'他拒绝了。"

虽然股票最后被卖给了另外一个人,KKR还是在德士古事件里扮演了重要角色。因为在投票记录截止日4月11日这天,KKR还是股票所有权的登记人,因此它还是有权利来投票的。随着德士古年会的临近,KKR到底会怎么投票是华尔街最大的悬案。那些抱着伊坎阵营能够进入董事会的希望而购买了股票的套利者们,都祈祷着卡尔可以将股价抬升到每股60美元。因此,他们都迫切要求KKR把票投给伊坎。

也有人认为,KKR因为想参与德士古的管理层买断,所以可能会支持管理层这方以赢取好感,但是KKR的投票选择直到最后时刻还是没有敲定,他们决定亲自到德士古的年会上投票,而不是由代理律师代为投票。随着最后时机的来临,KKR的代表人将其选票投入票箱后便神秘地离开了房间,没人知道他到底投给了谁。

最后唱票的时候,伊坎一方获得了41.3%的投票,而德士古获得了58.7%。德士古的胜利虽然谈不上是压倒性的,但也远远超过了KKR的投票份额。

伊坎一度以为这是场硬仗,但是最后的落败和受到的人身攻击让他的心情变得很糟糕。律师们、银行家们和企业高管们陆续回了纽约,当时一位德士古的顾问恰好接收到了伊坎手机的信号,偷听到卡尔和其助手的一段话:"真该死,那些狗娘养的联合起来对付我。那些人放的屁,大家都觉得是香的。"

在投票前,伊坎曾经在多个场合表示过,如果他的人没有入选董事会,他会卖掉他的股份,放弃德士古。

然而对于伊坎来说,就这么撤退不符合他的性格。他总是主动进攻,所以他又开始老调重弹了:"我可能会撤退,也可能不会,我也不知道我下一步会怎么做。"可以肯定的是，这表示他在仔细考虑敌意收购的可能性。就如当时一位分析师所说的："与其来猜伊坎下一步会怎么行动，我宁可去拉斯维加斯赌一把，猜中的可能性还大一些呢。"

伊坎有一种决心——也有人说是冲动——来坚持到底，寻找新的途径来让他已经失败的交易能够继续下去，不管对手火力多强，他都会坚持。这些品质都让伊坎成为了那个时代最强大、最讲信誉的掠夺者。

很显然，华尔街人猜测伊坎仍然有牌可出。虽然在投票之后，德士古的股价掉了近2个点，但几乎是在同时又涨回了原价。这个公司还"没有垮"——这让很多套利者和分析师感到不可思议。大家的猜测都集中在一个可能性上——伊坎将领导敌意收购。

一有机会，伊坎就会展现出他的威胁，这并非为了可能进行的敌意收购，而是一种让对手金尼尔愈加焦虑的手段。金尼尔眼睁睁地看着这个掠夺者持有公司大量的股份，随时都能发动攻击。虽然德士古的高管将他们的胜利看作是压倒性的，但是在私底下，当他们看到伊坎距离收购的成功如此接近，都感到很震惊。在他们之前的职业生涯里，从没有见过这么一头"独狼"——提出收购一家如此巨大的企业，甚至几乎真的要把公司从他们手上夺走了。无论怎么讨厌伊坎，私底下他们都很惧怕他。在一系列闭门会议里，管理层都在部署策略，思考着怎么样才能够防止这个威胁再度集结力量卷土重来。

很快，一个新的战斗计划出炉了。和伊坎的作风一样，德士古这次也在两头作战，一手"蜜罐"一手"大棒"。一方面，德士古的律师会用大规模的法律诉讼发动威胁。但是举起大棒的同时，他们也同意给伊坎一个和解方案——慢慢地以出售资产和增加股东利益的方式向伊坎的要求靠拢。

数月下来，伊坎和德士古进行了数次秘密谈判。1989年1月，德士古正式宣布，向其股东分发两笔特别红利，总价值为每股8美元。管理层的这个妥协反映出伊坎的实力——通过自己的坚持，他迫使公司出售和重新配置了70亿美元的资产。为了回报在塔尔萨支持管理层的"友好"

的机构投资者，并且防止他们在别的委托代理权争夺中倒向伊坎，德士古的管理层计划将其原本十分重视的下属企业德士古德意志和德士古加拿大出售。虽然公司的幕僚们表示，此次资产出售是资产重组的一部分，与伊坎无关，可是对于那些懂行的观察者来说，这简直就是个笑话。

在宣布股东红利的同时，德士古也披露，公司和伊坎签订了一个休战协议。在1989年1月的最后一周，通过马拉松式的谈判，金斯利与德士古达成了这个协议。根据协议规定，双方撤销了对对方的起诉，同时禁止伊坎继续购买额外的德士古股份。同其他股东一样，伊坎拥有按照持股比例分配的投票权（红利分配除外），若伊坎决定出售股票，他要及时告知管理层。作为回报，德士古同意撤销对伊坎发起的所有未解决诉讼。

对于管理层来说，他们可以利用这个机会除去这个顽固而威胁巨大的对手。而对于伊坎来说，签订休战协议是一个不错的解决方法，可以终结自己生涯里最大的一笔交易。他也不用再被那些律师骚扰，不需要在应付诉讼上浪费大量的金钱和时间了。

"伊坎一开始购买罗伯特·霍姆斯·阿·考特的股份是出于套利者的动机，"丹尼斯·奥戴说，"这是一种经典的套利行为，他希望低价买进，高价卖出。所以当这个机会出现的时候——虽然花的时间比他预计的久得多——他马上会同意套现获利。这时候，那些委托代理权之战早就被他抛在脑后了，利益才是他所追求的。"

1989年6月1日，纽约证券交易所发生了历史上最大的单笔交易——卡尔·伊坎将其德士古的股票以每股49美元出售。交易由三家知名的投资银行操作——雷曼、所罗门兄弟和高盛。总共有4230万股股票易手，涉及金额达到20.7亿美元。在收购罗伯特·霍姆斯·阿·考特的股票19个月以后，包括分红在内，伊坎在股票上套现获利超过5亿美元。

对于德士古来说，他们终于可以长出一口气了。因为伊坎是以一个超低的价格购买这些股票的，而以后再达到这个低价的可能性微乎其微。

这也意味着，今后再有掠夺者想要吸纳这么多的股份，还真没那么容易了。

对伊坎来说，德士古的交易无疑是他的人生巅峰。他获利颇丰，即便在20世纪80年代也是一个很可观的金额，而且他促进了企业的转变，为股东利益做出了积极的贡献。虽然为德士古辩护的人反驳，在金尼尔的管理下，这样的变化也是必然会发生的，有没有伊坎都没差别。但这只能代表他们不愿意承认，这个对石油行业毫无了解的纽约客对这个产业产生了正面而积极的影响。

和之前所有的交易一样，伊坎不断威胁、引诱和提出各种要求，同时不管金尼尔或者其他为德士古辩护的人对他如何进行攻击，他都坚持不撤退。因此他做到了让管理层、作为智囊团的律师和投资银行家们都摸不清头绪。从20世纪70年代末起，伊坎从始至终都遵循一条规则：如果你拥有股票，那么你就有了杠杆。

"卡尔不是唯一一个对德士古施压的人，但是他可能是唯一一个令公司真正听取意见的人。"罗伯特·兰格说，"因为他是唯一一个用枪指着他们的脑袋的人。"

现在回过头来看，伊坎和德士古之间的这一场仗打得十分漂亮。即便是那些在德士古和解中和伊坎有过碰撞的人，都对他独特而有效的行事手法留下了十分深刻的印象。

"卡尔全靠他一个人，"丹尼斯·奥戴说，"他其实不需要律师，也不需要顾问，他什么都了解得很清楚。所有的问题，不管是法律或者是商业方面的，他都十分了解其中的关联。最让人称道的是，他可以一下子就纵观全局。"

在重塑德士古的过程中，对伊坎的所作所为最为赞赏的可能就是股东委员会里那个最热爱公司的人诺里斯了。"卡尔为股东争取到了红利。"鲍勃·诺里斯说，"我曾经争取过，但德士古总是用这样或那样的理由给搪塞过去了。卡尔却做到了，他是最大的功臣。"

"拿到红利之后的那个感恩节，我给卡尔家里打电话。我跟他说：'我

要代表股东向你表示感谢,你为我们争取到了额外的红利。'

"对,卡尔根本没想到我会给他打电话,他惊讶得差点昏过去。他说:'该死,你能把你刚才说的话写在信里给我吗?我要把它裱起来挂墙上。'"

伊坎能够赢得鲍勃·诺里斯的尊重——甚至是勉强的喜爱——证明了一点,他有他的迷人之处。他是个非常健谈的人,通晓历史、音乐、哲学和政治。在文化方面,他属于折中派。在文学方面,他最喜爱的书可以从《愤怒的葡萄》到勒卡雷和陆德伦的间谍小说;在电影上,他最喜欢看的十部电影中包括了《驯马人莫兰特》和《鼓笛震军魂》。和与他同时代的博斯基不同,伊坎是个知性、高智商而且精通数学和金融的人。在晚餐桌上,他也可以做一个很有魅力的主人,一边大嚼他最喜欢的家常饭菜,一边给来客讲述他以往交易中的幕后故事——他所遇到的那些重量级人物和企业的轶事,他还可以向宾客们讲述那些传奇人物的事迹,比如阿莫德·哈默、博斯基和唐纳德·特朗普。尽管只有为数不多的宾客,但在他们笑声的鼓舞下,他可以成为一个非常专注的表演大师,像一位从协和酒店租来的喜剧演员。

他最喜欢讲述的一个故事是和特朗普的一次谈话:"一天,特朗普邀请我去新泽西的梅多兰兹看足球比赛。我们是坐他的直升机过去的,身旁还陪同着一位非常漂亮的年轻女人。真的非常迷人。"

"当着她的面,特朗普说:'她很美吧,卡尔?你见过这么漂亮的人吗?她不止长得漂亮,心地也善良。你知道的,每个人都知道我现在在生意上出了一些问题,她也知道。但是这有什么关系?哪怕我只剩下最后5亿美元了,她还是会跟着我。她是普通女人吗,卡尔?绝对不是啊!'"

最近,伊坎开始把他的私人生活场所分成两个地方,贝德福德和长岛的东汉普顿,他在那里买了一个5.2英亩(约合21044平方米)的海滨庄园。

东汉普顿是伊坎唯一可以休息放松的地方。在这个别致的海滨村庄里，伊坎喜欢在海滩上散步，去曼哈顿著名的牛排店在东端的分店棕榈餐厅享用美餐。伊坎身边都是来自纽约顶级律师事务所和投资银行的少数密友，但他仍是这里等级最高的客人。但是即便是在这里，伊坎仍然有一种冲动，想让手里的一切都变成实实在在的金钱。当伊坎正式入住他东汉普顿的家的时候，他召开了一个鸡尾酒会，由他的希纳尔舅舅策划——是他最早向他推荐了东汉普顿，并由他根据来宾的名单，操持各个细节。

"我建议伊坎在他入住房子的第一个劳动节的周末举行派对。"希纳尔回忆说，"但是他说，'我不想办那些没意思的晚餐派对，我讨厌派对。'"

"所以我提议：'那就举行个鸡尾酒会吧，就2个小时。大家都想看看你的房子。'因此我们决定从6点举行到8点。我给了伊坎一个名单，他划去了几个，加了几个，宾客名单就这样定下了。每个在汉普顿的人都希望受到邀请，但是我们名单限制在75～80人，酒会最后办得很成功。"

或者没有那么成功？有些人想来看看国王伊坎的私人生活，结果走的时候却有一种上当受骗的感觉。

"卡尔的家很漂亮——地面、装饰、结构都很好——但是总觉得那里面少了什么。"一位知名的投资银行家说，"可能是一种灵魂，或者灵气。或者你可以叫它派头，就是那种你希望在世界上最富有的人家里能够看到的东西，里面显然没有。"

"至于那些所谓的艺术品，油画看上去是很好，但是怎么看都觉得是那种批量生产的酒店挂画。我很了解艺术作品，所以我可以确定，卡尔房子里的绝对算不上是艺术，就是为了点缀一下墙壁而已。"

"卡尔的家给我的整体感觉是三流的。卡尔带宾客参观，详细地夸赞着房中木工的精美。我当时想，没搞错吧，木工的质量是不错，但是总感觉不是在炫耀新家。后来我们得知，卡尔就是这家做木工活的公司的所有者，那时我们才回过味来，发现他当时好像是在跟人推销，想让你从他的那个公司买个书橱之类的。"

"俗气！"

如果说伊坎在海边的庄园缺少南安普顿那些传统精英居住的城堡的那种灵气，这个庄园的女主人对此却根本不在乎。那些生活在公园大道的交际花们整天举办晚餐派对或是参加苏富比拍卖会，而丽芭·伊坎却截然不同，她有着十分简单的家居品位和朴素的魅力。生活中，她在洗头后总是自然风干，喜欢打网球健身，平时也很少或者根本不化妆。她从不会向卡尔抱怨要买珠宝、汽车或者昂贵的浴袍，相反，她想让他们的生活方式更加节约，更加有节制。他们看上去更像是精神伴侣。卡尔总是对金钱很贪婪，丽芭则更倾向于简单，从不会追求物质。

1990年12月，为了对旧宅进行改建，伊坎一家搬出了贝德福德。当时，旧宅的管道、空调和制热都需要更换。为了让家里人在改建期间有地方住，在福克斯菲尔德，卡尔通过湾水不动产资本集团又建了一栋简单的两层小楼。原计划改建结束之后，伊坎一家会再搬回原来的老房子。

但是当丽芭住进这个"临时"房子后，她发现自己比原来住在老宅里开心多了。这里简单舒适，不需要装腔作势，这个朴素的地方很对她的胃口。因此伊坎一家便将这个"临时"房变成了永久的住处。

"几乎所有嫁给像伊坎这样的富翁的女人，住这样的房子一定会抱怨房子的简陋。但是丽芭喜欢。"一位密友说，"她曾在老宅里举办漂亮的圣诞派对。房子里亮堂堂的，食物也很美味，所有的一切都很特别，就像一本圣诞故事书。但是丽芭和伊坎很像，都不喜欢派对，即使只是这些圣诞派对，对她来说也有点接受不了。而这个'临时'住所因为空间太小而办不了那样的派对——他们从搬进去之后就没有再办过——我想这也是她喜欢待在那个房子里的原因之一吧。"

"他们当时计划搬出临时住处的想法从一开始就有漏洞。根据原本的计划，当水管和木匠完成工作之后，他们就搬回老宅，而这个临时住处会给来宾住。问题是，伊坎一家从来就没有招待过在他们家过夜的宾客。这不是他们的风格。"

丽芭去曼哈顿看她热爱的芭蕾，或者偶尔去参加她讨厌的社交活动的时候，这个纽约最富有的女人之一从不穿名贵衣服，也不会佩戴顶级珠宝——而这些正是和她同阶层的女人的标准配备。

"几年前，卡尔给丽芭买了一条非常奢华的钻石翡翠项链，"伊坎家的一位朋友说，"换了其他女人肯定会成天戴着它，可是丽芭从来没戴过，一次都没有。"

"然后有一次，得知伊坎一家计划出席纽约爱乐乐团的一场演出，丽芭的女友打电话给她，建议她戴那条项链。她说她保证，这将是个合适的场合。"

"然后她就戴了那条项链，结果当然是十分引人注目。这条项链极其奢华，但是看得出来，从戴着它进场的那一刻，丽芭就觉得非常不自在。起初，她去洗手间用一条围巾包住了她的脖子，看起来像是要掩盖脖子上的疤。后来，围巾也包不住那条项链，她就索性把它取下来扔进了包里。从那以后，就再也没人见过那条项链。"

虽然伊坎的婚姻看上去并没有什么问题，对一双儿女也充满了爱，但是他所痴迷的是他的工作和财富。无论是在伏案工作还是在泳池边陪着孩子，他身边总有部电话不停地亮着，来电频率都快赶上拉瓜迪亚机场起落的飞机了。当丽芭结束了一天的忙碌时，伊坎才刚刚开始他一天里的第二个工作阶段：处理各种电话，开各种会议，一直持续到凌晨。休息的时候，他通常独自一人在舒适的书房里吃一顿简单的晚餐，看一部老电影。工作一直是挡在他和家人之间的一堵无形的墙。

"丽芭希望卡尔多关心关心她——你知道，女人喜欢的那点小情调，"一位贝德福德的邻居说，"但是卡尔的心里总是想着别的东西。一个数十亿美元的交易就会让他对其他的一切都视而不见。"

"过去丽芭的床头柜上一直放着一个可爱的小瓷盘，上面印有心形的图案。连续3年，她都把它包起来，然后送给卡尔当作情人节的礼物。卡尔每次都表现得很惊讶、很感激，却从来没意识到她每年送给他的礼物都是同一件。"

第十二章
冷钢：美国钢铁马拉松集团和一个时代的结束

卡尔让公司的管理层神经紧绷，因为他们从没有和像他这样的人打过交道。这些经理们手头有大量的资源可供他们支配。他们打个响指，就可以雇来15个公关人员或者令20个律师济济一堂。但是卡尔还是会让他们感到紧张。他的眼神中透着蛮横的神态，他威胁着他们，令他们害怕。

——一位德士古股东委员会的委员

伊坎寻找璞玉的脚步从未停下过，这次他面对的，是正处于困境之中的巨兽——美国钢铁马拉松集团（USX），他相信他的机会又来了。虽然这一交易在20世纪80年代中期就已开始，可是一直到伊坎把德士古的股份全部出手以后，这次历程才告一段落，而这时已经是90年代了——在这个时代，伊坎和他的公司掠夺者同伴们"掌控企业命运"的那段历史也终将一去不返。

1901年，美国钢铁公司由J.P.摩根和钢铁大亨埃尔伯特·加里共同组建。它是世界上第一个市值超过10亿美元的公司，并在几十年的时间里迅速扩大，为日新月异的美国主要产业部门提供它们所需的钢材作为原材料，用以生产汽车、洗衣机、卡车、工厂和石油钻井。一直以来，美国的制造业都为全世界所羡慕，而钢铁则是这个工业军团的核心。

但是在20世纪50年代，局势开始发生改变，漫长而激烈的罢工和廉价原材料的出现使国内消费者将寻找钢材的目光转向海外。同时，美国本土的制造业也达到了成熟阶段，这都使美国钢铁集团从一个快速扩张的企业转变为一个随着周期波动的"巨无霸"。

钢铁行业的波动很大，为了减少对行情的依赖，公司在1982年收购了马拉松石油，这笔交易成为美国历史上第二大规模的收购。4 年以后，这个集结钢铁和石油为一体的大集团再次以 30 亿美元的价格收购了规模宏大的天然气公司得州油气，扩大了集团的能源部门。同年，在董事长大卫·罗德里克的领导下，公司进行了根本性的重组。四个独立运营的部分——马拉松石油、得州油气、美国多元化集团和美国钢铁——相继建立，下属于母公司美国钢铁马拉松集团（USX①）。

在重组期间，公司实质上是个"两头怪"，一头是日渐衰落、业绩平平、亏损重大的钢铁生产部门；另一头是活力四射的能源部门，而当时利润也因为受到原油价格下挫的影响，暂时出现亏损。超过 60 亿美元的沉重债务负担给公司的利润带来了进一步的压力（这些债务部分是收购能源部门的时候所形成的）。加上华尔街向来就不喜欢购买跨行业企业的股票，因为公司的命运牵涉多个行业，因此美国钢铁马拉松的股票也低于其账面价值。这个差距虽然引起了公司投资者的惊慌，却激发了伊坎对其股票的兴趣。看到这个尚未浮出水面的机会后，他在 1986 年的夏天吸纳了大量该公司的股份。当时 USX 的市值在 60 亿美元，而证券分析师估计公司的能源资产就可以卖出 70 亿～ 120 亿美元，所以看上去股票再怎么跌也跌不到哪儿去，反而有巨大的升值潜力。

当然，鉴于 USX 仍面临诸多深层问题，业内人士都很好奇，这次，伊坎是否遇到了一个对他的金融魔法免疫的收购目标。

"我们无法理解为什么有人会主动购买我们的股票。"一位通过马拉松石油的合并进入 USX 的前任高管说，"在企业内部，满眼都是各种还没解决的问题。不是那种普通的小问题，而是无法轻易解决的大问题。企业层面，我们面临着几百宗法律诉讼，很多都涉及严重违反环境保护规定，面临高额的财务赔偿。"

"而且钢铁行业就像倒退回了 18 世纪，概念上还停留在工业革命早期。公司内部充斥着各种官僚制度和烦冗的规章流程。哪怕是最简单的

---

① 自 1924 年起，"X"一直是该公司在纽约证券交易所的股票代码。——作者注

事务，公司也有20页的政策规定，一个人可以做的工作现在有5个人在干。参观者低声嘟囔这个公司简直像军队一样，但是我们这些在公司待了很久的人都知道，其实比那更糟糕。

"伊坎却想卷进这一团麻烦事里，这让我们都感觉很震惊。"

但是对于伊坎和其他掠夺者来说——包括罗伯特·霍姆斯·阿·考特、布恩·皮肯斯和艾文·雅各布，这些人当时都对USX虎视眈眈——USX经营得如何对他们来说其实并不重要，重要的是公司有资产，有钢铁和能源。伊坎期望着把钢铁部门卖掉，然后让能源部门恢复到应有的价值水平。USX在资产剥离之后存在着大好机会，关于这一点，虽然伊坎并不是第一个也不是唯一一个看到分拆后的潜力的人，但是他确实是唯一一个把这件事情闹得沸沸扬扬的人。

为了引起管理层的重视和认真考虑，在1986年的夏末到秋天这段时期内，伊坎和他的投资者团体以每股17.5美元到26.25美元的价格收购了9.8%的USX股票，然后在10月6日提出了"善意"的报价，要求以每股31美元的价格购买公司剩下的2590万股流通股，总金额达到80亿美元。如果这笔交易能够完成，这将会是美国历史上第三大收购案。伊坎声称，巨大的收购资金部分来自他的个人资源（包括ACF工业和环球航空的16亿美元资金），另外德崇证券也很有信心可以融资超过60亿美元。

和过去一样，伊坎选择的时机无懈可击。USX当时正因为22000名钢铁工人的罢工而陷入瘫痪，每个月损失近1个亿美元，愤怒的股东要求管理层有所行动。罗德里克本来已经宣布，在10月20日的最后期限前会发布提升公司股价的计划，结果伊坎的报价使他进退维谷。伊坎宣称，如果罗德里克的计划不能使他满意——当时有小道消息说这个计划包括股票回购和限制资产出售——伊坎就会按照自己的方案来。按照他的方式，他会建议将他的计划和管理层的战略都交给股东来表决。由于套利者和其他持有大量USX股份的投机者的存在，伊坎相信，大多数股东会为了尽快获利而投他的票。事实上，他会利用固定的支持者来增加自己的筹码，以此来收购公司或者迫使管理层果断地做些什么来增加股东利益。同样的，根据收购环球航空的成功经验，伊坎将会尝试与罢工工人谈判来达成协议，使他们同意以一定数额的股份来弥补他们的薪资。在伊坎刚出手干涉 USX 的相关事宜时，公司的表现不错，这也给人一种他可以创造奇迹，使公司复苏的印象，同时，这也是他想要取代现有管理层的一种有力呼吁。不管伊坎是否真的如大家猜测的那样打算收购 USX，他就是决定了要迫使管理层提高股东价值，而他和工会的联系会进一步增强了其面对公司管理层时的威慑力。

就这些来看，伊坎发起的攻击与之前那些如出一辙。但是就 USX 来说，发生了一个伊坎没有料到的情况。和其他全力阻止伊坎涉足公司事务的总裁不同，USX 的总裁大卫·罗德里克邀请伊坎进行面对面的谈判，这在"咆哮的 80 年代"很罕见。公司掠夺者和目标公司的管理层居然可以坐在一起举行长时间的、文明的交谈，没有什么法律威胁之类的常见现象。

伊坎表现得很有礼貌，部分是由于他和罗德里克举行会谈时发生的一系列事情所构成的谈判背景。1986 年 5 月，丹尼斯·莱文——德崇证券的常务董事，一位冉冉升起的新星——被逮捕了，罪名是他是多起内部交易的策划人。这件事震惊了整个华尔街。之后不久，这位花言巧语的莱文（刚巧是菲利普石油收购战中伊坎一方的顾问）就牵连出了伊万·博斯基——莱文和博斯基曾经达成非法协议来出售内部信息。最终，德崇证券在这场牵连甚广的丑闻中成了牺牲品。[①]

虽然这些事件几年后才最终尘埃落定，但是对博斯基的被逮——这个和华尔街最有权势的人物有着千丝万缕联系的人——引发了律师事务所和金融界的暗中恐慌。这个不可一世的人物戴着手铐从办公室被带走，同时证监会执法主管加里·林奇也决心从上至下追查和打击违法行为，

---

① 1988 年 12 月，德崇证券因违反证券法而被判有罪，并于 1990 年 11 月申请破产清算。同时，米尔肯在这场丑闻中被捕。他被指控于 1989 年 3 月操纵敲诈和证券欺诈，于 1990 年 11 月被判处 10 年有期徒刑。——作者注

那些20世纪80年代在并购界叱咤风云的百万富翁们十分好奇也十分担心，接下来还会发生什么。

考虑到曾经与德崇证券和博斯基之间的交易，伊坎不得不有所顾虑。为了能够争取公诉人的好感并减少对他的惩罚，博斯基向他们交代了他、伊坎与海湾和西方公司董事长马丁·戴维斯的联合会议。虽然伊坎一开始就坚持他没有什么不可告人的秘密（随后的调查也的确证实了他没有任何非法行为），但是仅仅被卷进丑闻本身就产生了极其不良的影响。很明显，对于这些通过操纵资本体系来为自己谋福利的收购大师们，市场监管者和公众是很难容忍的。更有甚者，由于德崇证券被调查的谣言满天飞，伊坎不得不担忧，能够为他提供数百亿美元的垃圾债券市场可能将彻底灰飞烟灭。

1986年秋和1987年年初，在USX位于匹兹堡行政大楼61层的CEO办公室里，伊坎和罗德里克开始了闭门谈判。罗德里克是匹兹堡一名邮政员工的儿子，在海湾石油开始职业生涯，后来在美国钢铁的会计部门慢慢往上爬，1979年开始接手公司CEO的职位。虽然这位CEO和掠夺者的想法相差甚远，两人在背景上却有共同点。他们都是工薪阶层的后代，都是一步步爬到高位的，正如一位旁观者说的："双方都是直截了当的人，没有弯弯绕绕的，直奔主题。"

从表面上看，两个人一开始都是很诚恳的，然而同时又对对方的目的和行动存在怀疑。虽然他们愿意把内心的真实想法隐藏起来，礼貌地对待对方，但是伊坎和罗德里克各自对对方的立场还是很厌恶的。私底下，罗德里克很喜欢读《圣经》，也喜欢引用其中的话，所以他将伊坎称作美国工业的"克星"，而伊坎则认为罗德里克是个典型的企业人。

谈判从一开始就形成了一种模式：伊坎要求罗德里克通过分拆公司的方式来增加能源资产的价值，但是罗德里克就像德士古的金尼尔那样，坚持一步一个脚印，在不分拆的前提下逐渐将小规模的资产出售。当投资银行家向USX提交了一份战略，建议将多元化部门打包出售时，罗德里克直接拒绝了。

"我过去总和罗德里克谈起他和伊坎的会面,"一位证券分析师安德鲁·格雷三世说,"他会间接地告诉我说,伊坎想要完成的目标其实也是管理层的目标,只是'我们想要按照我们的进度来完成这些,而不是听他的'。"

最初的谈判主要围绕伊坎每股 31 美元的"善意"报价和管理层在 10 月 22 日宣布提升股东价值的计划。随着日期的临近,伊坎威胁道,如果管理层的计划不能让他满意,他就会展开敌意收购。大家普遍猜测他的"敌意"报价将只有每股 26 美元。但是在最后日期来临后,伊坎却并没有提出敌意收购。

显然,伊坎原以为这样的威胁能把 USX 吓倒,但罗德里克是一个拿破仑一般的角色——身材不高,但是性格坚毅,意志坚定。在他们会谈期间,总有传言说伊坎将要大量收购 USX 的股票,或者一个欧洲的大集团有意向购买伊坎的股份部署收购,而罗德里克始终很镇定,拒绝屈服。以往在这个阶段,很多伊坎以前所面对的管理层就屈服了。在其任内,罗德里克在很大程度上改造了这个集团,并决心要维护集团的完整,将其作为他任内的一个传奇。因此他是不可能让掠夺者在他眼皮底下来分拆"这个集团"的。如果真的到了那一步,他也会动用 USX 在高盛和第一波士顿的投资银行家,满世界去寻找一个白衣骑士。用 USX 战略计划部的一位前主管的话说就是:"无论伊坎说什么、做什么或者威胁什么,罗德里克都不会惊慌。要知道他曾经在海军担任副排长,参加过二战时期太平洋地区的战事。在他眼里,如果要在战斗和逃跑中做选择,无论何时,他肯定会选择战斗。"

伊坎也是个斗士,可是他意识到了自己在第一回合无法取胜。1987 年 1 月 8 日,他撤销了之前以每股 31 美元的价格收购 USX 的提议。但暗地里,为了能够获得足够的资金,对 USX 构成实在的威胁,他仍在不懈地奔走。USX 精心计划后决定以现金(这些现金原本是可以为掠夺者所获得的)赎回 29 亿美元中期债券,这给伊坎带来了更大的麻烦。尽管如此,以他一贯的风格,伊坎还是很清楚地强调他不会撤退,只是重新蓄势，以便接下来发起更猛烈的攻击。在给证监会的报备里他写道，他的集团可能会采取新的手段来控制USX。而在给罗德里克的信中，他警告说，他会密切关注USX，并且会考虑动用委托代理权争夺来将他的人送进董事会。

随着和伊坎的谈判进入1987年，罗德里克也玩起了心理战术，提议采用各种方法来提高USX的股价，但是实际做的时候却还是按照自己的方式来。他数次宣布和第三方（包括英国石油公司）洽谈出售能源资产的可能性。在其他场合，他又宣布管理层和董事会在实施重组战略。但是通过观察和等待，伊坎发现USX的步伐还是和他一开始的要求相去甚远。

罗德里克的保守态度和他的长期战略是相吻合的。他本身提倡转变，并且将USX从一个单纯依赖钢铁生产的企业转变成了更为均衡发展的钢铁和能源混合企业。他对USX中处于核心的钢铁部门开刀，关闭了低效的工厂，在任内削减了超过50%的钢产能。为了解决公司费用庞大的问题，他实施了跨部门的成本节约手段，包括对高管减薪。在这些措施的帮助下，和同行相比，USX更好地度过了经济萧条期。由于分析师们都预测钢铁和能源的市场行情会有所改善，罗德里克深信，他的计划在80年代末就会开始奏效，而且会一直延续到90年代。和前一年亏损19亿美元相比，公司1987年实现净利润2.19亿美元，给了他必要的信心。

虽然伊坎认为他和这位CEO之间如此亲密，可以不用发动敌意收购就向公司施压实施转变，但可以看出，罗德里克表面上好像把伊坎安抚得服服帖帖，实际上却是由他在操控伊坎。

在USX内部，大家都认为罗德里克是个机灵的战术家。他会听取他手下的意见，让他们觉得自己可以对上级施加影响。而这其实是他为了显示团队合作和放权所做的一种表面文章：需要做决定的时候，罗德里克只会遵循自己的意愿。

一位USX的前高管说："罗德里克的管理风格是'只有我自己的主意才是好主意'。他可能会讲什么取得共识之类的话，但是内心深处完全不把这些当回事。他认为领导的工作就是来领导别人的,而不是来听取意见的。

"罗德里克对伊坎也是一样。虽然他和伊坎保持对话——这还引发了广泛的猜测,说他们之间可能有某种默契——真相却是,罗德里克会和伊坎会面,然而最后还是按照自己的计划来进行,就当没见过伊坎一样。"

"罗德里克总是在专注地聆听,但是从不答应伊坎的要求,"在USX谈判中代表伊坎的律师史蒂夫·雅各布斯说,"他从来都不会表现出傲慢,而是很坚定地拒绝别人的观点。在应付伊坎上,罗德里克非常聪明。你必须尊重伊坎,如果不这样,他会变得很情绪化——谁对他有敌意,他也会对他们产生敌意。"

很显然,在开始发起对USX的进攻时,伊坎的设想是管理层会屈服于他的威胁,满足他的要求并且和工会交好。但事实证明罗德里克这个对手比他预计的更难对付,而且正值德崇证券陷入华尔街丑闻之际,伊坎发现自己反而深陷其中了。从某种层面上看,放弃USX看上去是个不错的选择,但是伊坎担心自己作为掠夺者的坚毅形象及向来和管理层血战到底的声誉会受到影响。另外,他相信在USX还是有钱可赚的。用他的话说,他还有一些别的可能行得通的想法。

但是这样的乐观是要付出代价的。这个时候,伊坎已经在USX的股票上投资了6.7亿美元,其中大部分是借来的,需要不停地支付利息。他多持有USX的股票一天,负债率就会上升一点(部分可以用USX的红利抵消)。再加上,如果伊坎想继续增持USX的股票以增加其筹码的话,他就掉入公司设置的"毒丸计划"的陷阱了——一旦有收购者的持股比例达到15%,其他股东就可以以市价的一半购入公司的股票。

伊坎发现自己进退维谷——这在他的职业生涯中很少发生。虽然在公开声明中,他还是一副什么都不怕的样子,但私下里,他在办公室苦恼着下一步该怎么做。就当下而言,他选择维持他的这些投资,因为他担心相比坚持住等待新机会的风险,套现的成本更高。

伊坎的耐心部分是由于罗德里克的表现，同时也受到日益发酵的华尔街丑闻的影响。正如罗德里克之前预言的，他"一步一个脚印"的重组计划已经从本质上在公司产生了滚雪球一般的效应，利润从1987年的2.19亿美元又上升到1988年的7.56亿美元。股票价格也反映了这种转变，从1986年的每股14.5美元上升到了1988年每股的34.375美元。

尽管财务状况有所好转，在1989年春天，掠夺者和USX之间这种表面温和的竞争却突然结束了。5月末，65岁的罗德里克在掌舵10年以后从公司董事长的位置上退休了。代替他的是查尔斯·科里，一个对和伊坎之间的谈判有不同看法的年轻高管。两天后，伊坎将他持有的德士古股份全数出售，又为他的军火库填满了资金。人们的猜测由此愈演愈烈，认为他会再次提出收购USX。

科里甫一接手，伊坎就发现他和新CEO的联系不像以往那样方便了。科里在罗德里克的阴影下工作了很多年，上任后便决定将公司刻上自己的烙印。他最不愿意看到的就是这位来自纽约华尔街的金融家成为公司真正的决策者。

科里和罗德里克是截然不同的两种人。罗德里克热爱交际，喜欢在人前发表看法，在关键决策上却又自己一个人说了算。而科里说话温和，强调团队合作，在很多管理问题上他经常会向高管层寻求建议，进而取得一致看法。科里接手不久以后，一位高管发现自己又有了一定的决策权，他说道："我过去这么多年都没有像现在这样享受我的工作。"

罗德里克很喜欢和伊坎争辩，但是科里对此很厌恶。从各个方面来看，他都认为罗德里克经常性地征求伊坎的意见是个错误，一部分是因为这对CEO来说有点"低声下气"，也因为伊坎和他的掠夺者同伙会把这个当成是示弱的信号。

科里上任的时候，伊坎关于重组USX的计划已经演变成了将公司一分为二的提议。他提议将80%的钢铁部门划分出去，单独成立一个公司，据称，这部分的市值大概在每股9美元。接下来，剩下的能源部门可以成为纯粹的油气企业，伊坎预测这个企业估值在每股39美元。通过金融炼金术的轻轻一拨，将一个实体简单地分成两个部分，一个市值在每股 35 美元以下的股票就能上升到每股 48 美元。

伊坎称他的计划会奏效，因为这将隐藏在 USX 里的价值挖掘了出来。但是科里将这个计划一分为二来看。在理论层面，他看到将钢铁部门分出去的确有好处。

"根据历史数据，科里很清楚，钢铁部门每 1 美元的投资带来的回报是 12%，"格雷三世说，"他也知道，如果把同样的 1 美元钱投入油井，他可以获得数倍的获利。因此他会想，'为什么在我可以在北海投资 3 个亿的时候，却要把这些钱投入一个自动化连续作业的钢铁部门呢？投资北海，我可能会大获全胜。'"

科里对于公司数据的观点和罗德里克不同，毕竟罗德里克踏入这个行业的时候，是钢铁行业最具荣光的时代，他难免会有点念旧，但是科里同意他前任老板的观念：变化要慢慢来。他也同意将多元化资产和某些石油和天然气储量出售，但是对于伊坎提出的更彻底的方案，他一直踟蹰不前。科里坚信，目前被低估的钢铁资产的价值会在 20 世纪 90 年代初期显著上升，现在立即出售会在两方面让公司蒙受损失：它会让公司达不到最大的资产价值，同时也会浪费公司高达 9 亿美元的税收结转。在 USX 盈利的情况下，这个结转可以为公司降低税收费用。和罗德里克一样，科里更倾向于维护公司的资产，在出售资产之前，他想先将公司的利润和资产价值提高到一定水平。

在伊坎阵营看来，科里反对立刻进行重组，更多是为了向伊坎展示自己的权力，恫吓伊坎的支持者，他们认为这是武断而带有破坏性的权力斗争。

"罗德里克和科里所谓'一步一个脚印'的方法只是个借口，是一种延迟的战术。"在德士古和 USX 事件中和卡尔一起工作过的证券分析师库尔特·武尔夫指责道，"如果你想分拆这些部门，分拆的时间其实并不重要。1989 年可能会是个好时机，因为能源股走强。1990 年可能形势没有那么好，但是对于分拆来说还是个好年份。但是管理层并不在意这些，他们唯一在乎的是，分拆时间应该由他们按照自己的条件和要求来，而不是听伊坎或者其他人的。"

"我对将公司分拆成两个独立实体的利益进行了分析，在和证券分析师的季度会议上，科里被问及对我的分析怎么看。他说'有缺陷'，但是当我问他是否看完了所有的 17 页报告时，他说'没有'。所以，他还没有搞清楚所有的信息，就贸贸然地回答了一个如此关键的问题。

"还需要别的证据来证明吗？相比认真考虑我们的报价提议，他对如何保护住自己的领地更在意。"

伊坎决心把这个问题直接交给股东来讨论，他成功地安排了一次关于这个问题的无约束力投票，投票结果在 1990 年 5 月 7 日召开的 USX 年会上公布。

年会前几个月，伊坎——此时是公司最大的股东，持有 13.3% 的股份——努力研究分拆资产的优势。在新闻采访和付费广告中，他不断声称自己的提议是迅速提升股东价值的可行办法。

但是当他向机构股东（持有 46% 的股份）游说他的提议时，他遭遇了质疑。股东们认为他高估了 USX 各部门的价值。

"伊坎认为 USX 分拆之后会有每股 15 美元的上升空间，从每股 33 美元到每股 48 美元，但我只能看到每股有 2～3 美元的上涨空间。"一位在道衡公司工作的分析师杰弗里·米勒说，"事实上，伊坎说的是将钢铁部门分离出去之后，石油部门可以从每股 33 美元涨到 38 美元。如果用这个逻辑去推断，那钢铁部门的价值就变成了每股负 5 美元。这不可能，即便是卡尔本人也不会相信，因为他给钢铁部门估的价值是每股 9 美元。"

"伊坎说市场在给 USX 估值的时候非常不客观。虽然我承认这一点，但是我认为并没有像他说得那么严重。"

伊坎和金斯利都是企业估值方面的老手了，所以他们这次完全只是按照自己的如意算盘来估值的，还是说他们看到了其他分析师和机构投资者看不到的东西？或者像有些人认为的那样，他们是在以分拆为手段来继续给管理层施加压力，期望科里屈服于这种压力，进而将掠夺者手里的股份高价买断？

不管伊坎的目的是不是实现这样一笔理想的交易（伊坎和 USX 都否认了），科里都坚持要在出售资产之前先提升资产价值。股东在这个问题上进行投票表决后，明显占有劣势的伊坎输了。

伊坎对菲利普石油的收购是"咆哮的 80 年代"的一个分水岭，此时德崇证券的垃圾债券收购联盟达到顶峰，而 USX 则预示着这些收购大亨们开始走下坡路了。在 USX 举行投票表决的时候，德崇证券——因内部交易丑闻深受其累——正在进行破产清算。在这样的背景下，伊坎的失利必定有部分是源自他作为掠夺者信誉的下降。

"博斯基被捕的消息传来的时候，我正在和 USX 的律师就一个可能达成的协议条款进行谈判，这个协议让卡尔能有机会得到 USX 的财务信息。"史蒂夫·雅各布斯回忆道，"因为德崇证券需要这些财务信息，这可以帮助卡尔进行竞购。但是当博斯基的消息传来，你知道，交易就不可能再继续下去了。"

过去，伊坎总是能让对手确信，他有足够的资源来将他的威胁付诸实践，因此许多对手不战而降。大多数情况下，伊坎会不停地购买股票，直到他获取了或者看起来可以掌握目标公司的控制权。但是一旦德崇证券倒下，伊坎也就没有了收购的资金来源，不像以前那样有那么多选择了。在关键性的交易中，USX 的律师和投资银行家开始把伊坎当成公司的一个主要股东，而不再是有能力完成收购的掠夺者了。

伊坎手上还有牌。他很喜欢说，资金就是他的军队，这给了他别人所没有的力量。虽然德崇证券倒下了，卡尔还有自己的弹药库——刚刚从德士古的股份套现中获得的资金。利用这些资本，他可以继续吸纳 USX 的股份，接着再对处于弱势的科里施压。为了让机构股东们可以在伊坎发起的选举中支持公司一方，科里不得不打出提升股东价值的口号。

"科里知道，他可以去请求机构投资者，要求他们站在他这一方，但是如果他不想办法提升股东价值，他再去请求支持的时候会获得什么回答？"一位 USX 的前计划主管说，"他们肯定会说：'卡尔是对的，公司应该被分拆。'"

USX 的年会结束后的几个月里，华尔街的人们普遍认为伊坎会等待一个合适的时机再度出击。

虽然伊坎一直说他会反击，但是什么也没有发生。此时，这个曾经不可一世的掠夺者陷入了环球航空的惨败之中，同时又因为德崇证券的倒闭而被削弱了实力，已经无法像以前那样再专注于 USX，不达目的誓不罢休了。

相反，他在私下和科里达成了一个协议。科里承诺会按照伊坎的期望推进公司重组，而作为交换条件，伊坎将放弃对 USX 的攻击。

安抚伊坎是科里无论如何都不愿意做的事情，但是在坚韧外表的背后，他其实对这个无法预测的掠夺者充满了担忧，他对他的助手吐露心声说，卡尔"是个神秘莫测的人"，"他是一个我无法解开的难题"。由于这种未知感，也为了尽快除掉伊坎这个大患，科里决定加快重组的时间安排。

1991 年 1 月，USX 宣布为钢铁部门发行新的普通股，如此一来就把 USX 分成了能源和钢铁两个单独的股票，这和通用汽车当年为其旗下的休斯飞机公司和电子数据系统两个下属企业分别发行股票十分类似。根据这项计划，钢铁部门仍然受 USX 的管理层控制，因为他们依然希望能够在出售资产前提高钢铁部门的资产价值。

这也反映了 USX 一直以来和伊坎在暗地里磋商的一份休战协议。1991 年 1 月 31 日签署生效的这份协议清楚地表明，公司会进行重组，以此作为伊坎休战的交换条件。不管 USX 如何宣称重组是公司按照自己的步骤来进行的，这个协议都充分表明，公司管理层的决定和掠夺者密不可分。

在条款中，公司答应向股东提交一份提案来建立一个新类别的普通股，"仅仅向公司的钢铁和多元化部门相关的这些股票赋予获得红利的权利"。这些股票会按照比例分发给公司普通股股东。

据此，管理层会换得伊坎的支持，甚至要求伊坎每一个当众宣布的重组提议都要显示他对公司管理层的支持。另外，USX的管理层决定从现在开始和伊坎的计划撇清关系，禁止伊坎做出"任何相关的声明，包括但是不局限于对证券分析师和机构投资者，也不得参与1991年年会上关于董事会的人选问题的表决"。

在伊坎具备最大优势的市场方面，USX禁止他额外购买USX带有选举权的股票，并且禁止他支持他人购买股票。另外，管理层还试图通过以下禁止措施来消除伊坎的威胁：（1）提议或者支持任何形式的股东决议；（2）寻求进入董事会，或在董事会设置代理人；（3）召集股东大会；（4）试图通过兼并、收购或者类似活动来获取USX的控制权。所有禁令的有效期是7年。

1991年5月6日，股东正式批准了公司的重组方案。第二天，USX的股票交易被两个股票的单独交易取代——USX美国钢铁集团和USX马拉松。由于这次分拆，USX被从道琼斯指数中移除，由华特迪士尼公司取代，这标志着美国钢铁马拉松时代的终结。

对于伊坎来说，USX的最终结果让他悲喜参半。喜的是，他成功地拿下了世界上最大的一家公司，并且成功重组了公司。不管科里再怎么吹嘘这是他本来就设计好的计划，真相都是——伊坎在这个过程中施加了巨大的影响。从他吸纳USX的股份开始，伊坎的存在对管理层来说就是一种外部刺激。最终他还是成功迫使科里大大加快了分拆的速度。

而与此同时，他的胜利也让他付出了惨痛的代价。就在USX的股东批准发行两个单独证券一周以后，伊坎将其持有的股份以10.2亿美元的总价出售。这次的交易由三家华尔街投行运作——雷曼、所罗门兄弟和高盛，但仅仅给伊坎带来微薄的利润。伊坎持有USX股份长达5年时间，而总利润不过1.83亿美元，还要从中扣除昂贵的委托代理权争夺费用、动用保证金购买股票的利息支出。即便把USX的红利也算进来，相比在同一个时期内购买美国国库券的回报，他的利润只是高了一点点而已。

"利润是卡尔为自己打分的唯一标准，"一家华尔街投资银行的总裁说，"在 USX 上，这个分数不太高，至少按照伊坎的标准来看是这样。"

整个 20 世纪 80 年代，伊坎给美国企业界带去了恐惧与困惑，他在这样一个环境中迅速崛起，对其对手公司管理层展开大肆攻击。但是在 USX 的案子里，他发现自己卷入了一系列超出控制范围的事件之中。直到最后关头，他都没有办法决定到底应该继续持有股票还是卖掉。

就在伊坎为此烦恼时，金斯利开始劝说他卖掉股票。他担心经济开始下滑，市场马上会大跌，卖掉股票获得一点微利总比没有要好，因此不断地劝说伊坎卖掉。有好几周，伊坎一直在左右摇摆，前一秒刚接受金斯利的观点，后一秒却决定要坚持到股票价格上升到足够反映分拆后的公司价值的水平。

最终伊坎决定卖掉股票的时候，他把金斯利当成了他的替罪羊，抱怨说是他的这位密友害他那么快就把股票给卖出去的。

有天晚上，在贝德福德的家中享用丽芭做的烤鸡晚餐时，伊坎大声问自己为什么当初要听金斯利的意见。但是在内心深处，伊坎早就知道了答案。当他审视步入 20 世纪 90 年代的华尔街时，他看到，这个曾经到处充斥着机会、利润大得惊人的地方，短短几年就已经满目疮痍。那么快，德崇证券已经不在了，伊万·博斯基、迈克尔·米尔肯和丹尼斯·莱文也都不在了。特朗普的帝国已经摇摇欲坠。曾经傲慢而富有的律师和投资银行家们现在像乞丐一样巴结客户。

伊坎也越来越多地谈起经济大灾难，他提出这是"1990 年大萧条"，他个人怀疑房地产和股票市场正处于崩溃的边缘。突然，他意识到他已经看到了时代的尽头，这个变化对每个人都有深远的影响。德崇证券消失，大银行都处于艰难的处境中，而用来支持收购的资本也已经干涸了，伊坎让人难以置信的恐吓企业的 10 年，也告一段落了。

有理由相信，伊坎其实早就看到这个时代的落幕了。"卡尔过去一直把伊万·博斯基给他写的一封信裱起来挂在他的办公室里。"布莱恩·弗里曼说，"那封信是为了祝贺伊坎的几桩交易成功完成。有一天，我突然发现那封信不见了。你很难忽略它，因为墙上原本挂框子的地方褪色了。我问伊坎那时信去哪儿了，他耸耸肩说：'什么信？你在说什么？'我说：'卡尔，那里本来有封伊万·博斯基给你的信。他是你的挚友，你在开什么玩笑？'当时伊坎回答道：'博斯基？他是个坏蛋，他不是我的朋友。'"

到了他和博斯基保持距离的时候了。

另外一次，伊坎给弗里曼打电话就环球航空发表一些看法，结果却发现弗里曼正忙着给主审迈克尔·米尔肯的法官金巴·伍德写人格保证函。

"为了捉弄伊坎，我告诉他我也在给他写人格保证函，"弗里曼说，"他反对说，他没有做什么错事，我说我先写了以备不时之需。"

"然后我就开始读给他听：'亲爱的法官，卡尔·伊坎的问题很简单，也很容易理解。他不能控制自己的贪念。他是个价值投资者，不会承担任何风险，而且坚信别人都应该为他谋取利益让他变得更富有。他坚信所有新创造的利益都属于他，他已经成功地变成了金融色情狂。'

"当然了，这都是说笑，但是卡尔并没把它当作笑话。他骂我是'狗娘养的'。"

KING ICAHN

第十三章
王的战马和骑士

卡尔不能理解为什么人们并不强烈地渴望让他富有。

——乔·科尔,环球航空前总裁

随着"咆哮的80年代"逐渐成为历史，那些著名的掠夺者们也随着时代的逝去而渐渐被人遗忘，他们中有的不再在公众前露面，有的则做回原来的传统行业。索尔·斯坦伯格将他的事业和生活重心放在了诚信保险控股和他夫人盖福德热衷的公园大道的社交生活上。艾文·雅各布则专注于明尼阿波利斯的游艇生意，而詹姆斯·戈德史密斯——曾经最为显赫一时的掠夺者——带着他的财富消失了。

无论伊坎再怎么想消失，想把自己从一个高调的公司掠夺者变成一个收购经营不善的公司的幕后投资者，处于困境中的环球航空还是让他成了公众关注的焦点。虽然他这些年来为当初收购环球航空而后悔万分，但是现在还不是最坏的时候。很快，他就会希望自己从来没有听说过环球航空。他没有想到，执掌这家公司之后，他竟然差点赔上过去十多年依靠威胁美国企业界苦心经营所得的所有财富。

几年来，环球航空的几个工会接受了这样一个观点——伊坎是个寄生虫，他们原以为在击败洛伦佐之后，伊坎会重建公司，结果却发现他逼着工会做出让步，还拿原本可以投资于企业的资本做投资。

但是对伊坎来说，不对航空做大规模投资，完全遵循了经济学中简单的供给关系。因为整个航空业当时所面临的是顾客少而座位多的局面。在他看来，如果投入数十亿元来大幅度增加客机数量，等于把钱白白地撒出去。他觉得自己是第一个能够清楚看透其中猫腻而不是一味"买买买"的航空公司 CEO，还为此而沾沾自喜。如果那些客机销售企图用花言巧语来引诱伊坎购买更多客机的话，他会发现，卡尔·伊坎和那些无能的 CEO 之间有着天壤之别。

有一次，一个客机租赁公司的销售代表打电话给伊坎，向他推销节能型客机。他采用强行推销的方式，明确告诉伊坎："卡尔，你必须得买这些飞机。"伊坎回忆说："接着他摆开图表，上面有对乘客里程数和航空公司销售收入强劲增长的预测。基于这些乐观的预测，他坚持认为，这些数字只会继续上涨，有更多人会乘坐飞机，所以需要更多的飞机，而赚取的收入完全可以支付购买飞机的费用。"

这个时候伊坎给他泼了盆冷水，问道："我说，'慢着，如果经济出现衰退怎么办？'"

"那个家伙愣住了。'不可能衰退的。'他这么说道，好像有什么规定说不可以衰退一样。

"'为什么不可能呢？'我问。他说，因为'政府不会让经济出现衰退的'。

"我似乎应该接受这样的回答。也许他认为我应该接受的想法并不是很蠢，因为那些航空公司的管理者都接受了。他们愿意加入到这样的庞氏骗局中去，不断地购买飞机，增加座位，但是还是没有顾客来乘坐他们的飞机。"

又有一次，客机销售商试图说服伊坎购买新一代客机，理由是苏联解体之后俄罗斯会呈现旅游热，这一代的飞机从莫斯科飞到巴黎可以缩短一个小时的时间。如果销售商觉得他的理由很令人信服的话，那就错了，伊坎的回答是："你说的是那些在伏尔加河上的俄罗斯农民。他们为什么要从莫斯科去巴黎呢？即便他们不得不去，又为什么要在意能不能提前一个小时到呢？"

"你要知道,那些农民根本就不会坐飞机。"

在环球航空的那段时期,伊坎最好和最坏的一面都有所表露。好的方面在于,他是个经验丰富的投资者,常常从最坏的角度出发思考问题,一边从公司抽走自己的资本,一边却巧妙地增大了对公司的控制力。在安排公司融资为自己阵营赢得回报上,他是个大师级的人物。

但是在他天才般的智慧和惊人的分析能力之外,他也有个短板:缺乏远见。伊坎对待环球航空公司的员工和供货商的方式,让很多和他有过接触的人都觉得自己受到了欺骗,并感到愤怒。

"卡尔的策略是拼命压迫你,看你什么时候被榨干,"环球航空曾经的广告代理扬罗必凯广告公司的一位总裁说,"他提起要求来天马行空。他说:'把广告费用再削减300万美元。不行?那么削减200万美元。'他用尺度来衡量事情。下一个低得不能再低的报价,然后看对方怎么反应,再做出进一步行动。"

"我们解除了和环球航空的合作关系,因为我们无法满足伊坎提出的低费用要求。他让我们想办法节约资金,但是我们做不到。

"他是一个要求极其严苛的客户。"

"伊坎的抠门是出了名的。"汤姆·阿什伍德说,"有一次,我们在华道夫-阿斯多里亚酒店举行晚宴来表彰环球航空的最佳员工。卡尔做了一番演讲,据他自己说都是简单的经济学常识。他谈到了世界经济,谈到借钱是多大的错误。这听上去有点奇怪,这话竟出自世界上最伟大的借款人之口,而且他的公司从头到脚都是靠垃圾债券打造出来的。"

"在他让人无法产生共鸣的尴尬演讲后,卡尔把我和金斯利叫到一边谈公事。他把他的太太打发走了。而金斯利的太太过来对金斯利说,'晚安,亲爱的。我累了,先上楼睡了'。

"在她走了以后,卡尔对金斯利大喊:'你们今天晚上睡在这里,这个酒店?你在想什么?这里一间房就要花费我170美元呢。'

"在卡尔离开后,我问金斯利他刚刚的那番话是认真的吗。'肯定啊。'他说。要知道这可是为伊坎赚了5~7亿美元的人啊。"

在完成私有化之后，伊坎开始寻求一条退路，希望可以通过和另外一家航空公司合并的方式将环球航空出售出去。

但是当伊坎操作这笔巨大的交易的时候，他总是力求能够使价格能够比"公允价格"再优厚一些，所以他提出的价格总是让潜在买家望而却步。

"卡尔真是太笨了。"肯特·斯科特说，"他试着要把环球航空卖给西北航空、美国西部航空或其他航空公司，但是他的要价总是比当时的公允价值还多2个亿美元。"

环球航空的总裁乔·科尔组织了一个投资团队来向伊坎提出购买航空公司时，他同样发现卡尔不愿意提出一个合理的报价。

"当时是1988年的夏天，我表达了收购环球航空的意愿之后，伊坎让我放手去做。我设计好融资时间表，而卡尔会检查我的进展状况。

"最后，我凑齐了大部分的资金，而且对于这个交易充满信心，但是伊坎并不同意。我的报价是4.25亿美元，而他要价4.5亿美元。最让我感到烦人的是，他抢走了我的融资计划，里面包括了外国航空公司、私人投资者和线路出售，然后让他的朋友跟我竞价并以更高的价格超过了我。我觉得这是很不光彩的行为。最终，出于愤怒，我离开了环球航空。"

1990年春天，机师工会向伊坎提出一份收购计划。作为计划的起草人，布莱恩·弗里曼忍不住对卡尔喜欢拒绝潜在买家的行为提出了尖锐的批评："员工所有权计划可以推动与其他投资者和航空公司之间达成交易，而你要求的回报总是远高于市场价格，你总是想得到所有的利益，这已经让其中一些投资者对你感到失望了。"

1990年5月31日，在致伊坎的信中，弗里曼谴责道，工会咬紧牙关做出的妥协，是为了重建航空公司，结果却被伊坎给白白浪费了："从客观角度和员工长期发展的角度来看，大量员工通过机师和飞行员工会做出的巨大投资（包括那些被迫的），为改善环球航空中期到长期的经营状况提供了大好机会，可是这些机会大部分都被忽视了，甚至可能在很大程度上被摒弃了。除非有根本性的变化，否则剩下的机会也将渐渐消失。

"自从公司被你收购以来，你已经大量地出售、剥离、租赁资产，并将资产和经营现金流作为抵押来补偿你自己的原始投资，增加你在环球航空的持股比例，并且为你进行其他投资提供了资金来源。员工对企业的投资却让你能够剥离公司资产，为经营提供资金，同时又省去了你自己的投资。"

按照这份员工收购的提议条款，会建立一个仍然叫环球航空的新公司。公司所有的经营性资产和相关资产（除客机外）加上3亿美元现金——无论来自公司还是伊坎的其他渠道——都会被转移到新的环球航空名下，这个新的航空公司由员工集体所有。新的公司基本上可以摆脱原来环球航空的债务负担，但是同意向老公司租赁所有的客机，并且接受老企业的养老金支付义务。

通过把新的环球航空从沉重的债务中解救出来，同时摆脱那个曾经的"救星"，工会相信，新的环球航空可以有一个全新的面貌，并且可以利用公司现有的线路和降落点。在这个背景下，工会考虑做出更大的让步。因为从长远看，这样的让步可以增加员工的利益，而不是伊坎的利益。

虽然在国际机械师及航空航天工人协会看来这个提议十分有利，但是对于伊坎来说，他受益的地方不甚明了。根据该计划的规定，他可以保留现金和老公司名下的其他资产（包括飞机）。这个公司可以继续运作、上市或者出售，就像弗里曼说的那样，"一段附加时间的经营和金融运作"。如果伊坎不能从公司的债权人那里得到债务折扣的话，他可以选择让老公司倒闭，然后彻底从中全身而退，不必承担养老金的责任（这个后来会成为纠缠他的难题）。

当时，伊坎并没有重视养老金的转移带来的好处，声称这个交易没有给他带来实质性的利益。工会反驳说他不值得工会在给他的报价基础上再多一分钱，而伊坎和以往一样，坚持索要额外的2个亿美元才能满意。1990年春的一系列会议之后，机师工会勉强同意考虑如伊坎所愿，再将报价提高一些，但是由飞行员们来承担这部分的成本。然而当弗里曼把这个主意提交给飞行员工会的时候，他遭到了拒绝。民航飞行员协会的领导人们一致认为，环球航空的命运已经注定了，再为其支付更多的钱也是于事无补。这个交易最终告吹。

在和潜在买家的谈判中，伊坎之所以表现得很强硬，部分是因为他相信自己还可以从资产清算中获利。虽然之前他主要在出售跨大西洋航线的时候用这种方法取得了有限的成功，但现在，伊坎很显然低估了航空业的复杂性。

"卡尔一直认为，如果他没有办法将环球航空整个出售，那么也可以通过有序清算的方式来出售。"肯特·斯科特说，"但是在航空业，有序清算是行不通的。一架飞机值700万美元，但是如果你一次卖50架，每架就只值350万美元了。另外卡尔也不想一下子出售一批飞机，如果是卖给美国航空的鲍勃·克兰德尔的话，那么他就会知道卡尔是不得已才卖这些飞机的。"

伊坎在各种战略选择中犹豫不决，每次当他以为这次找到了一条可以获利的出路时，航空公司的业绩就持续下滑，与此同时，员工和乘客的抱怨也与日俱增。到1990年时，环球航空对于伊坎来说，就像是越南对于约翰逊总统。

詹姆斯·弗罗因德说："航空公司开始出现长期亏损后，有一天，卡尔垂头丧气地对我说：'我是个傻瓜。我太相信飞行员了，被他们给左右了。'我可以感觉到，他很后悔当年没有让洛伦佐来收购这家公司。"

伊坎晚上工作到很晚，和环球航空的管理层一起开会，显得十分疲惫，眼睛无神，头发凌乱，看上去就像被打了一顿一样，这是他生平第一次遇到自己也很难解开的谜。

伊坎怪不了别人，只能怪他自己——他为了努力达到双赢的谈判局面，却错过了很多可以将公司出售或者合并的大好机会。更有甚者，伊坎的理智被自我膨胀感给掩盖了，每次他都坚信自己可以找到解决问题的方法。但是他计划和部署得越多，就会发现遇到的阻碍反而越多。

"我不知道卡尔和洛伦佐到底谁是真正的赢家。"爱德华·格莱茵说，"因为卡尔被环球航空公司给套住了，这是一个他自己也不懂的行业。这反而给他造成了损失，我不知道能不能把他叫作赢家。"

很显然，那个以攻击企业管理层为乐的伊坎现在发现自己一语成谶，报应在自己身上了。

"伊坎一直对美国企业的管理层持批评态度。"西奥多·基尔说，"收购环球航空的时候他说：'我会让你们看看到底应该怎么做。'但是他并没有达到预期的效果，他自己也把航空公司管理得很糟糕。"

在就任环球航空董事长的最后两年时间里，伊坎不断尝试着解决航空公司债务如山、士气低落、效率低下和客机陈旧的问题，而他寻求的途径是金融运作——他的一贯手法。有时候，他会把自己想象成一个奇才，可以一举扭转环球航空的局面。深夜，在位于芒特基斯科的环球航空的办公室里，伊坎和航空公司的高管们坐在一起讨论解决办法时，伊坎会将他对降低票价、整合航线、争取商务旅行人士的青睐的一系列看法用富有诗意的语言描绘出来。虽然伊坎是一个老道的亿万富翁，对一切都持怀疑态度，但他仍然对这个计划充满了希望。他经常会单独提出一些数据，以证明他的策略是可行的。当有来宾质疑环球航空是否能够克服目前的负面形象并解决客机陈旧的问题时，伊坎——有信心可以用智慧打败体制——就会指定高管中的一个作为他的战友，郑重地宣布对"国王"伊坎所说的一切表示支持。

就像当年目光短浅的约翰逊总统决定要赢得越南战争一样，伊坎一再认定，下一次战略、下一个手段肯定会力挽狂澜。一次又一次，他仿佛看到了黑暗尽头的光明。在过去十年多时间里，伊坎对大企业组织肆意攻击，所以，航空业没道理会对他构成挑战。

在他虚虚实实的道路上，伊坎遇到了一位同样精明的投资者——来自贝弗利山的亿万富翁柯克·科克里安，他刚好有意收购环球航空。科克里安通过和环球航空的工会达成协议来尝试购买环球航空，因为他相信环球航空的伦敦航线对公司的生存至关重要，也是公司能否转危为安的关键——因此他通过游说阻止了将这部分航线出售给美国航空的行为。

在科克里安的方案（由科克里安私人拥有的投资工具特瑞新达提出）里，机师和飞行员一共要做出金额高达1.77亿美元的薪金让步，以此为交换获得33%的环球航空股份。而科克里安会得到50%的股份，剩下的17%则归债权人持有。相比伊坎提出的任何方案，工会都更倾向于这个方案，因为他们认为科克里安的计划可以保留所有从美国飞往伦敦的航线，因此工人们向其政治领袖施压，阻止了向美国航空出售航线的提议。

当科克里安围绕环球航空搞这些小动作的时候，伊坎不乐意了。带有讽刺意味的是，这位同样有着坚强意志和强劲实力的企业家正在试图利用现任CEO——伊坎本人——的失误。科克里安并不是购买环球航空目前贬值的股票（也就是伊坎持有的股票），而是收买环球航空工会和其在国会的支持者的人心。

但是这个威胁没有持续很长时间。

1991年4月25日，交通部批准出售环球航空3条从美国到伦敦的航线——波士顿、纽约和洛杉矶，成功地挫败了科克里安的计划。虽然交通部部长塞缪尔·斯基纳（后来很快成了老布什总统的幕僚长）宣布，因为考虑到会抑制竞争，申请的6条航线中有3条（伦敦到巴尔的摩、圣路易斯和费城）被拒绝，但美国航空的总裁鲍勃·克兰德尔知道，他已经成功获得了3条优质航线。而科克里安由于失去了这些优质航线，也就失去了收购环球航空的兴趣。

伊坎和美国航空之间6条航线的交易最初总金额是4.45亿美元。而现在的交易只是3条线路，于是美国航空开始了新一轮谈判，企图大幅度降低价格。克兰德尔崇尚公平竞争原则，他以为伊坎也同样会讲究公平。但他随后惊讶地发现，伊坎不愿意接受任何降价，哪怕是一分钱都不肯。虽然只有3条线路，伊坎的报价仍然是4.45亿美元。

得悉此事，克兰德尔立刻给伊坎打了个电话。他情绪激动，坚称线路减少价格却不相应地减少，是不合情理的。显然，克兰德尔以为他可以唤起伊坎公平的良知,至少说动他降价 1 亿美元。但是伊坎意识到,克兰德尔从一开始就对那三条优质线路志在必得。克兰德尔踌躇不前时——他的管理团队坚持说他们一开始就不准备接受那个总价——伊坎吹嘘道,夏季飞往伦敦的预约已经售罄了,他可以为环球航空继续保留这些航线。在这个冒险的策略背后,他已经敏锐地察觉到,只要在合理的范围内,美国航空的 CEO 愿意以任何价格来获得他想要的东西。事实证明伊坎是正确的,克兰德尔接受了这个高价。即使他咒骂、大声反对,但是最终他还是拿出了公司的支票簿,填上了伊坎想要的数字。

在环球航空长期亏损期间,伊坎一直在以他的风格思考着,他应该可以从别人的错误中获利。随着业绩不佳的航空公司与日俱增——其中包括摇摇欲坠的泛美、大陆、布兰尼夫航空公司和美国西部——伊坎看到了低价买入的机会。他可以在别的航空公司濒临倒闭时以相对便宜的价格购入客机和相关资产。他的想法是,通过以便宜的价格租赁飞机,伊坎可以降低其运营成本——伴随着旅游市场的复苏,他确信转机即将到来——环球航空即将复苏,开始恢复到稳定的盈利状态。但是在这样的自我催眠中,伊坎没有看到(或者不愿意对任何人包括他自己承认),环球航空只依靠一堆陈旧的飞机是不可能复苏的。

"卡尔对待任何事情都基于证券交易员的思维,"泛美前董事长托马斯·普拉斯基特说,他曾经和伊坎就可能的航空公司合并打过交道。"每一样事情在他眼里都有买和卖,他以为他可以像交易员那样来管理航空公司。"

在董事长伊坎看来,投资现代化的低油耗客机,提升服务水平和对员工进行激励都是典型的理论,并无实质意义,而他目光短浅的管理模式此时也备受争议。随着环球航空的大部分现金和借贷能力使用殆尽,伊坎能够重建环球航空的机会已经一去不复返了。由于臭名昭著的私有化,环球航空背上了需要分期偿还的巨额债务,这抽走了很高比例的公司收入。在伊坎的理想计划获得回报之前,为了让公司有个喘息的机会,伊坎试着以折扣价向债权人支付现金,以降低公司债务。同时他也开展债转股,以此为基础实施了一系列的措施来重组企业。

就在伊坎忙得不可开交的时候,他在工会和国会的对手则担心他会出售环球航空的资产,置公司——包括资金不足的养老基金和员工受益人——于不顾,在他们危难的时候离去。由于伊坎个人和其投资集团一共控制了环球航空超过80%的股份,他被认为是公司的"控制集团",这也意味着他对养老金的义务也延伸到了他的其他事业。但是一些实力人物——包括密苏里州参议员约翰·丹弗斯——担心重组后伊坎的持股比例会低于80%,从而使他可以免于养老金义务。对于伊坎来说,丹弗斯是个直言不讳的对手。他曾经说过:"应该禁止某些人经营航空公司,我不想把这种人的全名讲出来,但是他的名字缩写就是卡尔·伊坎。"

为了将养老金义务牢牢绑在伊坎身上,国会通过立法,对《极端紧急补充法案》做出修正,即使伊坎在环球航空的股份低于80%,他仍然要为环球航空的养老金负责。实际上,这就意味着伊坎其他有价值的资产——从ACF工业到他的纯种马"草原之星",都可以被没收用来支付养老金。

"这个修正案既是有限的、简单的,又是直接的,"丹弗斯称,"有限是指它针对的是伊坎的股份低于80%的情况。简单是指只要伊坎控制环球航空,不管是通过控制航空公司还是指挥其管理层,他都有支付养老金的义务。而直接是指这给了养老金福利担保公司(PBGC)[1]一种保障,任何私有担保公司都应该获得类似的保障。"

在给布什总统的信中,丹弗斯这样表达他的感受:"你希望卡尔·伊坎在有能力继续运营这家公司的情况下,却通过狡猾的法律手段逃避近10亿美元的养老金缺口的支付义务吗?他可是想把这个包袱最终踢给联邦纳税人啊!"

"如果你不希望这样的情况发生,那么请支持这项修正案。"

---

[1] 养老金福利担保公司(PBGC):这是个联邦机构,为8万个私有养老金保险计划提供保险和监管,包括环球航空。——译者注

1991年11月27日,这项被称为"咬住伊坎"的修正案以303票对114票的口头表决在众议院被通过,这标志着伊坎生平最糟糕的一年的开始。忽然间,这头金融"独狼",这个总是小心翼翼留意各种下行风险的并购之王,发现自己被国会暗算了。随着环球航空养老金的负债规模达到12亿美元,他所有的财富都有可能化为乌有。

伊坎是在坐车去曼哈顿一家剧院的路上得知国会的这个举动的。听到这个消息的时候,他感到既震惊又恐惧。他以往辛苦打拼获得的那些财富会被全部没收吗?所有对公司掠夺者的仇恨都要最终清算了吗?看上去,向来被他蔑视的大企业组织好像终于反抗得手了?

他紧张地思索着,想弄清楚他是怎么落到这个地步的,整个华尔街上关注伊坎的人们也都想知道。一部分人认为伊坎对环球航空的估计太过乐观,认为航空公司可以继续生存下去,有足够的资金来承担养老金的义务。也正因为如此,没有交足的养老金并没有被伊坎当成什么威胁。

另一个观点刚好相反,他们认为伊坎持股超过80%是有意的,是为了能促成环球航空和ACF工业的合并。这样,他便可以用环球航空来抵消ACF工业和伊坎各种投资所需要上缴的税款。

威尔伯·罗斯之前和伊坎在一系列复杂的金融交易中交过手,包括德士古和唐纳德·特朗普的泰姬陵赌场等交易。他不确定为什么伊坎要越过那条决定控制权的底线,但是他认为,这毫无疑问是个"巨大的失误"。

在伊坎看来,这个失误不是他的错,而是那些为交易做尽职调查的律师的失误。他认为,在精算假设中他唯一知道的是,假设养老基金资产每年获利9%,那么他可能面临的最大债务是1.2亿美元。表面上看,伊坎似乎不知道PBGC采用的是5%的预测年化收益率(这样就将他的负债增加了5亿美元),而且这个政府机构有权终止养老金计划。一旦如此,提前退休的条款将被触发,伊坎的债务会超过10亿美元。

1992年1月,环球航空申请破产,养老金负债的威胁全面浮出水面。环球航空公司要么按照《破产法》第11章破产,要么随后由法庭批准进行重组。PBGC 认定，应该由伊坎——而不是由该公司——马上将养老金的缺口补上。一开始，以强硬的谈判风格著称的 PBGC 副执行主任黛安·巴克利就清楚地表示，她不会在养老金尚有缺口的情况下支持重组方案。特别是，她决定由伊坎通过他庞大的商业资产（PBGC 估计近 10 亿美元）来支付这其中的大部分养老金。

1992 年夏天，伊坎和巴克利之间的谈判开始，PBGC 公开提出需要填补 12 亿美元的养老金资金缺口，同时它也通过其他渠道私下表示，如果伊坎愿意借给环球航空 2 亿美元以确保公司重组期间的运作，并且再签一个 3.5 亿美元的现值债券交给 PBGC，双方就可以达成和解。这样的话，航空公司可以在申请根据《破产法》第 11 章破产之后再恢复经营，而那个时候伊坎也不用再面对任何巨额的和解赔偿了。考虑到经营性贷款可以有抵押，巴克利相信她给出的报价是很合理的。如果伊坎接受的话，虽然他必须为环球航空的惨败支付高额的代价，但是他还是个富人。

但是对于伊坎来说，要让他同意这个提议根本不可能。他没有接受这个巨额的提议，相反，他开始了人生中金额最大的一场博弈。他提出的底价是将环球航空作为抵押，将其部分资产抵押给 PBGC，这完全等于是在对巴克利说"见你的鬼去吧"。

伊坎之所以显得强硬，部分的原因在于他相信 PBGC 必须接受他提出的任何条件，否则将可能承担一家航空公司倒闭的政治风险。在这之前，已经有两家航空公司倒闭了——东方航空和泛美航空。他觉得在是否要发起全面对抗的问题上，巴克利可能会更谨慎一些，以免造成环球航空无法在破产后幸存下来。

伊坎的这种想法低估了巴克利的谈判能力，也忽视了一点——她已经决心要从之前的掠夺者身上割几块肉下来。巴克利身材娇小，戴着时尚头巾，曾担任律师，是一位年届四十的养老金执行人，虽然她必须考虑航空公司倒闭的政治影响（可能会由于 PBGC 拒绝接受伊坎的融资方案而导致），但是她所追求的补偿性要求是为了保护 PBGC（已经有 25 亿美元的资金漏洞），避免其像同类的美国联邦存款保险公司那样遭受巨额损失。带着这样的使命，巴克利对伊坎提出的报价连想都没想就直接表示了拒绝。如果伊坎想硬来的话，她也决定向伊坎追讨全部的12亿美元。

到现在为止，伊坎还是主要依靠他的律师来进行大部分的谈判。但是在他意识到巴克利并不是那种他可以用一般的恐吓手段就吓倒的官僚，而是一个坚定而聪明的人后，伊坎就决定亲自上阵谈判了。

他其实并不情愿这么做。整个8月，他都龟缩在东汉普顿的海滨别墅里。他本想沿着海岸线走走，打打网球和扑克，在度过压抑的一年以后可以从环球航空的局势中暂时脱身，彻底放松。但是问题并没有消失，他也知道，除非他咽下苦果，动用他所有的谈判才能，否则之前积累起来的万贯家财都岌岌可危。也就在这个时候，一开始坚定地想要避免赔偿的他改变了策略，寻求更为现实的途径——将他必须支付的金额限制在合理的范围内。作为开场，他出了个低价：每年支付500万美元，共支付10年。但是巴克利说，只有当伊坎是正儿八经想谈时，她才会和他谈。于是伊坎又提出新的和解方案：这次他会给一笔2亿美元的抵押贷款外加一笔1亿美元的现金来支付养老金，并且承诺会履行养老金计划里的"最小支付"条款，让养老金可以照常发放下去。

这看上去似乎是一个极大的进展，却对谈判产生了负面影响。伊坎认为他已经展现了他的诚意，而巴克利坚持说他提出的条件和现实还是距离太遥远，两个对手之间本来就已经不和的情绪终于爆发了。在一系列马拉松式的电话（其中一些是伊坎故意安排在深夜打去的）和面对面的谈判中，伊坎和巴克利互相进行人身攻击，把对方骂了个狗血淋头。有好几次，伊坎指责巴克利是在哗众取宠，她拼命要把他这个富有的掠夺者拉下马，只是为了让自己的职业生涯可以更上一层楼。有天晚上，伊坎对巴克利的指责让她感到实在太愤怒了，导致她直接挂了电话，结果还是伊坎又把电话打了过来。她对他说，不管她说什么做什么，都不是以把他拉下马为目的。

两个人之间的斗争在两个层面展开：表面上是复杂的法律和财务问

题，但是同样重要的是，两个人都是固执的谈判者，都擅长逢场作戏，都决心坚持到对方先松口。

这场谈判的一个旁观者说："这可能是头一次发生这种情况——男人和女人在一起谈判，目的是证明谁胆子更大。"

虽然 PBGC 否认了伊坎认为这是巴克利为了她个人的职业目的而对伊坎采取的政治迫害的想法，但是公司还是很关心事态的发展，派了行政主管詹姆斯·洛克哈特作为主要参与者介入了谈判。这次的行动是精心设计的，主要是为了向媒体和公众，最主要是向伊坎证明，巴克利的强硬立场不是出于她个人的恩怨，而是代表了整个担保公司的决心。

随着伊坎与 PBGC 的谈判越来越激烈，他又找回了当年的那种感觉，这些感觉在他进入环球航空的这些年已经渐渐消失了。伊坎是一个天生的赌徒，以赌博为生。一方面，他有可能丧失所有的财富；但另一方面，他也可能在保住财富的同时，再次证明他是世界上最伟大的谈判专家。

按照伊坎的经典风格，他开始让巴克利完完全全地困惑了。他舍弃典型的线性谈判方式——"如果你给我这个，我会给你那个"，而是采用神探可伦坡式的迷惑法则——总是同时给出十几种可能性，一些是合理的，一些则是荒谬的。为了让事态更复杂，他采用迂回战术，让巴克利弄不清楚他的真正意图是什么。有的时候伊坎会说，可能他应该让巴克利拿走他所有的财产，看上去就像是他已经投降了。他自嘲道，这样反而帮他解决了问题，他就不用把自己的财产全部传给孩子，让他们丧失了自力更生的上进心。他还和她开玩笑说，如果他投降的话，希望可以保留他喜欢的海滨别墅，从来不喜欢汉普顿的丽芭也应该保留她那套朴素的房子。

所有这些都是伊坎利用手段将巴克利骗进局，转移她视线的手法。在谈判中，他表示愿意向资本紧缺的环球航空提供 2 亿美元的资金。当他和巴克利的争吵渐渐停下来——对手已经被数以百万计的资金弄得晕头转向了——伊坎便开始进攻了。他可以贷款，但是他要求他的养老金债务必须要限制在现值略微高于 1 亿美元的水平上。这是他的底线。

这样划出底线，伊坎看上去是下了大赌注的。如果PBGC能从其他来源获得环球航空所需的资金，它就可以夺走伊坎的筹码——他才是航空公司可能的救星。这和当年他和弗兰克·洛伦佐之间的争夺战是完全一样的情境。虽然采取这样的手段要冒很大的风险，但是伊坎对环球航空的财务情况了如指掌，因此他非常肯定，没有人胆敢为环球航空提供资金。作为后备的方案，即便PBGC终止养老金计划，向他追讨资金漏洞，他也可以与之对簿公堂，拖上几十年的时间然后还有可能赢得这个案子，也可能仅仅以公司所要求的12亿美元的一小部分金额达成庭外和解。

随着谈判进入僵局，巴克利试图和环球航空的工会及债权人达成协议，来给伊坎最后一击，使伊坎失去参与环球航空重组的资格。按照计划，债权人会将他们的债券转化成55%的股份，工会则会以妥协来换取45%的公司股份。环球航空会同意为养老金的赤字支付3亿美元的资金，这个交易一旦达成，PBGC就会终止养老金计划，然后向伊坎追讨剩下部分的资金。

理论上，这个主意还是很不错的。但是在实际操作中，最大的缺陷是航空公司需要2亿美元的经营资金来熬过1992年到1993年的冬天。没有这笔资金注入，债权人甚至是工会都担心航空公司会夭折，他们的计划虽然可以让伊坎失去筹码，但也是损人不利己。尽管伊坎在公司里没有什么盟友，但是公司还是宁可保障自己的财务利益，而不是加入PBGC来和伊坎玩什么"猫捉老鼠"的游戏。于是出乎巴克利意料的是，随后发生了在环球航空历史上最荒谬的一幕。工会之前还在为他们支持了伊坎最初的收购而懊恼不已，却再度和伊坎联手了。他们向PBGC同时也对国会施压，要求支持伊坎的重组计划，并且满足伊坎的要求来限制伊坎所要承担的养老金债务金额。

再一次，伊坎成功地通过操纵把问题复杂化，然后放手一搏，要么达成交易，要么毁掉交易。他又一次成功了。PBGC甚至试图动用自己的2亿美元资金注入环球航空来除去伊坎的优势，但债权人却退缩了，他们害怕伊坎（作为环球航空债券的持有人，本身也是债权人）会用尽一切办法破坏交易来实施报复。

"其中有恐惧的因素在作怪。"巴克利回忆道，"债权人担心伊坎不会放弃他的债券，会再度和 PBGC 展开对抗。他们担心伊坎会把他们的生活搞砸，担心环球航空会陷入破产程序中，然后在 6 个月后彻底倒闭。"

"事实是，我们有解决环球航空公司资本问题的方法，可是债权人拒绝了。他们问：'我们明明可以得到他的钱并且可以和他和平共处，为什么要去主动招惹他呢？'"

PBGC 本已经开始谈判并且认为已经把伊坎逼到死角，到 1992 年深秋，他们却发现自己反而受制于人了。由于事件的相关人士已经愿意接受伊坎的提议，公司不得不和这位精明狡猾的对手签订协议。这个计划会保障伊坎的财富，而且很有可能不用伊坎掏一分钱。

根据和解协议，伊坎会发放一笔 2 亿美元的贷款，并提前预支 5000 万美元，剩下的金额在联邦破产法庭同意公司的重组计划之后再结清。航空公司的两个养老金计划会保留，但是对员工将不再有额外福利。

伊坎和经过重组的航空公司都有责任为养老金出一部分资金。新的环球航空会给 PBGC 两笔为期 15 年的中期债券，共计 3 亿美元，这个债券以公司资产作为抵押。债券所得的大部分收入会用来满足养老金的最小支付条款，每年大概 3500 万美元。如果还有短缺，会由伊坎补足。在 5 年时间内，这个金额预计一共是 8000 万美元。但是事实上，即便是这么小的一笔费用，伊坎也可以不用付。因为和解要求伊坎来管理养老金资产，如果他可以赚到超过 9% 的回报，他的债务就解除了，而且如果养老金表现良好，他还可以从中获利。

即便在最坏的情况下——如果环球航空夭折，养老金也终止了，伊坎也只需要负责 2.4 亿美元的费用，而且是在 8 年内付清。按照现值计算的话，伊坎的债务其实还要少，仅仅接近 1.5 亿美元。考虑到他 2 亿美元的贷款是有抵押的，而最坏的情况他也只需要每年出这么点资金，所以这笔钱完全可以由 ACF 工业来支付，伊坎其实已经从他这辈子最大的噩梦中金蝉脱壳了。尽管他对 PBGC 还有持续的义务，尽管他若干年前购买的 6000 万股环球航空的垃圾债券会一文不值，但是他曾经用航空公司的现金流帮他收购过德士古，而他现在和 PBGC 的交易协定也等于帮他把额外的债务一笔勾销了。

在他所有高风险的"扑克比赛"和史诗般的奋斗历程里，这是伊坎最重要的一战，也可能成为他最成功的一战。伊坎一直是一个有争议且管理不善的航空公司董事长、一个臭名昭著的公司掠夺者，而且在过去的数十年间，伊坎是为数不多还没有被超越的金融沙皇，因此很容易成为靶子。随着联邦机构和有影响力的国会议员联合起来反对他，人们都以为他注定会被扫进 20 世纪 80 年代的垃圾桶。但是最终，这个决心要控制企业命运的人也成功地控制了自己的命运。

这让人想起了他最喜欢的那首吉卜林的诗：

> 如果你坦然面对胜利和灾难
>
> 对虚渺的胜负荣辱胸怀坦荡
>
> 如果你敢把取得的一切胜利
>
> 为了更崇高的目标孤注一掷
>
> 那么，你的修为就会如天地般博大，并拥有了属于自己的世界
>
> 更重要的是：我的儿子，你成了一名真正的男人！

尾声

在过去的20年间,卡尔·伊坎的作为更像是比尔·盖茨,而不是史蒂夫·乔布斯。一旦机器就位——加上能够日进斗金的"个人算法"——伊坎(像微软一样)就可以炮制以前的做法,赚取大量的金钱。这和乔布斯不同,伊坎不会考虑不断改善或创造,也不会受到启发,寻求新的途径。

然而,他和一系列的商界大人物都展开了精彩的冲突和对抗,而这些厉害人物都被伊坎所蔑视并打败。

想知道并购之王伊坎的尾声会是怎么样,我们要看看接下来的这些精彩对决和斗法:

2013年8月,伊坎开始对苹果有所动作——典型的伊坎作为。当时苹果正在寻求1200亿美元的股票回购,而实际上回购了1500亿美元。拥有大量现金的苹果将这些资金显示在了资产负债表上。

为什么说是典型的伊坎作为，并非因为伊坎只是简单地恐吓抵抗的公司来获取回报，还因为他会等待企业出现弱点，然后发起致命一击。当乔布斯还是苹果掌门人的时候，即便股价会在出新品的间隙下跌，对于这个富有魅力并且极其成功的创始人，持有苹果股份的这些机构仍然保持着极大地忠诚。

虽然伊坎曾和苹果的现任CEO蒂姆·库克一起用餐，并且在公众场合对他也非常绅士和礼貌，但是对于世界上这些经营着最有价值的企业的"官僚"，他没有半点好感。他这么做仅仅是因为他觉得，库克是在乔布斯面前玩弄权术玩得最好的一个而已。

基于苹果巨大的市值，伊坎知道，即便他有200亿美元的"军火库"，要想霸王硬上弓也是不可能的。鉴于此，他表面上和库克、机构以及财经媒体和睦相处，把自己伪装成一个"理性人"伊坎，简单地担当着一个为股东争取他们应得权利的角色。

股东表决即将到来，而苹果和库克正在开发划时代意义的电视产品方面做着努力。此时，伊坎和苹果之间的紧张局势也一触即发。（如同本书中的案例，我将根据对伊坎及他所有对手的采访将这部分补充完。）

在2013年，另外一位更年轻的亿万富翁同时也是股东维权者的比尔·阿克曼，也和伊坎产生了不合，成了爆炸性的头条新闻。他们最糟糕的会面是围绕康宝莱公司的股票计谋展开的，最后演变成在CNBC电视频道上的一场对骂。

阿克曼把康宝莱看成是传销组织，并认为该公司股票会大跌。而伊坎——哪怕是输过一次，也从来不会忘记（两个人数年前曾对簿公堂过，结果阿克曼占了上风）——看到了极好的机会，可以把他们之间的比分扳平。一切进展得很快，也没有任何形式的风声透露出去，伊坎就购买了大量股份和期权来和阿克曼对赌，他认为该公司股票将大涨。

在CNBC的电视节目上,伊坎转动着小刀,把阿克曼称作"哭鼻子的小鬼""一个彻底的输家",还说他是"我一生中见过的最道貌岸然的人,或者他就是真的傲慢"。

很大程度上,由于伊坎的介入,该公司的股价出现了上涨,给阿克曼的对冲基金造成了5亿美元的损失。

虽然有一些人认为伊坎这么做纯粹是出于个人原因,但事实上,他从来不会让他的情感来左右他的财务决策。伊坎对阿克曼的对决把两个人继续带入华尔街的一场肥皂剧中,最重要的也是最有趣的是,在这两个不同年代、不同背景和世界观的维权人士身上,到底反映了什么?

在他职业生涯的早年,当他还在探索他的攻击性"算法"的时候,伊坎很少对企业家发起攻击。他瞄准的是那些从公司政治中慢慢爬上来的公司行政高管(伊坎戏称这个现象是"达尔文退化论")。

但是随着伊坎逐渐把自己当成侠盗罗宾汉和公司治理"沙皇",他的网撒得更大了。因此当传奇企业家迈克尔·戴尔(这个从一无所有开始打造出一个伟大企业的人在他一生中多次提到伊坎)决定要将其公司再度私有化的时候,伊坎争抢了9%的股份(成为了公司最大的外部股东)并且立刻使出了他招牌式的折磨手段,迫使戴尔和他的合伙人(银湖投资集团)抬高他们对流通股的竞价。

然而,迈克尔·戴尔(如果乔布斯还活着的话,遇到这件事的可能是他)在投资者中十分有威信,投资人最后虽然同意了伊坎提出的高价,但是还是支持戴尔一方将公司私有化了。尽管伊坎赚了点小钱,但在他写给戴尔股东信中的最后一句话里,他明显流露出了失败的怨言:

"我们开玩笑地问,戴尔和独裁者之间有什么差别吗?"回答:"大多数运转良好的独裁者只需要将选举推迟一次就可以赢,而戴尔的董事会,就和这个国家的很多董事会一样,让我想起了克拉克·盖伯在《乱世佳人》的最后一句话,'坦白说,亲爱的,我一点也不在乎。'"

伊坎自己说"他做过的最糟糕的投资",是他在 2005 年的时候购买的 1000 万股的百视达的股份。关于伊坎的这个"错误",我会提供复杂而耐人寻味的细节,它也会揭示出零售实体影像店到 Netflix 和一群数码新星的转变。可以说,由于对自己直觉的过度自信,伊坎支持了一个错误的战略,未能将百视达推上时代的先锋,反而导致了它的动荡和昂贵的破产。

这个故事中有意思的是伊坎和百视达前任 CEO 约翰·安蒂奥科以及里德·哈斯廷斯之间的纠葛。

当被问及伊坎对他职业道德的指责,安蒂奥科说:

"你要学会控制,确保在一定程度上不会被牵扯进去。卡尔工作时间很长,而且工作时间很奇怪。他会说约翰丢掉了他的职业道德和他的激情,但是卡尔对激情的定义是——你愿意坐在办公室里,一直到晚上 8 点接到他打来的电话为止,而且这个电话本来只需要 10 分钟就可以说完了,实际上却拖了很久,因为他一直在重复。"

伊坎永远都很清楚,也永远都在算计,每次他重复自己话的时候,其实是把他的猎物领进了神探可伦坡式的迷宫里。在那里面,不管是无意识还是有意识,猎物们都会迷路,而这个迷宫正是伊坎——永远的象棋大师——的杰作。

图书在版编目（CIP）数据

华尔街之狼：金融之王卡尔·伊坎传：修订版 /（美）马克·史蒂文斯著；刘骏译. —杭州：浙江大学出版社，2021.4（2024.1重印）
书名原名：King Icahn：The Biography of a Renegade Capitalist
ISBN 978-7-308-20740-9

Ⅰ.①华… Ⅱ.①马…②刘… Ⅲ.①卡尔·伊坎—传记 Ⅳ.①K837.125.34

中国版本图书馆CIP数据核字（2021）第047129号

KING ICAHN：The Biography of a Renegade Capitalist
by Mark Stevens
Copyright © 2014 Mark Stevens
Simplified Chinese translation copyright © 2021
by Hangzhou Blue Lion Cultural & Creative Co.，Ltd.
Published by arrangement with Writers House，LLC
Through Bardon-Chinese Media Agency
博達著作權代理有限公司
ALL RIGHTS RESERVED

华尔街之狼：金融之王卡尔·伊坎传（修订版）

［美］马克·史蒂文斯　著
刘　骏　译

策　　划	杭州蓝狮子文化创意股份有限公司
封面设计	卓义云天
责任编辑	杨　茜
责任校对	李　晨
排　　版	杭州林智广告有限公司
出版发行	浙江大学出版社
	（杭州市天目山路148号　邮政编码　310007）
	（网址：http://www.zjupress.com）
印　　刷	杭州钱江彩色印务有限公司
开　　本	880mm×1230mm　1/32
印　　张	9.75
字　　数	261千
版印次	2021年4月第1版　2024年1月第3次印刷
书　　号	ISBN 978-7-308-20740-9
定　　价	65.00元

版权所有　侵权必究　印装差错　负责调换
浙江大学出版社市场运营中心联系方式：0571-88925591；http：/zjdxcbs.tmall.com